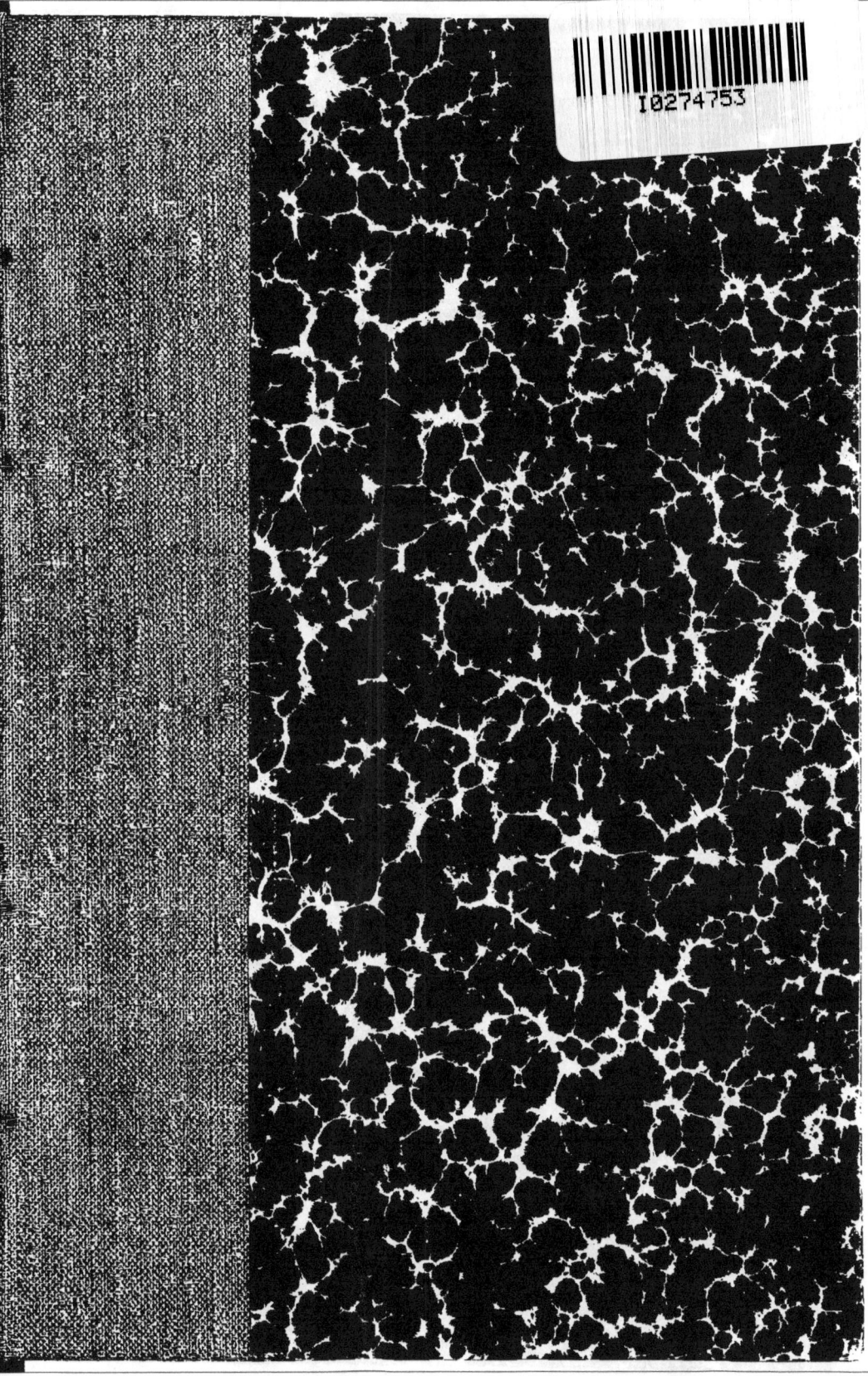

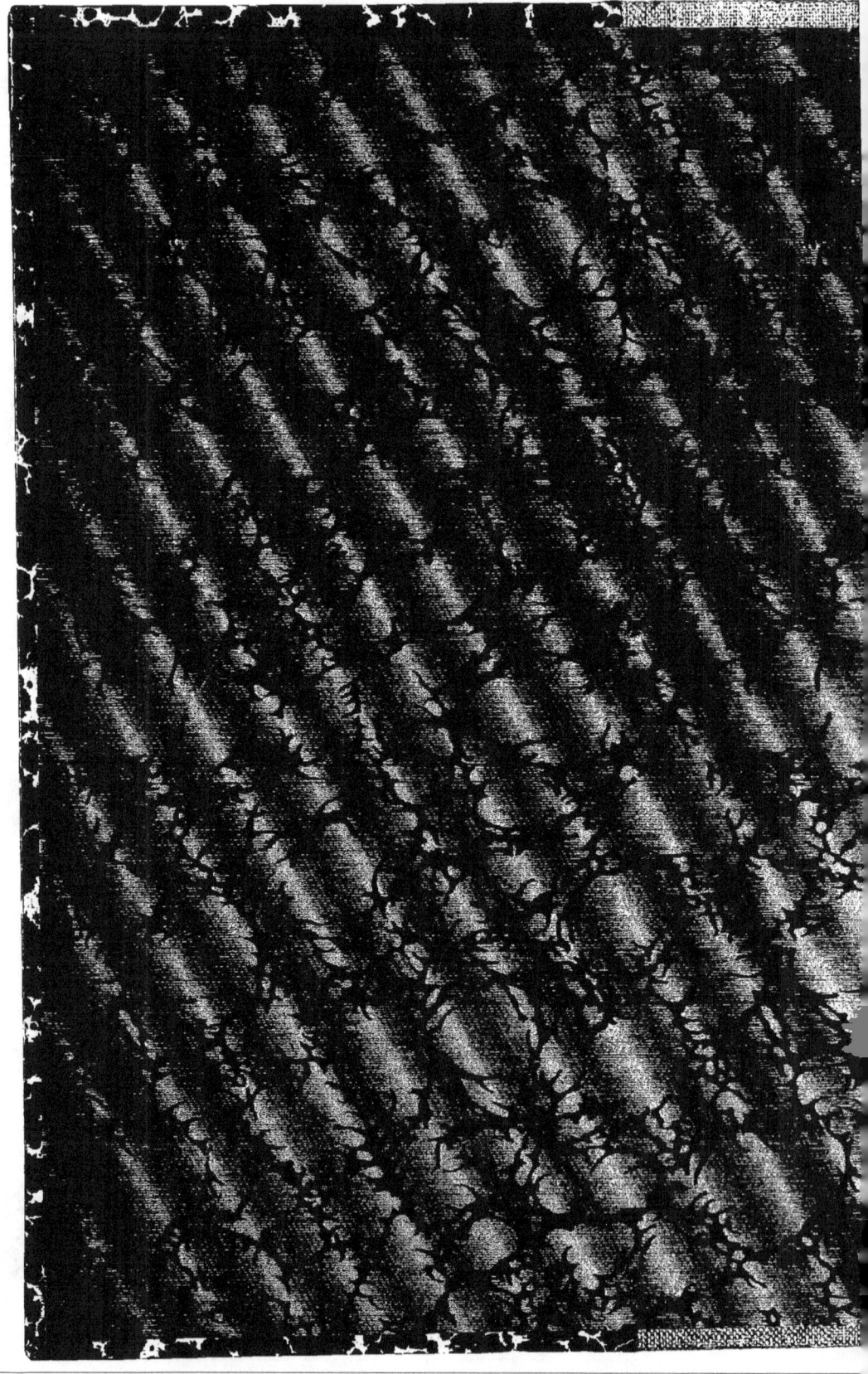

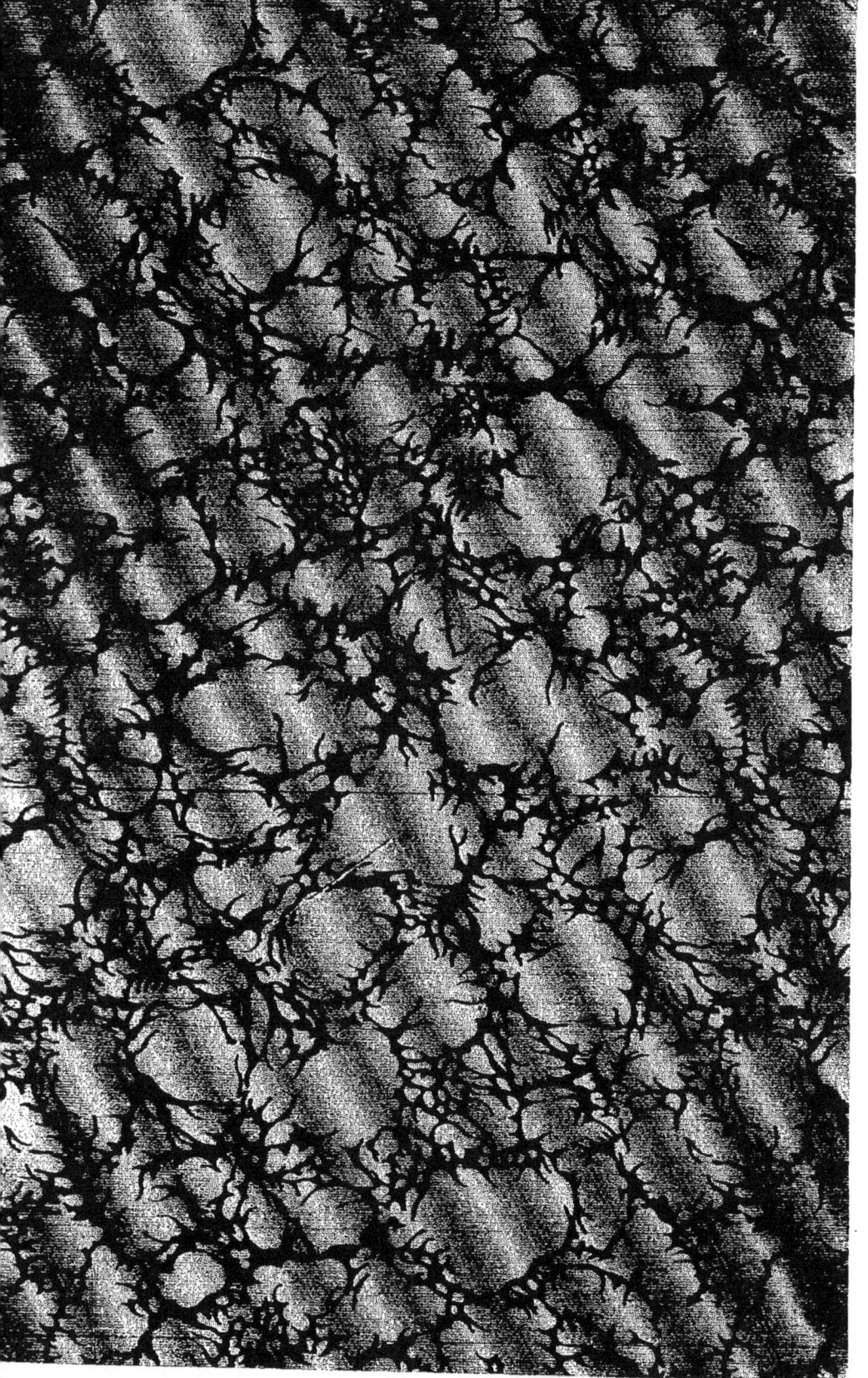

# LES HÉROS

# DU TRAVAIL

## OUVRAGES DU MÊME AUTEUR

L'Eau, 6e édition. 1 vol. in-18, illustré, de la *Bibliothèque des Merveilles*. Paris, Hachette et Cie, 1878.

La Houille, 3e édition. 1 vol. in-18, illustré, de la *Bibliothèque des Merveilles*. Hachette et Cie, 1872.

La Photographie, 3e édition. 1 vol. in-18, illustré, de la *Bibliothèque des Merveilles*. Hachette et Cie, 1874.

Les Fossiles, 3e édition. 1 vol. in-18, illustré, de la *Bibliothèque des Merveilles*. Hachette et Cie, 1876.

La Navigation aérienne. L'aviation et la direction des aérostats dans les temps anciens et modernes. 2e édition. 1 vol. in-18, de la *Bibliothèque des Merveilles*. Hachette et Cie.

Éléments de chimie, 7e édition. 4 vol. in-18, avec figures dans le texte. (En collaboration avec M. P.-P. Dehérain), Hachette et Cie, 18 8-1874.

En Ballon! pendant le siège de Paris. *Souvenirs d'un aéronaute*. 1 vol. in-18. Paris, E. Dentu, 1871.

Les Ballons dirigeables. *Expériences de M. Giffard en 1852 et de M. Dupuy de Lôme en* 1872, 1 broch. in-18. Paris, E. Dentu, 1872.

Histoire de mes Ascensions. *Récit de vingt-quatre voyages aériens*, précédé de simples notions sur les ballons et la navigation aérienne, 8e édition. Ouvrage illustré de nombreux dessins par Albert Tissandier, 1 vol. grand in-8. Paris, Maurice Dreyfous, 1878.

Le Grand Ballon captif a vapeur de M. Henri Giffard, 3e édition. 1 vol. in-8, avec de nombreuses illustrations par Albert Tissandier. Paris, G. Masson, 1878.

Observations météorologiques en ballon, 1 vol. in-18, avec figures. Paris, Gauthier-Villars, 1879.

Les Poussières de l'air, 1 vol. in-18, avec figures. Paris, Gauthier-Villars, 1877.

L'Héliogravure. *Son histoire et ses procédés, ses applications à l'imprimerie et à la librairie*. 1 broch. in-8, au cercle de la Librairie. Paris. (Épuisé.)

Histoire de la gravure typographique, 1 broch. in-8, au cercle de la Librairie. Paris.

Les Récréations scientifiques ou l'enseignement par les jeux, Ouvrage couronné par l'Académie Française, 5e édition. 1 vol. in-8, illustré de 120 gravures sur bois. Paris. G. Masson, 1883.

L'Océan aérien. Etudes météorologiques. 1 vol. in-8°, avec de nombreuses gravures. Paris, G. Masson.

Les Martyrs de la science. 3e édition 1 vol. in-8 avec 32 gravures, par Gilbert. Paris, Maurice Dreyfous, 1883.

Histoire des Ballons et des Aéronautes célèbres, 2 vol. gr. in-8°. Edition de grand luxe avec des reproductions en photogravures et de nombreuses planches en couleurs, Paris, H. Launette et Cie.

La Photographie en ballon avec planche photoglyptique et figures. Paris, Gauthier-Villars.

Recettes et procédés utiles, 1 vol. in-18. 4e édition. Paris, G. Masson.

La Nature. *Revue des sciences et de leurs applications aux arts et à l'industrie, Journal hebdomadaire illustré*, Gaston Tissandier, rédacteur en chef. 2 vol. gr. in-8 par an, 20 volumes depuis 1870. — G. Masson, Paris.

Le pauvre écolier continuait, devant la bouche enflammée du four, l'étude inachevée de la veille. (Page 247.)

GASTON TISSANDIER

# LES HÉROS
# DU TRAVAIL

OUVRAGE ILLUSTRÉ
DE DESSINS DE C. GILBERT, GRAVÉS PAR SMEETON TILLY

NOUVELLE ÉDITION
Revue, corrigée et considérablement augmentée.

PARIS
MAURICE DREYFOUS, ÉDITEUR
20, RUE DE TOURNON, 20

Tous droits réservés.

# PRÉFACE

Ce livre est le complément des *Martyrs de la Science* qui fait partie de la même Bibliothèque.

Nous avons cherché à y montrer, non pas à l'aide de développements littéraires, mais au moyen de faits et d'exemples historiques, que les grandes œuvres sont le fruit de grands travaux, que le succès, dans la vie de chacun de nous, est attaché aux efforts de notre volonté et de notre persévérance, et que les plus petits et les plus humbles, par la culture de l'intelligence, peuvent devenir, dans quelque carrière que ce soit, les plus grands et les plus illustres.

Le lecteur n'y rencontrera pas une série de biographies, mais une suite d'épisodes méthodiquement groupés et qui ont exigé de patientes recherches.

L'édition que nous publions aujourd hui a été entièrement revisée et augmentée de quelques exemples nouveaux choisis dans notre histoire centemporaine.

G. T.

Juin 1888.

# ÉPIGRAPHE

Travaillez, prenez de la peine :
C'est le fond qui manque le moins.

Un riche laboureur, sentant sa fin prochaine,
Fit venir ses enfants, leur parla sans témoins.
Gardez-vous, leur dit-il, de vendre l'héritage
Que nous ont laissé nos parents :
Un trésor est caché dedans.
Je ne sais pas l'endroit; mais un peu de courage
Vous le fera trouver; vous en viendrez à bout.
Remuez votre champ dès qu'on aura fait l'août.
Creusez, fouillez, bêchez, ne laissez nulle place
Où la main ne passe et repasse.
Le père mort, les fils vous retournent le champ
Deçà, delà, partout, si bien qu'au bout de l'an
Il en rapporta davantage.
D'argent point de caché. Mais le père fut sage
De leur montrer avant sa mort
Que le travail est un trésor.

La Fontaine.

*James Crowther*. — Il fut arrêté par deux gardes-chasse... (Page 2.)

## CHAPITRE PREMIER

### LES HUMBLES

> Ce monde appartient à l'énergie
> DE TOCQUEVILLE.

Un illustre capitaine disait à ses soldats qu'ils avaient tous un bâton de maréchal dans leur giberne.

Si modeste que soit l'origine dans la carrière du travail, chacun de nous, par la persévérance et la volonté, peut atteindre les plus hauts rangs. Michel Ney était le fils d'un tonnelier, et le président Lincoln avait été dans sa jeunesse un simple pionnier du Kentucky.

Sans prétendre monter si haut dans l'échelle sociale, il n'est personne, si humble qu'il soit, qui ne puisse arriver par l'assiduité, la pratique du devoir, à l'aisance, au bien-être de la vie et, ce qui est au-dessus de toutes les satisfactions matérielles, à la considération de ses concitoyens et à l'estime de soi-même.

Citons quelques exemples d'ouvriers obscurs, qui, à force de patience et de ténacité, ont créé leur œuvre, en montrant ainsi la route qu'il faut suivre pour atteindre son but.

James Crowther, de Manchester, était né dans une cave; il fut tisserand, et commença à travailler à l'âge de neuf ans. Dès sa jeunesse, il consacra toutes ses heures de liberté à herboriser. Plus d'une fois, il eut maille à partir avec les gardes, qui trouvaient ses démarches suspectes. Pour recueillir les plantes aquatiques, il portait une canne articulée assez semblable à une canne à pêche, mais qui se terminait par deux crochets, dont l'un avait un tranchant affilé pour couper les tiges des plantes sous l'eau. C'est dans cette occupation qu'il fut arrêté sur la propriété de Tatton, par deux gardes-chasse, qui le conduisirent devant le seigneur, M. Egerton. Celui-ci, voyant bien que Crowther n'avait pas un engin de pêche, écouta son récit, le fit mettre en liberté, et lui donna la permission d'explorer à loisir sa propriété. Pour se procurer le moyen de poursuivre ses études favorites, Crowther se mit à vendre des échantillons, et ne voulant pas laisser souffrir sa famille, il ne déduisit rien de son salaire, mais se fit portefaix et put gagner ainsi un franc ou deux après ses heures de travail. Un soir qu'il était là, attendant un voyageur dont il pût porter les paquets, il rencontra sir James Smith, qui cherchait des renseignements pour un de ses ouvrages de botanique. Sir James prit Crowther pour porter son bagage, et lui demanda s'il connaissait un riche amateur du pays. « Oui, vraiment », répond notre portefaix, « nous sommes un peu de la même partie ». Une explication devenait nécessaire; elle eut lieu, et sir James trouva dans Crowther celui qui pouvait le mieux lui donner les renseignements dont il avait besoin. — Crowther devint un des plus célèbres botanistes du Lancashire [1].

Le naturaliste Thomas Edward doit encore être cité, à côté de Crowther, comme le plus étonnant exemple de ce que peuvent le travail et la persévérance. Né en 1814, de parents pauvres, il passait son temps à recueillir des insectes, des oiseaux, des plantes. Apprenti chez un cordonnier, il trouva moyen de réunir peu à peu une collection d'histoire naturelle qui devint célèbre en Angleterre et qu'il dut finir par vendre pour se créer des ressources. Des infortunes le contraignirent à revenir à sa première profession; mais le naturaliste était incorrigible, il recommença à collectionner les bêtes dans les campagnes, les pierres sur les routes, les coquillages au bord de la mer; il recueillit un nouveau Muséum et publia un grand nombre de travaux originaux qui le firent connaître comme un savant émérite.

Thomas Edward resta toujours pauvre, sa vie se passa à lutter pour la science, tout en livrant aussi bataille à la misère. Malgré sa pauvreté, quand il pensait à ses animaux empaillés, aux œuvres de la nature et aux saines méditations qu'elles inspirent, il se sentait heureux dans son échoppe de savetier.

Que dira-t-on de l'énergie et de la puissance de travail de ceux qui réussissent malgré les infirmités, malgré la privation du sens de la vue par exemple?

Avisse, né à Paris, au milieu du siècle dernier, s'embarqua très jeune sur un bâtiment de commerce. Frappé d'un coup de vent sur la côte d'Afrique, il perdit la vue par une terrible inflammation qui en fut la suite. Ses parents le firent admettre

---

1. *Société Linnéenne du nord de la France*, d'après l'*English Mechanic*.

à l'Institution des Aveugles où il devint, en peu d'années, professeur de grammaire et composa quelques comédies assez remarquables.

Pfeffel, de Colmar, aveugle dès le jeune âge, conquit par son travail le titre de conseiller du margrave de Bade. Il fonda à Colmar, pour les clairvoyants, une école militaire qui devint célèbre et où les enfants des meilleures familles étaient placés. Pfeffel mourut dans sa ville natale, en 1809.

Il y avait au commencement du xviii° siècle, dans le pays de Galles, un petit gardien de troupeaux qui se nommait John Thomas. Tout le monde le connaissait dans les environs comme un garçon persévérant, actif et courageux. Un jour de printemps, à la fonte des neiges, quelques bestiaux qu'il avait à garder furent entraînés dans une rivière, il se jeta résolument à la nage, atteignit un bœuf sur le dos duquel il accomplit le sauvetage de tout le troupeau. John Thomas reçut de son maître une récompense qui allait devenir la source de sa fortune; cette récompense consistait en un don de quatre brebis, que le petit pâtre alla vendre à Bristol, la grande et industrieuse cité. Là, il eut l'occasion de s'enrôler parmi les ouvriers de l'usine d'Abraham Darby, qui, avec quelques ouvriers hollandais, venait d'importer en Angleterre l'industrie de la fonte du fer.

Une nuit que le petit pâtre était resté seul avec son patron, il vit que le fondeur, le front soucieux et préoccupé, cherchait vainement à confectionner, d'une simple coulée de métal, un pot de fer pour les usages domestiques. Le berger observait et réfléchissait. La nuit suivante, il communiqua l'idée d'un mode d'opération nouveau; bientôt, sur les indications de Thomas, la fonte coula et le premier pot de fer apparut.

*Le pot de fer Darby* devint célèbre. Tous les fondeurs du

voisinage voulurent arracher au petit pâtre son secret, ils cherchèrent à le séduire par des promesses et par des sommes d'argent considérables; mais John Thomas répondait sans hésiter :

— Maître Abraham ne m'a pas enrichi de beaucoup d'argent, mais il m'a donné son pain, nul autre que lui n'aura mon secret.

John Thomas vieillit ainsi dans l'usine de Darby. Il se maria. Ses enfants et ses petits-enfants tinrent son serment de fidélité, et, grâce à l'humble inventeur du pot de fer, la fortune se fixa dans l'usine de Darby.

Thomas Britton, que l'on peut appeler le charbonnier musicien, était né en 1654 à Higham Ferrers, dans le Northamptonshire : son origine fut des plus obscures.

A l'âge de huit ans, il fut mis à Londres en apprentissage chez un charbonnier, puis il retourna dans son pays natal, où il passa plusieurs années. Assidu aux leçons de l'école du village, il prêtait toujours une oreille attentive aux accents de l'orgue dans l'église. Il revint à Londres et reprit son métier de charbonnier. Il loua une écurie, et il sut faire de ce modeste réduit son magasin à charbon et sa chambre à coucher tout à la fois. Tous les matins, Thomas Britton était sur pied dès qu'avaient paru les premières lueurs du ciel, il s'habillait, posait un grand sac de charbon sur son dos, prenait un demi-boisseau à la main, et il parcourait les rues en criant : *Petit charbon oh ! Petit charbon oh !* Les habitants arrêtaient le charbonnier, et lui achetaient son charbon. Britton exerçait sa profession avec beaucoup de probité, il était très consciencieux, et très économe. Tout en sillonnant la ville pour vendre son charbon, il s'arrêtait devant les bouquinistes, et feuilletait surtout avec attention les anciens livres de musique et les vieux manuscrits.

« Lorsque Thomas Britton, a dit Halévy, après ses courses fatigantes dans la ville, rapportait chez lui ce sac vide, son cher gagne-pain, le porteur de charbon devenait musicien; il prenait sa basse de viole, et s'enfermait soigneusement dans son domicile. »

Après un grand nombre d'années passées de la même manière, le bruit se répandit que le charbonnier Britton était un très excellent musicien, qu'il jouait de plusieurs instruments à ses heures de loisir, et qu'il avait une des plus belles collections d'ancienne musique qui fussent connues en Angleterre. L'illustre compositeur Flandel et quelques véritables amateurs lui demandèrent permission de visiter sa bibliothèque, et furent émerveillés du choix heureux qu'il avait su faire parmi ses livres.

Bientôt, on s'habitua à se réunir chez lui, et à exécuter des morceaux classiques sous sa direction, dans une sorte de grenier qu'il avait fait construire au-dessus de son magasin et de sa chambre. La mode, qui se mêle à tout, attira chez le pauvre charbonnier des personnes riches, des gentilshommes; des dames de la cour en belle toilette traversaient la boutique au charbon, et montaient à une échelle de bois pour jouir du privilège d'entendre les concerts de Thomas Britton. On rencontrait le lendemain le brave homme, son sac sur l'épaule, criant: *Petit charbon oh! Petit charbon oh!* et on lui faisait un joli petit signe amical de la main. On découvrit aussi que Britton était un paléographe distingué; il lisait facilement les plus anciens manuscrits. Une société de savants antiquaires, parmi lesquels étaient des nobles renommés pour leur érudition, l'admit au nombre de ses membres. Il arrivait souvent que les séances avaient lieu pendant le jour; Thomas Britton, qui avait la sagesse de ne point négliger les devoirs de son état, entrait avec son costume de charbonnier dans la maison où elles avaient lieu; il déposait dans l'antichambre son sac de charbon et sa mesure, prenait place au bureau, faisait de vive voix quelques communications, écoutait attentivement celles des autres, puis retournait à son sac et à ses pratiques.

Estimé et respecté de ses plus modestes clients, aussi bien que des savants et des musiciens les plus célèbres de Londres, Thomas Britton mourut à l'âge de soixante ans. On l'enterra dans le cimetière de l'église de Cerkenwall. La vente de sa bibliothèque, riche en manuscrits et en ouvrages de musique, produisit une somme considérable [1].

Landelin Ohmacht, le sculpteur allemand, né dans le Wurtemberg en 1761, était le fils d'un brave paysan de la Forêt-Noire. Son père se plaignait toujours du peu d'aptitude qu'il avait à garder les bêtes dans la pâture. Au lieu de s'en occuper, il s'asseyait à l'ombre d'un buisson et taillait des images dans du bois. Les figurines sculptées du jeune paysan tombèrent par hasard entre les mains de Gassner, le bourgmestre de Rothweil, qui envoya Landelin travailler chez un sculpteur de bois de Triberg dans la Forêt-Noire. — Le jeune Ohmacht s'aperçut bien vite qu'il en savait plus que son maître, et il ne tarda pas à entrer chez Melchior, sculpteur émérite de Frakenthal. Toujours au travail, il réalisa quelques gains et trouva dans son assiduité, dans sa frugalité, les éléments de l'épargne. Il exécuta bientôt un grand nombre de portraits sculptés dans les beaux cailloux d'albâtre que contiennent certains ruisseaux de la Suisse et de l'Allemagne.

En 1778, Ohmacht résida chez Lavater qui, en témoignage

---

1. *Monde pittoresque*, 21ᵉ année, 1853. — Halévy, *Éloge de Britton* dans le *Journal des Débats*, 27 octobre 1852.

d'amitié, écrivit pour lui un recueil de maximes. Grâce aux ressources que lui procura son talent dont les progrès s'accentuaient sans cesse, il lui fut permis d'aller étudier les chefs-d'œuvre de l'Italie, et, pendant deux années consécutives passées à Rome, il s'initia auprès de Canova à tous les secrets de la plastique. A partir de l'année 1792, il habita successivement Munich, Vienne, Dresde, Francfort, Hambourg, où il se lia d'amitié avec le poète Klopstock qui devint un de ses fervents admirateurs. Au milieu de ses succès, Ohmacht n'oublia jamais son premier bienfaiteur, le bourgmestre de Rothweil, dont il épousa la fille. En 1801, l'ancien paysan de la Forêt-Noire exécuta entre Kehl et Strasbourg le monument élevé au général Desaix.

Tous ceux qui ont étudié les sciences exactes savent que M$^{lle}$ Sophie Germain a tenu un rang distingué parmi les premiers mathématiciens de notre siècle. En 1816, elle publia, à l'occasion des expériences de Chladni, un remarquable travail sur les *Vibrations des lames élastiques*. C'est à l'âge de treize ans qu'elle résolut d'étudier les sciences. Le hasard mit sous ses yeux l'histoire des mathématiques de Montucla. Aussitôt, son choix est fait ; sans maître, sans autre guide qu'un *Bezout*, trouvé dans la bibliothèque de son père, elle surmonta tous les obstacles par lesquels sa famille essaya d'abord d'entraver un goût extraordinaire pour son âge, non moins que pour son sexe ; se relevant la nuit par un froid tel que l'encre gela dans son écritoire ; travaillant enveloppée de couvertures et à la lueur d'une lampe, quand pour la forcer de reposer on ôtait de sa chambre le feu, les vêtements et les bougies ; c'est ainsi qu'elle donna la première preuve d'une passion qu'on eut dès lors la sagesse de ne plus contrarier.

Dans les premiers jours de décembre 1878, la Société d'émula-

## THOMAS EDWARD

Quand il pensait à ses animaux empaillés... (Page 3.)

tion de Roubaix décerna, au milieu des applaudissements unanimes d'une assistance émue, une récompense à un simple tisserand, Louis Germonprez, qui, depuis soixante et onze ans, exerçait sa profession d'ouvrier. Jamais cet honnête artisan n'eut à comparaître devant le conseil des prud'hommes. A la fin de sa carrière, on lui offrit un secours de dix francs par mois; il refusa noblement, en disant qu'il savait gagner sa vie. Cet homme de cœur, qui, à l'âge de quatre-vingt-un ans, tissait encore une étoffe sur un peigne de quatre vingts broches, avait élevé ses dix enfants sans jamais avoir réclamé l'assistance du bureau de bienfaisance. Quand le président de la Société de Roubaix remit à Germonprez une médaille d'honneur, l'honnête travailleur eut cette satisfaction suprême de l'artisan qui, sans jamais défaillir, a su, jusqu'au bout, accomplir son devoir.

De tels hommes honorent leur pays, ils contribuent même à sa prospérité, en apportant leur pierre à l'édifice toujours croissant de l'industrie humaine.

« Le mérite d'un État, a dit Stuart Mill, n'est à la longue que le mérite des individus qui le composent. »

C'est ce que Lavoisier a indirectement exprimé sous une autre forme :

« La force et la puissance des nations, a dit le grand chimiste, ne résultent pas seulement de la fertilité de leur sol, de son étendue, de sa population, de la richesse et de la liberté des individus. La puissance des nations se compose sans doute de tous ces éléments, mais c'est à l'industrie qu'il appartient de les mettre en œuvre, et d'en faire un tout organisé. L'industrie est la vie d'un État civilisé; sans elle, les terres demeureraient sans culture, les pâturages sans bestiaux; sans elle, la laine de nos troupeaux ne se transformerait pas en étoffes précieuses destinées à nous vêtir ; en un mot, il n'existerait de fabriques d'aucune espèce. Mais cette industrie qui donne le mouvement à tout, qui vivifie tout, emprunte elle-même sa force d'une impulsion première, et ce sont les sciences qui la lui donnent. »

Cela est vrai, mais tout ce mouvement industriel est précisément mis en action par les humbles, par les simples ouvriers, par les honnêtes et laborieux Germonprez.

A l'honneur de notre époque, on sait rendre justice non seulement aux illustres héros du travail, mais aussi aux obscurs soldats qui les ont aidés. Grands et petits sont solidaires les uns des autres ; grands et petits méritent l'estime ; ils ont également bien accompli leur devoir si leur œuvre, quelque modeste ou quelque importante qu'elle soit, a été créée par un travail consciencieux.

« Celui qui, pendant sa vie, a planté un arbre, dit un proverbe indien, s'est rendu utile à ses semblables. »

Il n'est pas donné à tout le monde de faire de grandes découvertes, ou de produire des chefs-d'œuvre, mais tout le monde peut, durant sa vie, planter son arbre, et sans être un grand homme, rester toujours un honnête homme.

« La Fortune, écrivait à Louvois l'illustre Vauban, dont nous allons tout à l'heure raconter l'histoire, m'a fait naître le plus pauvre gentilhomme de France, mais en récompense elle m'a honoré d'un cœur sincère si exempt de toute sorte de friponneries, qu'il n'en peut même souffrir l'imagination sans horreur. »

*James Watt.* — L'enfant examinait les gouttelettes formées par la condensation de la vapeur... (Page 21.)

## CHAPITRE DEUXIÈME

### LES GRANDS INGÉNIEURS

> La lutte est la condition du succès.
> Notre ennemi est notre auxiliaire.
> Sir Robert Peel.

Spinosa demandait un jour, à Horace Vere, de quelle maladie son frère était mort. — « De n'avoir rien à faire, » répondit Vere. — « Hélas ! s'écria le célèbre philosophe, c'est bien assez pour tuer n'importe qui. »

Si l'oisiveté peut être en effet considérée comme une maladie, les efforts de l'inventeur, le courage patient dont il sait faire preuve, le mépris qu'il doit professer pour la souffrance, sont assurément un spectacle salutaire et viril.

Parmi ces hommes privilégiés auxquels il n'a manqué ni les vertus, ni l'énergie, ni l'importance des créations multiples, il est impossible de ne pas prononcer le nom de Vauban, le grand maréchal de France, l'habile conducteur des sièges de Louis XIV, l'un des plus nobles hommes de bien que la France ait vus naître, l'un de ces caractères que l'on peut présenter avec un égal orgueil à ses amis et à ses ennemis. Nulle âme plus parfaite, sous une enveloppe un peu rude. Cherchez à compter les douze renommées françaises les plus pures et les plus incontestées : le nom de Vauban arrivera toujours sur vos lèvres.

Vauban eut une origine des plus modestes. Son père vivait dans une position si médiocre, que l'on désigne encore aujourd'hui comme lieu de sa naissance une maisonnette de Saint-Léger-du-Fougeret, petit village du Morvan bourguignon, qui n'était composée que d'une seule chambre, d'une grange et d'une écurie, sous une couverture de chaume. Mais Vauban, dès le plus jeune âge, avait su donner le témoignage de l'assiduité au travail. Il perdit son père et sa mère à l'âge de dix ans. Le curé de son village lui donna asile. Le jeune Vauban paya comme il put son hospitalité; il soignait le cheval, s'occupait du jardin et voire même de la cuisine.

C'est ainsi que, de dix à quatorze ans, Vauban reçut les leçons de la nécessité : il n'y en a pas de meilleures. Le bon curé, qui l'avait comme adopté, voulut lui donner en même temps la nourriture du corps et de l'esprit, et lui enseigna tout ce qu'il savait. C'était peu de chose : la lecture, l'écriture, un peu de grammaire, un peu de calcul, enfin la pratique de l'arpentage. Cette dernière occupation éveilla chez Vauban le projet de la géométrie. Il ne tarda pas à dépasser son maitre, se procura un certain nombre de livres, et de l'arpentage, parvint jusqu'aux principes de la fortification. Comment prit-il la résolution de quitter son bienfaiteur? c'est ce que l'on ne peut savoir. Il n'en est pas moins certain que, un beau matin, poussé par cet instinct qui donne des ailes au génie, à dix-sept ans, il partit de son village de Saint-Léger-de-Foucheret, traversa à pied la Bourgogne et la Champagne, et vint sur la frontière de Flandre, demander à un capitaine, gentilhomme de son voisinage, de l'engager dans sa compagnie. On lui donna un mousquet, il passa fantassin [1].

Fait prisonnier en 1653, il fut présenté à Mazarin, qui devina son talent et le nomma lieutenant : Vauban, encouragé par cette marque de sympathie, se consacra tout entier aux mathématiques, à l'art militaire, et se distingua comme ingénieur en conduisant le siège de Clermont en Argonne. Il servit ensuite sous le drapeau du chevalier de Clerville, reçut le brevet d'ingénieur du roi en 1655, dirigea les sièges de Landrecies, de Condé, de Saint-Ghislain, échoua à Valenciennes, mais s'empara de Mardyck, Gravelines, Oudemarde et Ypres. La paix ne ralentit pas son activité, et il s'occupa de fortifier les places de Lorraine et les murs de Brisach.

Pendant la guerre de Flandre, il eut la direction générale des sièges que le roi fit en personne; il s'empara de Tournai, de Douai, de Lille (1657), et contribua à la prise de Dôle. A ce moment, Louvois reconnaissant la réelle habileté de Vauban le prit sous sa protection et lui fit donner la direction de tous les travaux militaires de la frontière du Nord [2].

En 1674, il enleva, sous les yeux du roi, Besançon et Dôle, obligea Guillaume d'Orange à lever le siège d'Oudemarde et fut élevé au grade de brigadier des armées du roi; l'année suivante, il obtint la création du corps spécial des ingénieurs et devint

---

1. *Conférence populaire à l'asile de Vincennes*, par M. de Comberousse.
2. *Abrégé des services du Maréchal, écrit de sa main*, publié en 1839 par le colonel Augoyat.

maréchal de camp; enfin, en 1676, il étonne les soldats aux sièges de Valenciennes, de Cambrai et de Saint-Omer.

Dans les dix années qui suivirent la paix de Nimègue, il entoura la France, de Dunkerque aux Pyrénées, d'une ceinture de forteresses et sut mériter les titres glorieux de commissaire général des fortifications, de lieutenant général, de grand'croix de l'ordre de Saint-Louis, de membre honoraire de l'Académie des sciences. En 1703, Louis XIV couronna dignement une vie si bien remplie en donnant le bâton de maréchal à un homme qui avait travaillé à trois cents places anciennes, construit trente-trois places nouvelles, dirigé cinquante-trois sièges et assisté à cent quarante actions.

Vauban sera toujours considéré comme le premier ingénieur du monde : la défense et l'attaque des places ont été étudiées par lui avec une telle profondeur de vues, que ses successeurs n'eurent plus qu'à perfectionner. C'est lui qui imagina les feux croisés, les boulets creux, le tir à ricochet, les cavaliers de tranchée, les parallèles, le système des inondations autour des places.

Mais ce n'est pas seulement comme ingénieur que Sébastien Le Prestre, marquis de Vauban, est digne de la reconnaissance de ses compatriotes : l'art de la guerre, après tout, n'est qu'une terrible nécessité à laquelle il faut se résigner bravement de temps à autre, et pour nous, Vauban est plus intéressant comme philanthrope que comme ingénieur. Il alla jusqu'à demander ouvertement le rétablissement de l'édit de Nantes, ce qui dénotait un esprit fort indépendant, étant donné le temps d'intolérance où vivait Vauban. Il s'intéressait vivement au sort des pauvres, au milieu desquels il avait passé son enfance et sa première jeunesse : son livre de *la Dîme royale*, contenant un tableau déchirant des misères de la « *roture* », fut accueilli avec colère par le Roi-Soleil qui en ordonna la confiscation. Vauban en mourut probablement de chagrin quelques jours plus tard.

Un des plus dignes successeurs de Vauban fut Louis de Cormontaigne. Entré de bonne heure dans le corps du génie, il résida à Strasbourg pendant neuf années consécutives et assista aux sièges mémorables des guerres de la succession de Pologne et de la succession d'Autriche. Il passa par tous les grades hiérarchiques, fut nommé maréchal de camp, et en cette qualité dirigea les fortifications des places de la Moselle. Il surveilla la construction des forts Belle-Croix et Moselle, résumant dans ces deux ouvrages ses principes sur la fortification. « La plus importante des améliorations qu'il introduisit dans l'art de fortifier fut de soustraire les escarpes en maçonnerie à la vue de l'ennemi éloigné, et de le forcer ainsi à s'en approcher pour les battre en brèche. Il augmenta la saillie des demi-lunes, et donna plus d'importance aux réduits de demi-lunes et de places d'armes rentrantes. »

Lorsque Vauban parcourut le midi de la France, il fut saisi d'admiration à la vue de l'œuvre de Riquet : peut-être se demanda-t-il si la paisible gloire de l'ingénieur civil n'était pas souvent préférable à la terrible et bruyante renommée de ceux qui, comme lui, vivaient sur les champs de bataille ou dans le tumulte des camps. Riquet ne fut pas seulement célèbre par la grandeur de son œuvre, mais aussi et surtout par les difficultés qu'il eut à vaincre pour parvenir à son but.

L'idée d'unir les deux mers, pour le plus grand bien du commerce, par conséquent l'idée de creuser le canal du Languedoc, avait été agitée dans le conseil de Charles IX, reprise par Sully et par Richelieu, mais ni le ministre d'Henri IV ni celui de

Louis XIII, distraits par d'autres projets, n'entreprirent de la réaliser. Un jour, Colbert reçut un mémoire d'un gentilhomme du Midi, nommé Pierre-Paul Riquet de Bonrepos, qui lui exposait un plan conçu et médité depuis plusieurs années. il ne s'agissait de rien moins que de joindre la Méditerranée à l'Atlantique, au moyen d'un canal navigable.

« Colbert admira dans une entreprise aussi vaste la simplicité d'exécution. Riquet était digne de parler à Colbert, et Colbert d'entendre Riquet. L'admiration se communique bientôt de l'âme du ministre à celle du monarque. Tout ce qui portait l'empreinte du grand avait droit de plaire à Louis XIV. Il adopte avec transport un projet qui promettait à son règne un nouveau monument, et de nouveaux rayons à sa gloire. Des commissaires sont nommés; Riquet leur développe ses conceptions, il les conduit dans les vallons de la Montagne-Noire. Il décèle les eaux qui la parcourent et démontre la possibilité de les réunir au point culminant du Languedoc pour les distribuer ensuite de l'orient à l'occident. Etonnés à l'aspect de ces moyens inconnus ils n'osent en croire leurs yeux; ils résistent à l'évidence. Un canal conduit avec art jusqu'au point de partage a vaincu les doutes les plus obstinés [1]. »

Mais il ne suffisait pas d'avoir conçu un plan magnifique ; Riquet manquait d'argent pour réaliser le sien. Le trésor royal était épuisé, les Etats du Languedoc refusaient de concourir à la dépense, et, sans la présence d'esprit du seigneur de Bonrepos, son magnifique projet courait le risque de ne recevoir aucune suite. L'adroit méridional demanda à Louis XIV « de lui accorder à lui seul les fermes des gabelles

---

[1]. *Eloge de Riquet*, par S. Combettes, p. 3 et 4.

du Languedoc, Roussillon, Conflans et Cerdagne, pendant si ans, au même prix où elles étaient alors tenues; et l'assignation sur les offices des contrôleurs des tailles, des regrattiers et les droits sur les salines de Peccais ». Cette offre, heureuse combinaison, fut acceptée, et les travaux commencèrent aussitôt.

La chose n'était pas facile. Les sources qui devaient fournir à la navigation du canal obéissaient à des versants opposés et suivaient des routes contraires; puis il fallait surveiller un grand nombre d'ouvriers, être sans cesse attentif aux opérations qui s'exécutaient. « Jaloux de mettre dans ses travaux la plus grande activité, il les divisa en plusieurs ateliers; chaque atelier avait un chef sous lequel étaient cinq brigadiers, et chaque brigadier conduisait cinquante travailleurs. Ces ateliers eux-mêmes furent distingués par départements, dans chacun desquels un contrôleur général était établi; sous lui, des contrôleurs ambulants recevaient des brigadiers et des chefs d'ateliers les états des travailleurs, qui s'élevaient quelquefois jusqu'au nombre de onze à douze mille hommes [1]. »

L'organisation des travaux était sans doute excellente, mais la situation pécuniaire de l'ingénieur ne l'était pas, tant s'en faut. Le produit des fermes et autres droits abandonnés à Riquet ne suffisait pas à tous les frais, les États du Languedoc refusaient toujours de fournir des fonds, et les ressources du Méridional commençaient à s'épuiser. Dans cette occasion, Riquet, usant de ruse, obtint de son ami, le ministre Colbert, la permission d'entrer dans son cabinet secret pendant que le financier était occupé avec les fermiers généraux du Languedoc. Etonnés de cette intimité, qu'ils furent loin de supposer feinte, les fer-

---

[1]. *Histoire du canal du Languedoc,* par les descendants de Riquet, Paris, 1805.

miers offrirent 200 000 livres à leur compatriote, qui les refusa. Ce manège réussit fort bien et, avec la sanction de Colbert, Riquet put contracter un emprunt de 500 000 livres ; cet emprunt fut suivi de plusieurs autres, et les États du Languedoc, à la vue de la première partie du canal, entre Toulouse et Trèbes, se montrèrent aussi faciles qu'ils avaient été d'abord récalcitrants. Aussi, en 1670, les marchands de Gaillac purent-ils établir sur le canal un paquebot qui, trois fois par semaine, fit le trajet de Vaurouse à Toulouse.

Il y avait quinze ans que les travaux duraient, et le canal n'était pas achevé. Riquet luttait toujours contre le manque d'argent et les médisances que faisaient naître l'exécution de son beau projet, mais la fatigue et les soucis l'avaient, dans l'intervalle, tellement épuisé que, quelques semaines avant l'ouverture du canal au commerce, il rendit le dernier soupir.

Ainsi, ce vaillant travailleur, qui s'était dévoué corps et âme à l'une des plus glorieuses entreprises qui puisse être tentée, n'eut pas la satisfaction de jouir de son triomphe. Pour atteindre son but, il avait contracté deux millions de dettes, dépensé toute sa fortune, hypothéqué tous ses biens. C'est là un rare exemple de dévouement au progrès, et Riquet n'est pas seulement un héros, mais encore un martyr du travail.

Si les fortifications et les canaux sont nécessaires aux nations civilisées, les chemins de fer et la machine à vapeur ne leur sont pas moins indispensables ; notre reconnaissance doit s'adresser aussi aux laborieux ouvriers qui ont contribué à créer ces merveilles étonnantes de la mécanique moderne.

James Watt, l'un de ces plus grands artisans de la science, était le fils d'un charpentier ou plutôt d'un fabricant d'instruments nécessaires à la navigation. Né en 1736, à Greenock, petite ville d'Ecosse située à peu de distance d'Edimbourg, il se fit remarquer dès sa plus tendre enfance par son esprit observateur, son assiduité au travail et la ténacité inébranlable avec laquelle, une fois qu'il s'était posé un problème, il s'appliquait à le résoudre. Sa tante Muirhead lui reprochait parfois de passer son temps à ôter et à remettre le couvercle de la bouilloire ; l'enfant examinait les gouttelettes que la condensation de la vapeur formait à la surface du métal poli. Grâce à la bonne direction de son père, son esprit précoce se développa rapidement, et à douze ans il construisit tout seul une petite machine électrique. Vivant dans la maison paternelle au milieu d'instruments de mathématiques, de sextants, de quarts de cercle et de compas, il ne tarda pas à se livrer à l'étude des sciences exactes et de l'astronomie, apprenant à la fois à construire un instrument et à s'en servir, joignant toujours la théorie à la pratique. Les promenades solitaires dans la campagne l'avaient amené à étudier l'histoire, la botanique et l'archéologie. A l'âge de vingt ans, devenu ouvrier habile et homme de science à l'aide d'un travail soutenu et d'autant plus méritoire qu'il était d'une santé plus que délicate, il arriva à Londres. Pendant un an il travailla chez un célèbre constructeur d'instruments de marine.

Revenu en Ecosse, où il commençait à être connu, il se fixa à Glasgow, et ne tarda pas à être attaché, comme ingénieur, à l'Université de cette ville. Grâce à ce titre, Watt obtint un local dans les bâtiments de l'Université et y fonda un atelier. Pour donner un exemple de sa ténacité au travail, nous pourrons citer celui-ci. Un jour on lui confia un orgue à réparer ; immédiatement, quoique n'ayant pas l'oreille musicale, il apprend l'harmonie et répare l'instrument qui présentait, dit-on, sous le rapport musical, de grandes et nouvelles qualités. En 1763, — et ce fut là le point de départ de ses merveilleuses découvertes, — un modèle de la machine à vapeur de Newcomen, appartenant à l'Université de Glasgow, se détériora et fonctionna mal. Watt, chargé de le réparer, se mit à apprendre tout ce que l'on pouvait savoir sur les propriétés de la vapeur et la mécanique. Puis, ayant constaté les imperfections de l'appareil, il entreprit d'y remédier. Ses recherches l'amenèrent d'abord à découvrir le *condensateur*, permettant d'opérer la condensation de la vapeur dans un vase séparé du cylindre où elle a d'abord exercé son action. Cette première découverte fut suivie de l'invention de l'appareil à double effet et de l'appareil à détente.

Pendant longtemps, Watt chercha, presque découragé par ses amis, aux prises avec les difficultés sans cesse renaissantes de la vie, travaillant comme un mercenaire pour subvenir aux besoins de sa famille. Il serait trop long d'énumérer ici tous les travaux qu'il accomplit pour vivre, pour pouvoir continuer à se livrer à ses chères études. Métreur de travaux de maçonnerie, inspecteur des routes, fabricant de quarts de cercle, de flûtes, de violons, aucun travail ne le décourageait, s'il espérait en tirer de l'argent, par suite quelques moments de liberté. Mais, comme disait Marc Brunel, « *inventer* est une chose, et faire marcher l'invention en est une autre ». Watt allait avoir à lutter contre un nouvel obstacle qui, trop souvent, hélas! a arrêté le génie dans son essor.

Pour mettre sa découverte en pratique, un moyen puissant manquait. « L'intelligence, dit Balzac, est le levier avec lequel on remue le monde, mais le point d'appui de l'intelligence est l'argent. » Terrible vérité ! Watt n'était-il pas surtout un inventeur, un homme d'étude, lui qui déclarait à qui voulait l'entendre qu'il aimerait mieux monter à l'assaut d'une batterie que de régler un compte ou de conclure un marché ? Il est probable que, seul, Watt n'eût retiré aucun avantage pécuniaire de sa grande conception, dont il eût été peut-être dépouillé par des plagiaires. Heureusement pour lui, il vint à connaître Mathew Boulton, de Birmingham, homme aussi énergique qu'entreprenant, qui, s'associant à Watt et lui fournissant les capitaux nécessaires, commença avec lui à faire construire et à répandre sa machine dans l'industrie.

A partir de ce moment, Watt était arrivé. Sa notoriété scientifique bien établie, sa situation financière allait s'améliorer, et ce dont il pouvait à juste titre s'enorgueillir, c'est qu'il devait à son travail la gloire et la fortune. L'invention de cet homme de génie, d'abord perfectionnée par lui-même, et transformée en machine à double effet et en machine à détente, allait bientôt, à son tour, être profondément modifiée par ses dignes successeurs : le mineur de Cornouailles, Trevithick et George Stephenson, l'un des inventeurs de cet engin précieux de civilisation qu'on appelle la locomotive [1].

Cet ingénieur naquit, en 1781, dans le village de Wylam, à huit milles de Newcastle. Appartenant à une famille de gens économes et travailleurs, George Stephenson passa ses huit premières années en pleine campagne, jouant et courant sur les bords de la Tyne avec les enfants de son âge ; puis il vint à Dewley Burn, où son père avait obtenu une place de chauffeur.

Dès qu'il fut en âge de travailler et de diminuer, si peu que ce soit, les charges de sa famille, une dame du pays lui confia

---

[1]. Les détails qu'on va lire sur G. Stephenson sont pour la plupart empruntés au savant ouvrage de M. Smiles, intitulé *La Vie de Stephenson*, et traduit en français par P. Landolphe.

la garde de ses vaches, et le petit George, pour tromper l'ennui, s'amusait à faire des modèles de pompes avec l'argile qu'il trouvait dans les marais voisins. Ensuite il fut chargé de tenir par la bride et de conduire des chevaux de labour, de sarcler des plants de navets, etc.; il exerça ces rudes fonctions jusqu'au jour où il fut admis, en qualité de *trieur*, à la houillère où son père travaillait. Le charbon de Dewley-Burn étant épuisé, la famille Stephenson vint à Joly-Close. Bientôt George devint ouvrier mécanicien et acquit promptement la réputation d'un homme industrieux et habile. Après avoir travaillé à Callerton, il fut employé à Wellington-Ballast-Hill, où il se maria et mena la vie des ouvriers honnêtes et laborieux. Déjà « il s'appliquait diligemment à étudier les principes de la mécanique, et à se familiariser avec les lois qui président au confectionnement de la machine à vapeur..... Les soirées d'hiver, tandis qu'il était assis près de sa jeune femme, dans sa chambrette, il poursuivait ses études en mécanique ou modelait des machines d'essai [1] ».

De ce mariage naquit, le 13 octobre 1803, le fils unique de Stephenson, Robert, dont l'ouvrier voulut seul entreprendre la première éducation.

A quelque temps de là on demanda à George s'il voulait s'engager à conduire, dans une filature, une machine de Watt. Il vint à Montrose (Ecosse), y resta un an, et réalisa quelques économies. Enfin, en 1812, il fut nommé mécanicien principal de la houillère de Killingworth.

Jusqu'à cette époque, les wagons fonctionnant sur les rails avaient été traînés par des chevaux, malgré les découvertes de Cugnot, de Symington, de Murdock, de Trevithick et de Vivian.

1. Ouvr. cit., p. 43.

L. GERMONPREZ

Le président lui remit une médaille d'honneur... (Page 11.)

En 1812, Blacket, qui avait déjà inventé un modèle plus parfait que le précédent, fit construire une seconde machine qui devait fonctionner à l'aide d'une roue motrice dentée sur un rail à crémaillère; mais ces deux essais si méritoires, furent infructueux. Blacket s'adjoignit alors un collaborateur éminent, William Hedley, inspecteur de la houillère de Wylam, qui conseilla de substituer aux rails à crémaillère les rails unis. Bref, il ne resta bientôt plus qu'à inventer une locomotive « d'une action efficace et économique ».

George Stephenson continuait ses fonctions de mécanicien. Il étudiait toujours, profitait des expériences tentées par ses compatriotes, et songeait à les surpasser. Grande fut la surprise de ses patrons, lorsqu'en 1814 il donna le modèle d'une *machine voyageuse* qui gravit une pente de 1 sur 450, traînant huit chariots chargés de trente tonnes, à la vitesse de quatre milles par heure. Cette machine, il la perfectionna si bien que, neuf ans plus tard, une ligne de chemin de fer fonctionna entre Stockton et Darlington. La locomotive qui circula ainsi sur le premier chemin de fer public se voit aujourd'hui, sur un piédestal, devant la gare de Darlington.

L'importance prise par les manufactures du Lancashire méridional, vers 1821, rendait désirable la rapidité des communications entre Liverpool et Manchester. M. James proposa d'établir entre les deux villes un chemin à ornières; mais, s'étant rendu à Killington, il fut émerveillé à la vue de la machine de Stephenson, qui, ajouta-t-il, « ne tardera pas à bouleverser le monde, » et il substitua à son projet primitif celui d'un chemin de fer à locomotives. Le premier projet de la ligne de Liverpool à Manchester fut complété par une seconde étude plus sérieuse à laquelle prirent part George Stephenson et son fils.

Les habitants du pays avaient conçu les plus violents préjugés contre le grand projet de voie ferrée. Dans certains endroits les arpenteurs furent exposés à des violences personnelles ; lorsque les ingénieurs paraissaient, hommes, femmes, enfants se réunissaient pour les insulter et leur jeter des pierres. Mais Stephenson savait conjurer les attaques ; doué d'une force physique extraordinaire, il eut plus d'une fois l'occasion de se défendre vaillamment.

Enfin, lorsque les plans et les évaluations nécessaires furent terminés, un projet de loi concernant le chemin de fer de Liverpool et de Manchester fut renvoyé à un comité de la Chambre des communes (1825). Stephenson comparut devant ce comité, dont les membres faillirent le traiter de fou parce qu'il prétendait pouvoir donner à la locomotive une vitesse de douze milles par heure. Pendant deux mois, une véritable lutte eut lieu au Parlement ; elle se termina par le rejet du *bill* tendant à autoriser la construction du chemin de fer projeté. Mais l'affaire revint de nouveau devant la Chambre qui, cette fois, lui donna son adhésion, et les directeurs de l'entreprise nommèrent Stephenson ingénieur en chef.

La principale difficulté consistait, pour Stephenson, à établir la voie ferrée sur le Chatt-Moss, immense tourbière de douze mille carrés. On avait beau combler et entasser toutes sortes de matières pour former un remblai, continuellement des effondrements se produisaient et l'ouvrage était perdu. Aussi ne tarda-t-on pas à tourner en ridicule Stephenson et les ingénieurs ses subordonnés ; les uns se moquaient, les autres, plus jaloux, étaient enchantés de voir le grand inventeur exposé à un échec presque certain. Seul contre tous, Stephenson ne désespérait pas ; il arriva en effet que la pression des matériaux détermina un écoulement d'eau de marais tellement considérable que la chaussée finit par apparaitre. Le 1 janvier 1830, la route sur le Chatt-Moss était terminée, mais alors il allait exécuter sous Liverpool un tunnel long de deux mille deux cents *yards*. La patience et l'habileté de l'ingénieur triomphèrent de tous les obstacles : le 15 septembre 1830, la ligne fut achevée et la cérémonie d'ouverture eut lieu en présence d'une foule de spectateurs émus et étonnés.

Telle fut la découverte la plus remarquable du xix$^e$ siècle. Les perfectionnements apportés peu à peu à la locomotive ont fait de l'invention de Stephenson un des instruments les plus actifs de la civilisation, et, si nos ancêtres sortaient de la tombe, ils seraient bien étonnés de voir que nous pouvons aller à Saint-Pétersbourg en moins de temps qu'ils n'en mettaient pour aller de Paris à Marseille. Stephenson et son fils Robert vivront éternellement dans la mémoire des hommes, qui leur sont redevables de tant de bienfaits.

Dans des temps moins rapprochés de nous, nous trouvons un ingénieur d'un esprit étendu, d'une persévérance à toute épreuve, d'une énergie appliquée constamment aux entreprises intellectuelles. Pierre Simon Girard, né en 1765, fait ingénieur en 1789, commença par exécuter, dans le port du Havre, des expériences sur la force et sur la rupture des bois. Malgré les agitations de la période révolutionnaire, il poursuivit ses travaux d'ingénieur et ses applications analytiques ; aussi remporta-t-il en 1792 le prix décerné au concours par l'Académie des sciences : il s'agissait de la théorie des écluses applicables aux ports de mer et aux canaux de navigation, ainsi que des meilleurs procédés à suivre dans la construction de ces ouvrages. Deux ans plus tard, il termina son *Traité sur la résistance des bois*, étude qui lui valut les félicitations de l'Institut, qui « applaudit au succès avec lequel l'auteur s'occupait des sciences physiques et mathématiques ». Cet ouvrage venait à peine de paraître que Girard fut choisi par Bonaparte pour prendre part à l'expédition d'Égypte. Il partit en qualité d'ingénieur en chef, sous-directeur des ponts et chaussées, arriva en Égypte le 4 juillet 1798 et s'occupa incontinent de lever les plans de la ville d'Alexandrie, de son port et de la côte limitrophe. Membre de l'Institut d'Égypte, il fut classé dans la section de mathématiques, en compagnie de Monge et de Fourier. Sous sa direction, les monuments séculaires de la vallée du Nil furent mesurés géométriquement, et les caractères qui les couvrent dessinés en grand nombre. Puis il se proposa d'étudier le fleuve du Nil, remonta jusqu'aux cataractes, mesura de distance en distance la vitesse et le volume des eaux, détermina l'épaisseur des alluvions, fit exécuter des fouilles méthodiques pour retrouver la base primitive des principaux monuments érigés depuis Sésostris jusqu'aux Antonins. Il décrivit enfin, dans un mémoire remarquable, l'agriculture, l'industrie et le commerce de l'Égypte.

A son retour en France, il exposa à Bonaparte ses vues sur l'état du pays, et le futur empereur, appréciant cet esprit audacieux, le désigna « pour diriger un de ces vastes travaux sur lesquels son génie comptait pour faire vivre à jamais sa popularité dans la capitale. Il s'agissait de fournir, non plus comme au temps du bon plaisir aristocratique, quelques filets d'eau pour des favorisés, mais une rivière tout entière, amenée, distribuée pour l'usage domestique et commun du peuple [1]. »

Girard voulut que le canal, au lieu d'être un simple aqueduc,

---

[1]. *Discours prononcé par le baron Dupin sur la tombe de Girard*, 1836.

fût une voie navigable, et, quelle que fût la dépense, Napoléon se rangea à ce système. Le 2 décembre 1808, jour anniversaire de la bataille d'Austerlitz, les eaux dérivées de la Beuvronne entrèrent dans le bassin de la Villette ; le 15 août suivant, les eaux de ce bassin furent amenées au marché des Innocents, et, en 1811, les eaux dérivées par les travaux de Girard arrivèrent jusqu'au Château d'eau du boulevard de Bondy, dont le réservoir alimenta les quartiers du Temple et de Saint-Martin. Il ne s'en tint pas là, et bientôt des bateaux chargés sur la rivière de l'Ourcq débouchèrent pour la première fois dans le canal de la Villette, « annonçant à l'immense population du faubourg Saint-Antoine un nouvel élément d'activité, de bien-être et de richesse ».

Sous les Cent-Jours, Napoléon créa Girard inspecteur divisionnaire des ponts et chaussées ; celui-ci perdit cette place dès le début de la Restauration. Dès lors, occupé constamment de travaux scientifiques, il ne songea plus qu'à porter glorieusement le titre de membre de l'Institut qui lui avait été décerné. Ses recherches sur les eaux de Paris, sur les aqueducs et les égoûts, sur l'architecture hydraulique souterraine de la capitale, occupèrent la plus grande partie de son temps, et ses Rapports à l'Académie sont encore consultés avec intérêt. En un mot, Girard eut une existence tout entière consacrée au travail, à la cause de la science et à la pratique du bien.

Henri Giffard, parmi les contemporains, est un des hommes privilégiés dont les œuvres honorent non seulement leur pays, mais la science tout entière. La lumière d'une telle intelligence peut s'éteindre, mais le rayonnement qu'elle a émis dure toujours. Le nom de Giffard ne périra pas.

Né à Paris, le 8 janvier 1825, le célèbre ingénieur fit ses

études au collège Bourbon, et dès son plus jeune âge le génie de la mécanique était déjà développé dans son cerveau. Il nous a souvent raconté qu'en 1839 et 1840, alors qu'il n'avait que quatorze ou quinze ans, il trouvait le moyen de s'échapper de sa pension pour aller voir passer les premières locomotives du chemin de fer de Paris à Saint-Germain. Deux ans après, il entrait comme employé dans les ateliers de ce chemin de fer ; mais son ambition était de conduire lui-même les locomotives. Il y réussit, et il eut le plaisir de faire glisser sur les rails, aussi vite qu'il le pouvait, les premiers trains de chemin de fer.

Henri Giffard n'avait que dix-huit ans quand il commença à s'occuper de navigation aérienne; il ne tarda pas exécuter quelques ascensions en ballon, et c'est en joignant la pratique à la théorie qu'il fut conduit à réaliser sa grande expérience de 1852.

Cette expérience est une des plus mémorables de l'histoire scientifique de notre époque. Le jeune ingénieur, au milieu de mille difficultés matérielles, avait construit un aérostat allongé de 44 mètres de longueur et de 12 mètres de diamètre au fort. Ce navire aérien, qui cubait 2 500 mètres, était muni d'un propulseur à hélice, actionné par une machine à vapeur de 3 chevaux-vapeur. Henri Giffard s'éleva seul dans les airs, fièrement assis sur le tender de sa machine, et suivi dans l'espace par les acclamations des spectateurs. Il réussit à se dévier sensiblement de la ligne du vent ; il démontra que l'aérostat allongé, le seul que l'on puisse avantageusement diriger, offre une stabilité parfaite et obéit avec une grande précision à l'action du gouvernail. La voie de la navigation aérienne par les aérostats allongés, était tracée. En 1855, le courageux mécanicien renouvela cette expérience dans un autre aérostat non moins remarquable. Mais le vent était, ce jour-là, trop intense pour que l'expérience réussît.

De semblables tentatives coûtaient fort cher et ne rapportaient rien. Henri Giffard abandonna momentanément les ballons, pour construire un nouveau modèle de machines à vapeur à grande vitesse et pour donner enfin naissance à l'*injecteur*, l'un des organes essentiels de la locomotive, et qui devait faire sa fortune.

Henri Giffard devint plusieurs fois millionnaire, mais il ne cessa jamais d'être le travailleur modeste et simple qu'on avait pu connaître au début de sa carrière. Les ballons restèrent sa préoccupation constante, et l'objet de ses travaux les plus assidus. Il construisit le premier aérostat captif à vapeur lors de l'Exposition universelle de 1867. L'année suivante, il fit installer à Londres un second aérostat captif qui cubait 12 000 mètres et qui avait nécessité des constructions gigantesques. Ce matériel coûta plus de 700 000 francs, que Henri Giffard perdit entièrement, sans proférer une seule plainte. L'éminent ingénieur ne regrettait jamais la dépense d'une expérience, si coûteuse qu'elle fût, parce que, disait-il, on en tirait toujours quelque profit.

Henri Giffard fut ainsi conduit peu à peu à donner naissance au grand ballon captif à vapeur de 1878, véritable monument aérostatique, que l'on peut appeler une des merveilles de la mécanique moderne. Tout le monde a encore présent à l'esprit ce globe de 25 000 mètres cubes, qui enlevait dans l'espace quarante voyageurs à la fois et ouvrit le panorama de Paris à plus de trente mille personnes pendant la durée de l'Exposition. Tout était nouveau dans cette œuvre colossale ; l'aéronautique s'y trouvait transformée de toutes pièces : tissu imperméable, préparation en grand de l'hydrogène, détails de construction modifiés et perfectionnés, Henri Giffard avait tout conçu, tout essayé, tout réalisé. Sa puissance de conception était inouïe ; il pensait à tout et prévoyait tout. C'était un expérimentateur émérite, un calculateur éminent, un esprit d'une ingéniosité exceptionnelle, un mécanicien hors ligne.

Les grandes constructions aérostatiques, auxquelles il s'était si vaillamment exercé, devaient lui permettre de réaliser le rêve de toute sa vie, de reprendre son expérience de 1852, et d'apporter enfin au monde la solution définitive du problème de la direction des aérostats. Il avait conçu un projet grandiose, celui de la construction d'un aérostat de 50 000 mètres cubes, muni d'un moteur très puissant actionné par deux chaudières, l'une à gaz du ballon, l'autre à pétrole, afin que les pertes de poids et de force ascensionnelle puissent s'équilibrer. La vapeur formée par la combustion aurait été recueillie à l'état liquide dans un condensateur à grande surface, de manière à équilibrer les pertes d'eau de la chaudière.

Que de fois notre regretté maître ne nous a-t-il pas donné dans ses détails la description de ce monitor de l'air ! Tout était calculé, tout était prêt, jusqu'au million qui devait lui permettre de l'exécuter et que l'illustre ingénieur tenait toujours en réserve dans quelques-unes des grandes maisons de banque de Paris. D'autres projets germaient encore dans son cerveau, voiture à vapeur, locomotive à très haute pression, bateau à grande vitesse ; conceptions puissantes, étudiées avec une persévérance à toute épreuve et marquées au sceau du génie.

Mais au-dessus de la volonté et de la prévoyance humaines, il y a les lois fatales de la destinée : les plus forts doivent s'y soumettre. La maladie est venue lutter contre les efforts du grand inventeur : sa vue s'affaiblit, lui rendant tout travail impossible, ce qui le plongea dans une douleur extrême. Il y avait un peu de l'athlète dans l'âme de Giffard, et l'idée de se trouver réduit à l'impuissance le rendit inconsolable. Il s'enferma, et lui, qui avait tant aimé la lumière, l'indépendance et l'action, il vécut dans la solitude et s'éteignit graduellement.

Chez Henri Giffard l'homme n'était pas moins remarquable que l'ingénieur. Il était mince et nerveux, souple, agile et d'une grande habileté de mains. Il savait tout faire par lui-même, et je me rappelle l'avoir un jour surpris éventrant un fauteuil de son salon, pour en arracher un ressort dont il avait besoin pour une expérience ; une autre fois je le vis confectionner un photomètre avec deux crayons fixés dans le carton d'un almanach. Il se rendait compte de tout ce qu'il voulait faire, par des expériences. Il écrivait avec un soin minutieux les résultats de toutes ses recherches, de tous ses travaux, et il a laissé d'innombrables manuscrits, véritables richesses scientifiques.

Sa physionomie était charmante, et ses yeux clairs, limpides, pleins de loyauté et de franchise, brillaient d'un éclat peu commun. C'était un causeur fin, spirituel, un esprit d'une érudition technique incomparable. Il était réservé, haïssait les banalités et les frivolités du monde ; aussi passait-il parfois, aux yeux des étrangers, pour avoir un abord un peu sévère et froid. Ceux qui le jugeaient ainsi ne le connaissaient pas : il avait un cœur chaud, une générosité inépuisable et une délicatesse exquise.

Il dédaignait les honneurs, aimait par-dessus tout le travail. Ennemi des manifestations d'un luxe apparent, il se plaisait dans la pratique d'une vie simple et laborieuse ; mais, quand il s'agissait de faire des machines, le millionnaire reparaissait. On le voyait dépenser 30 000 francs pour exécuter un wagon suspendu ou un appareil à gaz, et quelques centaines de mille francs pour construire un ballon captif.

Quand il fallait aider un ami ou faire acte de charité, il puisait l'or à pleines mains dans sa caisse. Il a été le Mécène de tous les aéronautes, le bienfaiteur de tous ceux qu'il a connus. Il faisait des rentes à ses amis malheureux, et il possédait près de Paris une maison où l'on n'était admis comme locataire, qu'à la condition d'être pauvre et de ne jamais payer son terme.

Henri Giffard se cachait pour faire le bien, et les bonnes actions dont sa vie abonde, il les accomplissait dans l'ombre.

Aimé Thomé de Gamond, le célèbre auteur du projet du tunnel sous-marin entre la France et l'Angleterre, était encore un ingénieur émérite. Il est né à Poitiers, le 31 octobre 1807. A l'âge de seize ans, il quitta sa ville natale pour aller rejoindre, en Allemagne, son oncle, le comte Antoine Thibeaudeau, ancien conventionnel, exilé de France par la loi du 12 janvier 1816. Il habita successivement Prague, Vienne, Augsbourg, et devint l'ami du second fils de la reine Hortense, le jeune prince Louis, que les hasards de la fortune devaient élever sur le trône des Napoléon.

Pendant cinq années, Thomé de Gamond mena de front les études médicales, celles du droit, du génie militaire et du génie civil. En 1829, il rentra en France, compléta ses études, et à la suite d'un voyage en Egypte, où il s'occupa d'un projet de percement de l'isthme de Suez, il épousa en 1831 la fille aînée du conseiller de Gamond.

Désormais, on voit le jeune ingénieur diriger pendant quinze ans des fabrications industrielles, usines métallurgiques et verreries. Puis il se tourne vers l'agriculture, et pendant douze ans environ il exploite un vaste domaine de 500 hectares dans le Berry. Tout en s'abandonnant à ses travaux, sa profession d'ingénieur l'entraînait aussi à s'occuper d'opérations géologiques et hydrographiques. Il avait eu la pensée, dès 1829, de préparer la transformation de l'appareil hydraulique naturel de la France, en vue d'utiliser les immenses richesses que peut produire l'utilisation de ses cours d'eau, et malheureusement si négligées. Il dut parcourir dans ce but les quatre-vingt-six départements français.

En 1833, il commença l'étude d'une voie de communication entre la France et l'Angleterre. Cette communication a dû exister jadis, par un isthme naturel de craie entre les deux pays. Cet isthme a été détruit par suite de l'érosion séculaire des sédiments crayeux, ravinés par la mer, qui aurait ouvert et successivement élargi le détroit de Calais jusqu'aux dimensions actuelles.

Ce projet audacieux, surtout pour l'époque où il fut conçu, devait lui coûter quarante années de travail. Néanmoins il a eu une sorte de satisfaction en voyant avant sa mort son projet de tunnel sous-marin, regardé si longtemps comme une chimère, adopté par d'éminents ingénieurs des deux pays, et patronné par de puissants financiers. — Il a emporté la certitude qu'une tentative très sérieuse allait être faite pour mettre à exécution l'un des projets qu'il avait le plus travaillés. Malheureusement, il n'aura pas vécu assez longtemps pour recueillir le juste fruit de ses persévérants et admirables travaux.

Eugène Flachat eut une carrière des mieux remplies; elle fut tout entière vouée au travail et à l'amour passionné et désintéressé de la science.

Flachat a attaché son nom à presque tous les grands progrès qui ont transformé l'industrie de ce siècle. Il est peut-être le seul ingénieur français dont la carrière puisse être comparée à celle de ces grands ingénieurs anglais qui ont répandu leur activité sur toutes les branches de l'industrie. Cette vie, trop tôt terminée, a été en effet employée aux travaux les plus divers. Introduction de la méthode anglaise dans notre métallurgie, création de la navigation fluviale à vapeur, et surtout des chemins de fer, application du fer et de la fonte aux grandes constructions, partout le nom de Flachat est écrit en lettres ineffaçables au rang des ingénieurs les plus hardis et les plus féconds. Et combien de travaux originaux, qui ont exercé sur les progrès de l'art une influence décisive, sont compris dans cette sèche et incomplète énumération.

C'est à Flachat que l'on doit les premières machines à fortes rampes appliquées au chemin de Saint-Germain, les grands combles métalliques, les premiers ponts en fer à poutres continues ; tandis que ces derniers ouvrages, aujourd'hui imités et répandus de toute part, étaient accueillis en France avec une méfiance aveugle contre laquelle il a dû lutter avec énergie, confiant dans l'avenir qui leur était réservé, il ne se préoccupait que d'en perfectionner l'exécution et voulait qu'ils fussent étudiés d'après les procédés scientifiques les plus exacts. C'est ainsi qu'il est l'auteur du premier pont métallique, calculé suivant des méthodes rationnelles, qui ait été établi dans le monde, et cette œuvre, qui par ce motif a fait époque dans l'histoire des constructions, était cependant la première en ce genre qu'il eût entreprise ! Tandis qu'il renouvelait le chemin de fer de Saint-Germain, construisait les chemins de fer d'Auteuil et du Midi, il trouvait encore des loisirs pour étudier de magnifiques projets comme celui des Halles centrales, pour exécuter d'admirables travaux comme la reprise en sous-œuvre de la tour de la cathédrale de Bayeux. Dans cette entreprise extraordinaire, devant laquelle avaient reculé les plus hardis, il a fait preuve d'une sûreté de coup d'œil et d'une audace que le succès a légitimement couronnées. Il a d'ailleurs obtenu une précieuse récompense dans la profonde reconnaissance que la population entière de la ville de Bayeux n'a cessé de lui témoigner.

Toujours préoccupé des grandes questions industrielles qui intéressaient la prospérité de son pays, il étudiait les docks de Marseille, la traversée des Alpes, la navigation transatlantique, laissant, comme fruit de ses études, des livres qui resteront au nombre des écrits les plus originaux et les plus instructifs qui aient été publiés sur ces sujets si variés. Chacune de ces œuvres était un progrès pour l'art de l'ingénieur, un modèle et un enseignement [1]...

Dubrunfaut [2], le célèbre ingénieur chimiste auquel on doit tant de progrès dans la fabrication du sucre de betteraves, était un travailleur infatigable; jusqu'à l'âge de quatre-vingt-quatre ans, il ne cessa de se livrer, dans son laboratoire de Bercy, à des expériences et à des recherches profitables aux progrès de la science et de l'industrie. Il s'était fait remarquer dès sa jeunesse par les nouveaux procédés qu'il imagina sur la saccharification de la fécule. Ses travaux et ses inventions lui valurent de nombreuses récompenses : grandes médailles d'or de la Société d'Agriculture et de la Société d'Encouragement, croix d'officier de la Légion d'honneur; jusqu'à sa dernière heure, il travailla, et, la veille même de sa mort, il écrivait des pages d'un traité qu'il voulait publier sur la longévité humaine, sujet que sa magnifique vieillesse lui permettait de traiter *ex professo*.

Nous pourrions citer ici bien d'autres noms, qui réveilleraient,

1. *La Nature*. — Note de M. Molinos.
2. Né à Lille, le 1ᵉʳ septembre 1707, mort à Paris en 1881.

dans l'esprit du lecteur, les idées de devoir, de ténacité et de patience ; mais les quelques pages qu'on vient de lire suffiront à montrer que les travaux exécutés par les ingénieurs, sont d'une importance exceptionnelle : qu'il s'agisse de construire un pont, d'établir une ligne de chemin de fer, de creuser des canaux, de percer des routes, de fortifier des places, ou qu'il s'agisse de mener à bien l'une quelconque de ces nombreuses entreprises qui constituent la science des ingénieurs, il est certain que dans tous les cas, une dépense de travail considérable est nécessaire. La médiocrité ne peut être admise là : il faut savoir ou se taire ; or, sans l'étude, personne ne *saura* jamais, dans l'acception la plus élevée que comporte ce terme.

Si le travail est nécessaire pour réussir, il faut qu'il soit encore accompagné de cette qualité maîtresse : la persévérance.

Un jour, des ouvriers vinrent visiter le grand Stephenson, alors qu'au terme de sa carrière il se reposait sur sa gloire.

« La persévérance, leur dit Stephenson, a toujours été ma devise ; sans elle je ne serais arrivé à rien. En dépit de ma pauvreté et des difficultés qu'elle me créait, j'ai persévéré à m'instruire. En dépit des conseils et des exemples, j'ai persévéré à ne jamais mettre les pieds au cabaret. En dépit des revers de la fortune, je me suis toujours répété ma devise : *Persévérance*. Elle m'a fait triompher de toutes les misères. Si vous voulez l'adopter, mes amis, elle fera pour vous ce qu'elle a fait pour moi, elle vous rendra heureux. »

*Vauquelin.* — « Travaille, lui disait le maître d'école, un jour tu porteras de beaux habits... » (Page 61.)

## CHAPITRE TROISIÈME

### LES SAVANTS

> Lorsque l'homme meurt, ce qui vient de lui périt avec lui, excepté sa science, dont on retire de l'utilité.
> SCHILLER.

C'est surtout dans les sciences que l'attention, l'activité, la persévérance sont véritablement utiles. Les savants les plus illustres se sont presque toujours distingués par une ardeur infatigable; quelques-uns d'entre eux ont même plutôt brillé par des qualités acquises, que par des dons naturels.

Parmi la foule de savants qui arrivèrent à la gloire par leur propre force, il nous suffira de choisir quelques exemples.

Si nous considérons d'abord les sciences exactes, nous voyons que Newton, Kepler, Herschell, Galilée durent leur célébrité au seul mérite. Kepler disait en parlant de ses travaux : « Je pourrais m'appliquer la description que Virgile donne de la renommée : *Fama mobilitate viget, vires acquirit eundo;* car, chaque réflexion étant pour moi l'occasion de réflexions nouvelles, j'arrive à la longue à m'appliquer à mon sujet avec toute l'énergie dont mon esprit est capable. » Et Newton, expliquant la façon dont il travaillait : « Je ne perds pas de vue mon sujet, disait-il, et j'attends que les premières lueurs, grandissant peu à peu, se changent en une pleine et éclatante lumière. »

Comme l'a dit l'illustre Lagrange, en parlant de Newton, cet homme incomparable « est la plus haute production de l'esprit humain ». Sa gloire défie toutes les louanges ; devant lui, suivant l'expression de Voltaire, nul n'a le droit d'être jaloux.

Isaac Newton vint au monde le 25 décembre 1642, à Woolstrop, dans une humble ferme du Lincoln'shire en Angleterre. Il était si chétif qu'on croyait qu'il ne pourrait pas vivre. Il vécut cependant et devint même un enfant robuste. Il apprit à lire et à écrire dans l'école de son village; à douze ans, il fut placé en pension chez un apothicaire pour suivre les cours du collège de Grantham. Après deux années d'études, sa mère le rappela auprès d'elle, mais il se montra fort peu disposé au métier de fermier. Il méditait sans cesse ou lisait de vieux livres. « Ce sera un savant! » disaient ses parents. Ils résolurent de le préparer aux fortes études de Cambridge en le renvoyant à Grantham. Le jeune Isaac Newton avait en effet des dispositions étonnantes pour son jeune âge, et tous ceux qui l'approchaient étaient frappés de son aptitude extraordinaire pour la mécanique. On voyait l'enfant s'appliquer à construire un moulin, à fabriquer une horloge à eau, à confectionner pendant l'époque des vacances des cerfs-volants de dimensions peu communes, ou à tracer un cadre solaire sur un des murs de la maison maternelle.

A dix-neuf ans, Isaac Newton, admis à Cambridge, s'adonna avec passion à l'étude des mathématiques et c'est au début de sa carrière qu'il apporta au monde ses trois grandes découvertes sur les flexions, sur la décomposition de la lumière et sur l'attraction universelle. Le jeune savant se faisait remarquer par un caractère particulier; avec une modestie extraordinaire, il avait la publicité en aversion, et ce sentiment fut pendant toute sa vie le trait dominant de son tempérament. C'est à l'âge de vingt-cinq ans, que l'une des plus grandes expériences de la physique, celle de la décomposition de la lumière, fut entreprise entre ses mains. Il fit passer un rayon de lumière solaire à travers un prisme et reconnut que ce rayon est composé de sept rayons différents, inégalement réfrangibles. Newton, complétant l'analyse par la synthèse, sut réunir les sept rayons par une réfraction nouvelle, en reconstituant la lumière blanche. Cette découverte, entièrement nouvelle, changea la face de la dioptrique, et devait plus tard être la base de l'analyse spectrale qui permet de connaître, par l'examen d'un rayon lumineux, la véritable constitution des astres.

Après quelques années de séjour à Cambridge, Newton revint dans son petit domaine de Woolstrop. C'est là qu'étant assis un jour dans son jardin il vit une pomme se détacher de sa tige et tomber à ses pieds. « Cet incident banal, conduisant ses pensées dans la voie qui leur était si familière, il se demanda la cause à jamais cachée sans doute de la puissance mystérieuse qui précipite tous les corps vers le centre de notre terre. Mais cette force, quelle qu'en soit la nature, a-t-elle des limites? Elle agit sur les plus hautes montagnes, s'exercerait-elle à une hauteur, dix, cent, mille fois plus grande? S'étend-elle jusqu'à la lune? Telle est la question qu'un penseur moins pénétrant aurait facilement pu se poser pour y répondre aussitôt avec une certitude apparente que, la lune n'étant pas soutenue, si elle pesait sur la terre, rien ne l'empêcherait d'y tomber, et que, par conséquent, notre sphère d'actions ne s'étend pas jusqu'à elle; Newton pensa tout le contraire. Ne sait-on pas, par une expérience journalière, qu'un projectile lancé horizontalement va retomber d'autant plus loin qu'il est parti de plus haut et avec une plus grande vitesse ? que l'on se place par la pensée sur le sommet d'une tour de 90 000 lieues de haut, c'est la distance de la lune, pour lancer ce projectile avec une vitesse d'un quart de lieue par seconde, qui est à peu près la vitesse de la lune, n'est-il pas évident qu'il ira retomber à une distance plus grande que le rayon de la terre qui n'est que de 15 000 lieues? Comme, dans ce mouvement, il ne perd rien de sa vitesse, il sera en quelque sorte lancé horizontalement, et la même pesanteur qui fait tomber une pierre à la surface de la terre, maintient au contraire la lune à une distance constante sans pouvoir la ramener jamais sur notre globe, dont les dimensions sont trop petites. De telles considérations ne sont que le commencement de la démonstration. La vérité était trouvée; mais, ne pouvant l'assurer d'une certitude infaillible, Newton regarda comme indigne de lui de rien publier, et, confiant dans sa force, ne vit dans sa découverte que le fondement très solide d'un édifice qu'il mit vingt ans à construire [1]. »

En 1669, Newton fut nommé professeur à Cambridge; en 1672, membre de la société royale de Londres. Il envoya au

---

1. Joseph Bertrand. *Les Fondateurs de l'astronomie.*

président de cette société le télescope qu'il avait imaginé et construit. Cet instrument fut admiré au-delà de tout ce que l'on peut dire. Le fait de la décomposition de la lumière, que Newton fit encore connaître, produisit une grande sensation, mais rencontra des contradicteurs tels que Robert Hooke, dont les objections exaspérèrent à tel point le grand physicien, qu'elles faillirent lui faire abandonner la science.

C'est pendant les années 1684 et 1685 que Newton termina son livre des *Principes*, où se trouvent exposées les lois de l'attraction universelle. Celui, qu'on a si bien appelé le confident de la nature, sut expliquer par cette force qui unit, comme par un lien mystérieux, les éléments de l'univers, tous les grands phénomènes du système du monde. Fidèle à sa résolution, Newton ne voulut rien publier. Cependant quelques amis, et notamment Halley, le pressèrent tellement, qu'il céda. L'ouvrage publié en 1687 excita l'admiration, mais souleva en même temps des objections qui désolèrent Newton. Leibnitz et Huyghens rejetèrent avec dédain la théorie de l'attraction, et le premier de ces savants se montra très âpre contre les idées nouvelles.

La vieillesse de Newton fut heureuse; l'admiration de ses contemporains égala celle de la postérité.

Le grand astronome, que l'on peut appeler aussi le grand philosophe, mourut à l'âge de quatre-vingt-quatre ans.

William Herschell était le fils d'un pauvre musicien allemand. Venu comme hautbois dans la musique de la milice anglaise de Durham, il fit la connaissance du docteur Miller, qui mit à sa disposition une bibliothèque riche en ouvrages scientifiques. Devenu organiste de l'église paroissiale d'Halifax, il mena de front la musique et les mathématiques, et, sa curiosité se trouvant piquée par des découvertes récentes accomplies en astronomie, il emprunta un télescope de Gregory pour faire lui-même quelques observations. N'étant pas assez riche pour en acheter un, il construisit à force de patience un réflecteur de cinq pieds, avec lequel il put observer l'anneau et les satellites de Saturne. Tout en poursuivant ses recherches, il ne cessait pas de gagner sa vie en jouant dans les concerts, s'échappant, pendant les entr'actes, pour aller donner un coup d'œil dans son télescope. Et c'est de la sorte qu'il atteignit au faîte de la gloire : le pauvre musicien devint astronome du roi Georges III, conservant dans sa nouvelle situation les qualités et les vertus dont il avait donné la preuve lorsqu'il jouait du hautbois non point pour vivre mais pour exister.

Laplace, le célèbre géomètre physicien et astronome, né le 23 mai 1749, était le fils d'un pauvre cultivateur de Beaumont en Auje, village de Basse-Normandie (aujourd'hui Calvados). Il avait une mémoire prodigieuse ; il entra à l'Académie des sciences à l'âge de vingt-quatre ans. C'est Laplace qui dit, à ses derniers instants. « Ce que nous connaissons est peu de chose, ce que nous ignorons est immense. »

Le Verrier, né à Saint-Lô (Manche), le 11 mars 1811, est le digne successeur des grands astronomes du passé.

« Le Verrier, a dit M. Dumas, était fils de ses œuvres. Il avait connu toutes les luttes. Elève brillant de l'École polytechnique, il n'avait fait qu'apparaître dans les services publics. Voué de bonne heure au culte de la science pure, il fut bientôt rappelé à l'École comme répétiteur. L'héritage de Laplace était libre ; il en prit hardiment possession. Il mit en évidence les conditions de stabilité générale du système solaire par la discussion approfondie des lois qui président aux mouvements de Jupiter, de

Saturne et d'Uranus, et chacun comprit, à ce début large et même hautain, si l'on remonte au temps et si l'on tient compte du milieu, qu'un grand astronome venait de se révéler. L'Académie des sciences s'empressa d'adopter Le Verrier.

» Presque aussitôt, il donnait au monde la démonstration la plus éclatante du pouvoir de la science. La dernière planète de notre système, Uranus, éprouvait dans sa marche des irrégularités que la théorie n'avait pas prévues et qu'elle ne parvenait pas à expliquer. Le système conçu par Newton, jusque-là victorieux de toutes les objections, allait-il se montrer impuissant et en défaut, aux dernières limites de notre système solaire? Le Verrier ne le pensa point. Acceptant avec un ferme bon sens les lois de l'attraction comme vraies, il en poursuivit toutes les conséquences. C'est ainsi que, par une analyse admirable et convaincue, il découvrit dans l'espace une petite planète inconnue; qu'il la pesa, comme s'il l'eût tenue dans ses mains; qu'il marqua dans les cieux sa route et la position qu'elle devait occuper le 1ᵉʳ janvier 1847, comme s'il en eût lui-même dirigé le char. On sait comment cet astre fut trouvé par le télescope dans le firmament, à la place même que lui avait assignée l'analyse mathématique.

» L'émotion fut universelle. Mais Le Verrier ne grandit pas seul : ses confrères, ses émules, les savants de tous les pays grandirent avec lui. Il faut le reconnaître et le proclamer à sa gloire, la confiance publique dans les forces de la science s'éleva dès ce moment à un niveau qu'elle n'avait peut-être jamais atteint. Le jeune astronome, qui par le seul effort de sa pensée découvrait une planète inconnue, la dernière du système, perdue dans l'immensité, à une distance du Soleil trente fois plus considérable que celle qui en sépare la Terre, devint tout à coup populaire. Par une exception sans exemple, mais que tout motivait, l'astre nouveau lui fut dédié, et si plus tard son nom, d'abord inscrit avec justice dans les confins de notre ciel, fut remplacé par celui de Neptune, ce fut pour obéir à d'antiques traditions...

» Il semble que dès ce moment, Le Verrier se soit dévoué à perfectionner, à compléter l'œuvre de Newton, en s'appuyant sur l'œuvre de Laplace. C'est ainsi que, par un travail persévérant, poursuivi pendant trente années, et dont jamais rien n'a pu le détourner, il nous a donné successivement le code définitif et complet des calculs astronomiques, les tables du mouvement apparent du Soleil, la théorie et les tables des planètes tant intérieures qu'extérieures, embrassant ainsi le système solaire dans son ensemble, écrivant le dernier mot de sa vie et murmurant pieusement alors : *Nunc dimittis servum tuum, Domine.* »

Si nous passons à un autre ordre de talents, et que nous abordions l'étude des sciences naturelles, nous rencontrerons encore des travailleurs infatigables, et des hommes d'une volonté peu commune.

Buffon[1], dont les œuvres sont assez connues pour n'être pas rappelées ici, eut d'abord à combattre les effets d'un naturel absolument apathique. Dans sa jeunesse, il se levait généralement tard, et, afin de se guérir de cette habitude, il promit à son valet de chambre Joseph un écu toutes les fois qu'il le ferait lever avant six heures. Joseph eut bien du mal à triompher de cette indolence invétérée ; il dut même, un beau matin, jeter sur son maître le contenu glacé d'un vase plein jusqu'aux bords,

---

1. Né à Montbart (Côte-d'Or), le 25 avril 1716, mort le 1ᵉʳ janvier 1800.

mais, à la longue, ses moyens énergiques eurent un plein succès, et Buffon disait en riant : « Je dois à Joseph trois ou quatre volumes de mon *Histoire naturelle*. » Depuis ce temps, il travailla neuf heures par jour avec une telle assiduité, qu'il put ajouter au titre de naturaliste celui non moins illustre de littérateur ; il sut rendre élégamment les pensées les plus complexes. En 1742, il s'était adjoint, pour la rédaction de son Histoire, un de ses camarades d'enfance, Daubenton, qui était aussi un travailleur infatigable.

Daubenton [1], nommé à cette époque garde et démonstrateur du cabinet d'Histoire naturelle de Paris, s'y enfermait pendant des journées entières, pour se livrer avec une ardeur sans pareille à la classification des trésors qu'il y avait découverts. A quatre-vingts ans, on vit encore Daubenton, la tête courbée sur sa poitrine, les pieds et les mains déformés par la goutte, se faire conduire chaque matin, soutenu par deux personnes, au cabinet d'Histoire naturelle, pour y présider encore à la disposition des minéraux.

Etienne Geoffroy Saint-Hilaire, dont le nom est encore une des gloires scientifiques de la France, est non seulement un modèle de travail opiniâtre, mais son caractère offre un type accompli de sincérité, de conscience et de dévouement. Il était né le 12 avril 1772 dans la petite ville d'Etampes. Son père était un légiste habile, sa mère, uniquement occupée de ses devoirs de famille, était une femme simple, ménagère, intelligente et d'une fortune très médiocre. Sa grand'mère avait conservé dans son extrême vieillesse une rare activité d'esprit. Elle faisait de bonnes lectures au jeune Etienne ; elle se plaisait à lui parler de trois

---

1. Né le 17 février 1877, à Arques, membre de l'Académie des sciences, professeur au Muséum d'histoire naturelle.

Geoffroy, leurs parents, qui, au XVIIIᵉ siècle, avaient eu l'honneur d'être membres de l'Académie des sciences.

Un jour Etienne s'écria :

— Moi aussi, je voudrais devenir célèbre comme eux ! Mais comment faire ?

— Il faut le vouloir fortement, répondit la vieille femme. Tu portes le même nom qu'eux. Fais ce qu'ils ont fait.

— Eh bien ! aidez-moi, grand'mère, répondit l'enfant qui n'avait que onze ans.

L'excellente femme donna à Etienne la *Vie des hommes illustres* de Plutarque, et c'est là que Geoffroy Saint-Hilaire commença à trouver les idées des grandes vertus, et l'amour de la gloire.

Geoffroy Saint-Hilaire avait été destiné par son père à l'état ecclésiastique; il obtint en 1788 un des canonicats du chapitre de Sainte-Croix d'Etampes. A force de prières et de supplications, il lui fut permis de venir à Paris, sous prétexte d'y faire son droit, mais avec l'intention formelle de suivre les cours du Jardin des Plantes et du Collège de France. Bientôt, son père l'autorisa à laisser la jurisprudence pour la médecine, et, malgré une différence d'âge considérable, il se lia avec le savant abbé Haüy, qui, arrêté pour raison politique au mois d'août 1792, fut sauvé grâce au dévouement de son jeune ami. « Cher ami, disait à Geoffroy Saint-Hilaire le général Foy, esprit, talent, cœur, vous avez tout. » Et de fait, il était impossible de réunir, à un talent aussi remarquable, une bonté aussi parfaite et aussi active.

Cet acte de dévouement valut à Etienne l'amitié de Daubenton sur la recommandation duquel il fut nommé adjoint au Muséum, puis professeur titulaire. Défendu au sein de la Convention par Lakanal contre Fourcroy, il eut la délicatesse de faire offrir sa chaire à ce dernier, qui avait vu d'un mauvais œil un aussi jeune homme chargé d'un cours important entre tous.

Jusque-là, il s'était principalement occupé de minéralogie : alors, il devint zoologiste, et fit venir près de lui un pauvre précepteur de Normandie, Georges Cuvier, dont quelques écrits avaient attiré son attention. « Venez, lui écrivait-il, venez jouer parmi nous le rôle de Linné, d'un autre législateur de l'histoire naturelle. » Cuvier répondit à ce généreux appel, travailla et devint un grand homme.

Geoffroy Saint-Hilaire fit partie de l'expédition d'Egypte. Là, ses travaux l'absorbèrent tellement que ni les horreurs du siège d'Alexandrie, ni les tourments de la faim, ni le besoin impérieux du sommeil, ni l'instinct de sa propre conservation ne purent l'en distraire. On eût dit réellement un autre Archimède dans une Syracuse africaine.

En apprenant que le général Menou venait de capituler, abandonnant aux vainqueurs des collections si péniblement acquises, Geoffroy Saint-Hilaire, accompagné de ses collègues Delile et Savigny, se rendit au camp de Hutchinson et exposa l'objet de sa visite. « J'aviserai », dit le général, qui envoya le même jour Hamilton porter à notre compatriote une réponse négative. « Nous n'obéirons pas ! s'écrie le savant indigné. Votre armée entre dans deux jours dans la place. Eh bien ! d'ici là, le sacrifice sera consommé. Nous brûlerons nous-mêmes nos richesses, et vous disposerez ensuite de nos personnes comme bon vous semblera. » Et, comme Hamilton s'étonnait de ces mâles paroles : « Oui, nous le ferons. C'est à la célébrité que vous visez. Eh bien ! comptez sur les souvenirs de l'histoire : vous aurez brûlé aussi une bibliothèque d'Alexandrie. » Hamilton, qui avait d'abord engagé son général à repousser la demande du naturaliste, devint tout à coup son avocat, et gagna sa cause.

C'est alors que Geoffroy Saint-Hilaire publia le résultat de ses recherches et de nombreuses monographies. Son ouvrage le plus célèbre est sa *Philosophie anatomique*, où il proclame et soutient son remarquable système de l'unité de composition organique, d'après lequel il n'y a réellement qu'un animal. La nature s'est servie d'un seul type pour tous les êtres organisés; les espèces zoologiques résultent des différences de leur forme, et chaque animal est un principe qui prend sa forme dans les milieux où il est appelé à se développer.

Ce système fut combattu vigoureusement par Cuvier, qui groupait dans des classes distinctes les espèces que son ami voulait ramener à l'unité.

Cuvier, comme travailleur infatigable, ne le cédait en rien à son adversaire.

Le conseiller Pfaff a écrit sur lui une notice biographique peu connue, où il nous représente ce qu'était le grand naturaliste en 1787, lorsqu'il le connut et qu'il n'avait que dix-huit ans :

« Tout entier à ses études, Cuvier négligeait tout ce qui regarde immédiatement l'élégance extérieure. Son visage très maigre, plutôt allongé qu'arrondi, pâle et marqué abondamment de taches de rousseur, était comme encadré par une crinière épaisse de cheveux roux. Sa physionomie respirait la sévérité et même un peu de mélancolie, Il ne prenait aucune part aux jeux de la jeunesse ; il avait l'air d'un somnambule qui n'est point affecté de ce qui l'entoure ordinairement, et qui n'y prête aucune attention.

» L'avidité de son esprit était insatiable. Outre ses études spéciales, celle des sciences, celle des sciences administratives, la botanique et la zoologie, et dans la zoologie l'entomologie.

puis la philosophie, l'histoire et la littérature, étaient l'objet de son ardente application au travail. Pendant une année entière, je fus témoin de ses études infatigables et continuées bien avant dans la nuit. La grandeur des in-folio, pas plus que le nombre des volumes, ne pouvaient l'arrêter dans ses lectures de tous les instants [1]. »

Nous en avons assez dit pour montrer ce que furent Cuvier et Geoffroy Saint-Hilaire. Le travail personnel, l'infatigable activité de ces deux hommes leur acquirent une gloire impérissable. Tous deux furent académiciens, et l'Europe entière prit part à leur querelle. Le grand Goethe, mourant, salua le triomphe de Geoffroy Saint-Hilaire, et Cuvier fut appelé à la pairie après la révolution de Juillet.

De Blainville, au génie duquel les sciences naturelles doivent tant de travaux, succéda à Cuvier dans la chaire qu'il avait si brillamment occupée au Muséum d'histoire naturelle. De Blainville avait la passion du travail.

Passant sa vie dans un sombre cabinet, s'y recélant au fond d'un vaste et profond fauteuil, entouré d'un triple rempart formé du mélange confus de livres, de dessins originaux, de préparations anatomiques, de microscopes mal assurés ; si parfois un disciple studieux était admis, il avait pour s'introduire plus d'un obstacle à surmonter, car l'envahissement était général ; et, s'il était laborieux de se procurer un siège, il n'était pas moins difficile de le placer. Enfin, après les péripéties de l'installation, si, dans le feu du travail, la recherche d'un volume devenait nécessaire, il fallait ordinairement le tirer de la base d'une montagne dont le renversement général était, au mi

---

[1]. *Lettres de Georges Cuvier à C. M. Pfaff*. Introduction. Victor Masson, 1868.

lieu de ce chaos, un véritable cataclysme qui, pour être fréquent, n'en était pas moins orageux [1].

Lorsque nous jetons les yeux sur les végétaux répandus autour de nous, nous les voyons tellement nombreux que pour les bien connaître nous sommes obligés d'avoir recours à des *classifications*. Les premiers essais des botanistes furent bien imparfaits, mais il faut arriver jusqu'au xviii° siècle pour trouver des divisions établies sur les caractères essentiels des plantes.

En l'année 1707 naquit en Suède, à Rœshult, celui qui devait travailler toute sa vie dans le but de préparer et de découvrir une langue scientifique et une méthode ingénieuse pour la botanique : Charles Linné. Aucun homme ne fit peut-être preuve de plus de volonté que ce grand naturaliste. De bonne heure, il eut un goût passionné pour les fleurs, et manquait souvent ses classes pour herboriser dans la campagne. Cet amour de la nature fut mal compris par son père, qui, croyant le jeune Charles incapable de rien apprendre, le plaça comme apprenti chez un cordonnier (1724). Un jour, le médecin Rothman, causant par hasard avec lui, fut étonné de la profondeur de ses connaissances, et il lui prêta un *Tournefort* puis il chercha à le réconcilier avec sa famille, et le plaça, en qualité de copiste, chez le professeur Stobœus, à l'Université de Lund. Stobœus mit sa bibliothèque à la disposition de Linné et lui donna quelques gratifications à l'aide desquelles il vint à l'Université d'Upsal. Sa vie d'étudiant fut misérable : il était réduit à raccommoder pour son usage les vieux souliers de ses camarades. Enfin, le professeur Olaüs Celsus le prit pour faire des recherches, moyennant la nourriture et le logement. Dès lors, il

---

1. Flourens, *Eloge historique de Marie-Henri Ducrotay de Blainville* lu dans a séance publique annuelle du 30 janvier 1854.

fut à l'abri de la misère ; Rudbeck lui confia la direction du Jardin et la suppléance de sa chaire; l'Académie des sciences de Stockholm le chargea d'une mission scientifique, et, en 1735, il publia à Leyde le *Systema naturæ*, où les trois règnes étaient disposés d'après sa propre méthode. En ce qui concerne la botanique, « le système de Linné, dit A. de Jussieu, fit abandonner généralement tous ceux qui l'avaient précédé. Il offrait un grand attrait de nouveauté en se basant sur les organes de la fécondation, négligés jusqu'alors, et dont les usages physiologiques, d'une bien plus haute valeur que ceux des autres parties de la fleur, pouvaient être considérés comme une découverte encore récente... Grâce à des lois qui sont encore et resteront probablement en vigueur, il introduisit une admirable réforme dans la langue et la nomenclature botanique, en définissant rigoureusement chacun des termes destiné à exprimer toutes les modifications d'organes qu'il devait employer comme caractères et en réduisant l'appellation de toute plante à deux mots : le premier, *substantif*, qui désigne son genre : le second, *adjectif*, qui désigne son espèce ».

La méthode de Linné présentait pourtant quelque chose de conventionnel, par ce fait seul qu'elle groupait les genres d'après un petit nombre, et non d'après l'ensemble de ces rapports. Elle fut abandonnée pour la méthode *naturelle*, basée sur les ressemblances des genres. Bernard de Jussieu, Adanson, donnèrent des essais de classification naturelle, mais ces diverses tentatives n'exercèrent pas sur le progrès de la science une influence directe Il n'en fut pas de même de la classification proposée en 1789 par Antoine-Laurent de Jussieu, neveu de Bernard : là, les plantes étaient distribuées d'après la surbordination des caractères. — Rendons ici un juste hommage à la famille des Jussieu, famille de travailleurs s'il en fut, et dont le nom, cinq fois illustré, vivra éternellement dans la mémoire des savants.

La naturaliste Adanson[1], dont nous venons de prononcer le nom, avait pour le travail un courage indomptable et une patience infinie. Il n'eut point de jeunesse. Pendant soixante-dix ans, tous ses instants furent remplis par des recherches laborieuses. Vers dix-neuf ans, il avait déjà décrit plus de quatre mille espèces des Trois Règnes; les seules opérations manuelles qu'un semblable travail exige prouvent qu'il y employait une partie de ses nuits.

Vers la fin de sa carrière, voulant terminer un grand ouvrage qu'il méditait sur l'*Ordre universel de la nature*, il se séquestra dans la crainte de perdre un instant; il prit sur son sommeil, sur le temps de ses repas. Lorsque, par hasard, quelqu'un pénétrait près de lui, on le trouvait couché par terre, au milieu de papiers innombrables qui couvraient les parquets, les comparant et les compulsant.

De nos jours, la botanique fut dignement représentée par Joseph Decaisne, né sans fortune en 1807. A dix-sept ans, Decaisne entra comme simple ouvrier jardinier au Muséum d'histoire naturelle[2]. Il lui fallut passer huit années de rude labeur dans les diverses parties du service de culture, avant que son zèle et son ardeur fussent récompensés; cependant on l'avait chargé de suivre les herborisations. Adrien de Jussieu, qui les dirigeait, remarqua bientôt les heureuses dispositions et les qualités exceptionnelles de Decaisne; il le fit nommer *chef des semis*, puis, en 1833, il le prit comme aide-naturaliste. Ce qu'il fallut d'efforts à ce jeune jardinier, dont les études avaient été

1. Né à Aix en Provence, le 7 avril 1727.
2. Les extraits que nous donnons sur Decaisne sont empruntés à un article de M. Dehérain publié dans la *Nature*.

## GEORGE STÉPHENSON

Doué d'une force physique extraordinaire... (Page 28.)

bien incomplètes, pour acquérir les connaissances variées qu'exigeait sa nouvelle position, c'est ce qu'on peut imaginer quand on sait qu'après avoir passé la journée dans l'Herbier à nommer les plantes nouvelles et à les classer, il consacrait au travail la plus grande partie des nuits ; parfois il était vaincu par le sommeil, il se jetait alors tout habillé sur une natte, sans couverture, pour que le froid le réveillât, et qu'il pût reprendre la besogne interrompue. Ce labeur acharné, mis au service d'une rare aptitude, devait porter ses fruits : ce furent d'abord des travaux de botanique descriptive, l'étude de plantes nouvelles rapportées du Japon, d'Egypte, du Sinaï, une étude sur la végétation du Timor, puis l'achèvement du grand ouvrage entrepris par Victor Jacquemont sur les plantes de l'Inde. Dans ce dernier travail, il eut à vaincre les difficultés qu'offrait l'examen d'un certain nombre de plantes nouvelles. Puis il s'occupa d'anatomie et de physiologie botaniques et des applications de ses recherches à l'agriculture ou à l'horticulture. Aussi entra-t-il à l'Académie des sciences en 1847 et remplaça-t-il M. de Mirbel dans la chaire de culture du Muséum (1851). Président de l'Académie des sciences en 1865, associé de la Société royale de Londres en 1880, il ne cessa pas de travailler avec une activité incroyable, dirigeant le service des cultures au Jardin des Plantes, faisant régulièrement ses cours, publiant divers ouvrages d'une grande valeur scientifique.

Rien n'était plus éloigné de la manière d'être de Decaisne que cette banalité aimable, indifférente au bien ou au mal, si fréquente à toutes les époques ; il avait des opinions et savait les défendre ; cette droiture, cette netteté de convictions, ne vont pas sans quelque raideur et provoquent des amitiés solides, inaltérables, mais aussi des rancunes tenaces ; ni les unes ni les autres ne lui ont fait défaut. Decaisne aimait passionnément ses amis, il réussissait à les servir par l'ardeur qu'il mettait à les défendre ; il s'engageait tout entier dans la lutte et n'hésitait pas à se compromettre pour assurer le succès. Sa franchise a pu blesser quelques vanités bouffies, mais elle plaisait aux esprits droits, qui reconnaissaient bien vite qu'elle prenait sa source dans les sentiments les plus purs et les plus élevés, l'amour de la science et de la vérité. « J'aime tout de Decaisne, disait un botaniste éminent, même ses brusqueries. » Et on avait raison d'aimer tout de lui, car cette nature rigide, inaccessible à la crainte, insensible à l'intérêt, fléchissait au moindre mot parti du cœur. Decaisne avait une bonté inépuisable, sa bourse était ouverte à toutes les infortunes, et, comme l'a rappelé M. Frémy, qui pendant des années a vécu avec lui dans les liens de la plus étroite amitié, si, dès le matin, Decaisne n'était ni dans le jardin à surveiller les ouvriers, ni assis à table de travail, il parcourait le pauvre quartier qui entoure le jardin des Plantes, allant de porte en porte distribuer des secours ; quelque secrètes que fussent ses bonnes œuvres, elles avaient fini par se dévoiler, et une amie, qui disparut le même jour que lui, M$^{me}$ Theret, la généreuse donatrice du jardin d'Antibes, illustré par son beau-frère, s'associait à ses charités. Dur pour lui-même, d'une extrême simplicité dans sa vie, Decaisne devenait prodigue quand il s'agissait de secourir une infortune : il donnait, donnait toujours. Deux passions ont rempli la longue vie de Decaisne, l'amour de la science, la charité, et on ne saurait dire quel éloge il mérite davantage : savant illustre ou homme de bien.

Les vrais savants, les hommes réellement grands, sont d'ailleurs presque tous serviables. Voyez plutôt le grand chimiste Vauquelin, une des gloires de la chimie moderne. Il n'oublia jamais son obscure origine, sa pauvreté, les humbles vêtements qu'il portait autrefois pour aller à l'école. « Travaille, lui disait son maître d'école ; un jour tu porteras de beaux habits, comme le marguillier de la paroisse. » Et de fait, le garçon apothicaire qui était venu à Paris avec deux écus en poche, qui mourant de faim s'était vu transporter à l'Hôtel-Dieu, devint le successeur de Fourcroy à l'École de médecine et représenta à l'Assemblée législative le département du Calvados.

Vauquelin, devenu célèbre, mais non millionnaire, avait l'habitude d'admettre à son laboratoire de jeunes étudiants, moyennant une rétribution mensuelle de vingt francs. Un jour, il reçut la visite d'un tout jeune homme, nommé Thénard, qui lui avoua sa pauvreté et lui demanda de l'admettre gratuitement dans son laboratoire. Les sœurs du grand chimiste étaient présentes à l'entrevue : « Mais il est gentil ce petit, dirent-elles à leur frère ; tu devrais le garder ; il aiderait dans le laboratoire et surveillerait notre pot-au-feu que tous tes muscadins laissent trop bouillir. » Thénard, au comble de ses vœux, travaille avec acharnement et obtient au bout de trois ans un cours de chimie dans une institution. Nommé répétiteur à l'Ecole polytechnique en 1798, il se lia avec Gay-Lussac, aborda la chimie organique, trouva la préparation du bleu qui porte son nom et l'épuration des huiles végétales au moyen de l'acide sulfurique. Il remplaça Vauquelin au Collège de France (1804), fut professeur à l'Ecole polytechnique en 1810, devint membre de l'Académie des sciences. Il découvrit le bore et l'eau oxygénée. Enfin Charles X lui conféra le titre de baron ; il fut député, pair de France, et grand-officier de la Légion d'honneur.

Le célèbre physicien français Gay-Lussac, né à Saint-Léonard, dans la Haute-Vienne, le 6 décembre 1778, fut aussi le fils de ses œuvres ; il offrait le rare assemblage des plus hautes facultés intellectuelles et des vertus les plus solides.

Berzélius, né en 1779, était le fils d'un maître d'école. « Il était continuellement occupé, a dit un de ses contemporains; et il travaillait toujours de douze à quatorze heures par jour, soit dans son cabinet, soit dans son laboratoire. Sa bibliothèque, son bureau, ses réactifs, ses fourneaux, étaient placés dans un très petit espace ; tout se faisait remarquer par un ordre et une propreté admirables. »

François Arago naquit le 26 février 1786 dans la commune d'Estagel, ancienne province du Roussillon (Pyrénées-Orientales). Son père était un petit propriétaire de la localité; dès son jeune âge, François Arago fut dévoré de cette honnête ambition des âmes élevées, et qui se sentent faits pour le travail et la lutte. Un jour qu'il se promenait étant enfant sur les remparts de Perpignan, il vit un officier du génie qui y faisait exécuter des réparations. Le jeune Arago s'approcha de lui, et eut la hardiesse de lui demander comment il était arrivé à porter l'épaulette.

— Je sors de l'Ecole polytechnique, répondit-il.

— Qu'est-ce que cette école-là ? riposta l'enfant.

— C'est une école où l'on entre par examen.

— Exige-t-on beaucoup des candidats?

— Vous le verrez par le programme que le gouvernement envoie tous les ans à l'administration départementale ; vous le trouverez d'ailleurs dans les numéros du journal de l'Ecole qui existe à la bibliothèque de l'Ecole centrale.

François Arago courut aussitôt à la bibliothèque, et lut pour la première fois le programme des connaissances exigées des candidats.

Dès ce moment, il se mit à fréquenter les cours de mathématiques, à faire venir de Paris les ouvrages les plus nouveaux et à les étudier avec acharnement. Un jour il comprenait difficilement certains passages de traité d'algèbre de Garnier, et se sentait pris de découragement devant tant d'obstacles.

« Mon véritable maître, dit Arago, je le trouvai par hasard dans la couverture de ce traité d'algèbre. Cette couverture se composait d'une feuille imprimée, sur laquelle était collé extérieurement du papier bleu. La lecture de la page non recouverte me fit naître l'envie de connaître ce que me cachait ce papier bleu. J'enlevai ce papier avec soin, après l'avoir humecté, et je pus lire dessous ce conseil donné par d'Alembert à un jeune homme qui lui faisait part des difficultés qu'il rencontrait dans ses études : « Allez, monsieur, allez, et la foi vous viendra. »

» Ce fut pour moi un trait de lumière; au lieu de m'obstiner à comprendre du premier coup les propositions qui se présentaient à moi, j'admettais provisoirement leur vérité, je passais outre, et j'étais tout surpris, le lendemain, de comprendre parfaitement ce qui, la veille, me paraissait entouré d'épais nuages. »

En un an et demi, François Arago, âgé de seize ans seulement, était prêt à l'examen, qu'il alla passer à Toulouse. Il fut interrogé par Monge, et répondit à toutes les questions avec tant de clarté, de sûreté et de science, que son examinateur étonné se leva, alla l'embrasser, et lui déclara qu'il occuperait le premier rang sur sa liste [1].

Ces débuts de la carrière d'Arago montrent ce qu'il fut toute sa vie : un travailleur infatigable, un génie incomparable.

Ampère [2] fut d'abord professeur de belles-lettres avant d'être

1. *Histoire de ma jeunesse*, t. I<sup>er</sup> des Œuvres de François Arago. Paris, 1854.
2. A.-M. Ampère, né à Lyon en 1775.

grand savant. C'est à vingt-sept ans qu'il publia son premier ouvrage de mathématiques.

Il se fit bientôt remarquer par la profondeur de ses vues et par la variété de ses connaissances patiemment acquises. Il avait la faculté de se livrer aux études les plus difficiles avec un succès toujours égal, jusqu'à la fin de sa belle carrière. Sa curiosité d'apprendre était insatiable.

Rouelle[1], que l'on peut considérer comme un des fondateurs de la chimie moderne, était tellement absorbé par la pratique de ses expériences et de ses recherches, qu'il en arrivait souvent, dans ses cours du Jardin des Plantes, à l'oubli du monde extérieur. Il avait ordinairement pour aide son neveu, qui n'était pas toujours présent. Alors Rouelle criait : « *Neveu! Eternel neveu!* » Et l'éternel neveu ne venant point, il allait le chercher lui-même mais il oubliait qu'il s'éloignait de ses élèves, et il continuait sa leçon à haute voix. Quand il rentrait dans l'amphithéâtre, la démonstration était faite, et il s'écriait : « *Oui messieurs!* »

A une époque plus récente, le grand chimiste Balard s'est encore signalé comme le fils de ses œuvres.

« Antoine-Jérôme Balard, dit M. Wurtz, naquit à Montpellier, le 30 septembre 1802, de parents honorables, mais pauvres. C'étaient des vignerons qui cultivaient leur champ de leurs mains. Ils gardèrent leur fils pendant son enfance et le confièrent ensuite à sa marraine, qui l'adopta et le fit élever. C'est à elle que Balard est redevable de son éducation et de sa carrière : il semble avoir trouvé dans l'héritage maternel un don plus précieux encore, l'intelligence vive, l'énergie et la droiture de caractère. Après de bonnes études au

1. Né en 1770.

collège de Montpellier, nous le trouvons, à dix-sept ans, préparateur à l'école de pharmacie. Cette école, qu'il va illustrer, lui décerne son diplôme le 5 juillet 1826. Il était alors partagé entre la chimie et la botanique ; plus tard il cultivera et enseignera la physique ; son esprit était apte à toutes les sciences, et il va donner immédiatement de sa pénétration et de son talent dans l'art des expériences une preuve éclatante. » Vers 1824, herborisant au bord d'un marais salant, par une matinée de printemps, il avait remarqué un dépôt de sulfate de soude que la fraîcheur de la nuit avait fait cristalliser dans un bassin où l'on conservait des eaux mères de sel commun. L'idée d'exploiter ces eaux mères s'empara immédiatement de son esprit et l'occupa pendant la plus grande partie de sa vie. Dans le cours de ses expériences, il fut frappé par une coloration particulière que certains réactifs développent dans ces eaux. Il saisit le fait, et, l'ayant poursuivi avec cette ténacité qui est le génie des inventeurs, il eut l'heureuse fortune de découvrir le brome. C'était une grande découverte. Balard a isolé un nouveau corps simple, et ce n'est pas un de ces métaux rares, je dirai obscurs, qui se cachent dans quelque minéral peu connu ; c'est un grand corps qui va prendre rang entre le chlore, que l'on doit à Scheele, et l'iode, que l'on doit à Gay-Lussac. Ainsi le nom de ce jeune homme de vingt-quatre ans se placera d'emblée à côté de ces noms illustres. Le voilà devenu immortel.

Sans parler des autres travaux de Balard, nous rappellerons qu'il devint membre de l'Académie des sciences, professeur à la Faculté des sciences de Paris, et nous dirons quelques mots de l'homme, qui n'était pas moins remarquable que le savant.

Il était dur et strict pour lui-même, indulgent, généreux pour les autres ; cet homme, qui se refusait les plus simples jouissances du bien-être, était toujours prêt à secourir ceux qui faisaient appel à sa bonté. Cette bonté ne se lassait jamais: elle était ingénieuse et faisait succéder les prêts aux dons, quand la période des dons était passée. Savant pauvre, il était riche et sa richesse lui venait du cœur. Il était simple dans ses manières, sincère dans ses paroles, ferme dans ses promesses, fidèle dans ses affections ; et qui pourrait oublier les grâces de son esprit cultivé, les charmes de sa conversation vive, nourrie, naturelle, pleine de sel et de saillies, exempte d'ironie et d'âpreté ?

L'Ecole supérieure de pharmacie a possédé un homme qui lui fit le plus grand honneur et qui, parti d'une condition sociale très humble, fut un des plus dignes représentants de la haute science. Nous voulons parler de Jacques Personne.

Le père de Personne exerçait dans un bourg de la Côte-d'Or une petite industrie: il avait construit un four à chaux qu'il conduisait lui-même. S'étant aventuré un jour sur la partie supérieure de la masse calcaire, celle-ci s'effondra en engloutissant, avec le père, tout le présent et tout l'avenir de sa jeune famille. Malgré la situation pénible créée aux trois orphelins par ce malheur imprévu, Jacques, l'aîné, fit quelques études et entra comme élève chez le pharmacien de son bourg natal. Son stage terminé, il vint à Paris, compléta ses connaissances, donna des leçons pour vivre, fut reçu, par voie de concours, interne des hôpitaux de Paris (1839), puis préparateur des cours à l'Ecole de pharmacie. Des travaux de pratique pharmaceutique, de chimie pure ou physiologique, des expériences nombreuses, des recherches couronnées souvent d'un plein succès absorbèrent, dès cet instant, tout le temps que son service et ses cours lui laissaient libre. En 1868, il fut nommé chef des travaux cliniques et pharmaceutiques à l'Ecole de pharmacie, et bientôt l'Académie de médecine le reçut dans son sein. Le cortège de savants qui tinrent à accompagner Jacques Personne à sa dernière demeure montra bien la grandeur des regrets emportés dans la tombe par ce type de l'énergie, de la volonté et de la bonté.

Un grand nombre de savants, étrangers ont eu de même une origine des plus modestes; nous en trouverions de nombreux exemples parmi les grands génies de l'Angleterre. Nous citerons seulement Faraday.

Faraday était le fils d'un forgeron; à l'âge de treize ans, en 1804, on le trouve simple apprenti chez un relieur. Il avait vingt et un ans lorsqu'il obtint la faveur d'assister aux dernières conférences du célèbre sir Humphry Davy. Il prit des notes, les mit au net en rentrant, et les adressa au professeur en le suppliant de l'aider à quitter son ingrat métier pour suivre l'étude des sciences qu'il aimait. Faraday devint aide de laboratoire chez Davy; il se signala bientôt par une ardeur peu commune et par des facultés vraiment merveilleuses. En 1818, il avait déjà pris rang parmi les chimistes de premier ordre.

« En calculant la durée de la vie de Faraday, a dit M. Tyndall, on voit que ce fils de forgeron, cet apprenti relieur eut à choisir entre une fortune de 150 000 livres [1] d'un côté, qu'il aurait aisément gagnée dans la chimie analytique, et sa science désintéressée de l'autre. Il choisit la dernière et mourut pauvre. Mais il eut la gloire de maintenir très haut pendant quarante ans le renom scientifique de l'Angleterre parmi les autres nations. »

Nous avons presque toujours parlé de savants dont le génie a été stimulé par la nécessité de pourvoir aux besoins de la vie;

---

1. 3 750 000 francs.

il est intéressant de citer l'exemple d'un grand travailleur qui fut trente fois millionnaire.

Henri Cavendish, cadet d'une grande famille (il avait pour grand-père le duc de Devonshire), n'était pas destiné par sa naissance à posséder l'immense fortune qu'il laissa après lui. Il eut au début un très modeste patrimoine, mais il avait dès lors l'ardeur qu'il montra toujours pour l'étude et l'habitude salutaire d'une vie simple dont il ne se départit jamais. Né à Nice en 1731, ce fut seulement en 1773 que la générosité d'un parent immensément riche lui donna une opulence dont il fit le plus honorable usage : le testament d'un oncle, récemment revenu des Indes, le rendit maître tout à coup de 300 000 livres sterling (7 500 000 fr.). Ce capital, énorme pour l'époque, ne changea rien à la modestie de sa vie habituelle. Il forma seulement un admirable cabinet de physique, auquel il adjoignit un laboratoire de chimie comme n'en possédait aucun savant de son siècle.

Le savant Biot, qui avait pu connaître Henri Cavendish et qui avait l'esprit si éminemment littéraire, a tracé en quelques lignes le portrait de son illustre confrère. Après nous avoir dit qu'il était d'une morale austère, religieux à la manière de Locke et de Newton, il nous le dépeint dans sa vie intérieure, « usant de sa fortune immense comme le plus modeste particulier. » Rien ne lui était plus à charge que les détails d'une maison : aussi tout allait chez lui par des lois presque aussi constantes que celles des corps célestes. Tout y était réglé d'avance par des formules si exactes qu'il n'avait jamais besoin de s'en occuper. Ses habillements ne changeaient jamais de forme, de couleur ni de matière. Constamment vêtu de drap gris, on savait d'avance, par l'almanach, quand il fallait lui faire un habit neuf, de quelle étoffe et de quelle couleur il fallait le faire ; ou, si par hasard on oubliait l'époque de cette opération, il n'avait besoin pour la rappeler que de proférer ce seul mot : « Le tailleur. » Cet homme, qui dépensait si peu pour lui-même, était d'une générosité vraiment royale pour les sciences ou pour la bienfaisance secrète.

« Il ne secourait pas seulement les pauvres qui souffrent de toutes les misères imposées à l'humanité : l'esprit ouvert avant tout sur les questions qui regardent le monde intellectuel, il était devenu la providence des savants ou des lettrés qui n'ont besoin que d'un peu d'aide pour l'entier développement d'une pensée. Il avait fondé une magnifique bibliothèque ouverte à tous ceux qui étaient dignes de la visiter. Afin de n'être pas dérangé par les lecteurs, il l'avait placée à deux lieues de sa résidence, dans le lieu où elle pouvait être le plus utile : il y envoyait chercher les livres dont il avait besoin ; il en donnait un reçu, et les rendait ensuite avec la plus grande exactitude ; noble et admirable désintéressement, qui allait jusqu'à le rendre scrupuleux à partager un bienfait public dont lui-même était l'auteur. »

L'attention détourne des autres facultés, attire à elle et absorbe plus ou moins complètement l'activité mentale : l'esprit acquiert alors une clairvoyance extraordinaire pour ce qui concerne les choses auxquelles il s'applique et se ferme à toute autre impression. L'attention joue donc, dans la recherche scientifique de la vérité, un rôle considérable, et, lorsqu'elle est méthodiquement dirigée, elle peut arriver à des résultats incroyables. Vaucanson offre un exemple frappant de cette puissance de l'attention sagement appliquée.

Jacques de Vaucanson[1] naquit à Grenoble, le 24 février 1709.

---

1. Les détails qui vont suivre sont empruntés à un article publié par nous dans le *Magasin pittoresque* (avril 1882).

Il était fils de Jacques Vaucanson, marchand gantier, et de demoiselle Dorothée Lacroix. Dès son enfance, il se fit remarquer par un goût prononcé pour la mécanique, et il est vrai de dire que son talent fut aussi précoce que ses inclinations. Pendant qu'il faisait ses études au collège des Jésuites, il comprit, sans le secours d'aucun manuel, tout le mécanisme de l'échappement, et il parvint à construire une horloge qui marquait les heures assez exactement. Une de ses distractions favorites consistait dans l'élévation de petites chapelles qu'il avait soin d'orner de prêtres automates et d'anges à ailes mobiles.

De Lyon, où il vint au sortir du collège, il se rendit à Paris. Un jour, comme il se promenait aux Tuileries, son imagination fut frappée par la statue d'un flûteur, et l'idée lui vint de faire exécuter de véritables airs de flûte par une statue semblable. Quelques années plus tard il avait réalisé son merveilleux flûteur automate. Les détracteurs ne manquèrent pas, mais l'Académie des sciences examina la machine, et Fontenelle, secrétaire perpétuel, rendit hommage à l'inventeur dans des termes qui dissipèrent tous les doutes.

A cet appareil succédèrent bientôt un automate qui jouait du tambourin et du galoubet, et deux canards qui barbotaient, mangeaient du grain qu'ils prenaient dans une auge, et faisaient subir à ce grain une sorte de trituration.

Ces diverses inventions ne tardèrent pas à établir la renommée de leur auteur, et en 1740 le roi de Prusse fit à Vaucanson les offres les plus brillantes, mais l'habile mécanicien aima mieux prêter l'oreille aux propositions bienveillantes du cardinal de Fleury, qui lui confia l'inspection de manufactures de soie. Jusqu'à sa mort, survenue en 1782, il s'occupa de perfectionner ou d'imaginer diverses machines destinées à être employées dans ces manufactures, et son activité intellectuelle ne se démentit pas un seul instant.

Après les astronomes, les naturalistes, les physiciens, les chimistes, les mécaniciens, nous pourrons signaler plusieurs autres séries de savants chez lesquels le travail a été sans cesse le moyen de succès.

C'est encore grâce au travail, grâce à une attention soutenue que furent découvertes, par exemple, les inscriptions cunéiformes et les hiéroglyphes de l'antique Egypte [1]. Jusqu'au milieu du xix° siècle, on ne possédait pas de documents bien précis sur les deux grands empires fondés aux bords de l'Euphrate et du Tigre. Vers 1765, Niebuhr avait relevé un certain nombre de monuments épigraphiques de Persépolis; en 1802, Grotefend donna un alphabet cunéiforme; Eugène Burnouf, Christian Lassen, etc., donnèrent quelques vues nouvelles sur la matière (1836), mais la valeur de ces écritures restait néanmoins mal connue. A cette époque, un cadet de la compagnie des Indes Orientales, nommé Rawlinson, en station à Kermanshah (Perse), résolut de déchiffrer ces phrases gravées sur la pierre depuis des siècles, et copia la fameuse inscription trilingue du rocher de Behistoün. A force de patience, Rawlinson parvint à des résultats si parfaits que ses successeurs ne changèrent que fort peu de chose à ses premières traductions. Un ancien commis de la compagnie des Indes, nommé Morris, et un ex-clerc d'avoué, du nom de Layard, prêtèrent à Rawlinson leur concours le plus dévoué, et bientôt un cadet, un commis de bureau et un clerc d'avoué posèrent les bases de l'assyriologie.

Un digne émule de ces savants anglais fut notre compatriote

---

1. Voyez dans le *Magasin pittoresque* (avril 1882) un article de M. Maxime Petit sur les inscriptions cunéiformes.

Champollion le Jeune, l'initiateur des études égyptologiques. De très bonne heure Champollion s'était adonné à la culture des idiomes de l'Orient, surtout du copte. Après avoir rétabli la géographie nationale de l'Egypte, il tourna son attention vers les écritures et publia en 1822 un essai que l'Académie des inscriptions accueillit avec défiance. Deux ans plus tard, il donna son *Précis du système hiéroglyphique*, dont l'authenticité fut combattue par Quatremère et Klaproth ; mais Champollion, sans cesse au travail, persévéra avec ardeur, et son mérite fut enfin reconnu par toutes les personnes impartiales.

Nous avons montré, par de nombreux exemples, que la plupart de ceux qui sont arrivés à de hautes positions dans la carrière des sciences, ont dès la plus tendre jeunesse fait preuve d'une étonnante ardeur au travail. Rappelons encore les noms de quelques travailleurs précoces.

Clairaut[1], le savant français qui fit parti de la commission envoyée en Laponie pour y mesurer le méridien, donna dès son plus jeune âge les preuves d'une extraordinaire aptitude au travail. A l'âge de douze ans, il présenta à l'Académie des sciences un mémoire sur quatre courbes douées de propriétés remarquables. A dix-huit ans, il était reçu membre de cette Académie.

Le savant physicien italien Volta[2], l'immortel créateur de la pile électrique, était aussi dès son enfance un travailleur acharné. A dix ans, il composa un poème latin, où étaient décrites les découvertes des plus célèbres physiciens de son époque. A dix-huit ans, il correspondait avec l'abbé Nollet sur les questions les plus délicates de la physique.

---

1. A.-L. Clairaut, né à Paris, le 7 mai 1713.
2. Né à Côme, en 1745.

« Je dois à Joseph trois ou quatre volumes de mon *Histoire naturelle*... » (Page 50.)

La vie entière d'Alexandre de Humboldt, dès son enfance même, fut consacrée à l'étude ou à l'observation de la nature; aussi personnifie-t-il à lui seul tout l'effort du xix° siècle pour arriver à une vue complète des phénomènes de l'univers et peut-il être donné comme le représentant par exellence de la science contemporaine. Chez aucun savant de ce siècle, on n'a rencontré une telle puissance de travail unie à une curiosité si universelle, un esprit si sagace et si souple placé dans un corps si robuste et si infatigable, une si haute position scientifique jointe à une telle simplicité de mœurs et à une bienveillance si sincère et si générale.

Alexandre de Humboldt naquit à Berlin le 14 septembre 1769 et dès sa jeunesse il se fit remarquer comme un touriste intrépide, parcourant le Harz et les bords du Rhin, observant partout la nature, et publiant le résultat de ses recherches géologiques. Le grand Humboldt devait plus tard visiter le Mexique et les régions peu connues du Nouveau-Monde et préparer les matériaux de ce monument qu'il éleva à la science sous le titre de *Cosmos*, ou le tableau de la nature. Humboldt n'était pas seulement un travailleur acharné, il avait une force physique peu commune, et rien ne put l'arrêter dans les ascensions qu'il fit des grands volcans du Mexique. Il entreprit avec Bonpland des voyages remarquables, et atteignit les plus hauts points des montagnes du Nouveau-Monde.

Tandis que par une loi fatale, a dit un des biographes de Humboldt, tous les hommes, à partir de quatre-vingts ans et souvent plus tôt, voient leurs facultés décliner et s'éteindre, le grand savant dont nous parlons, atteignit presque l'âge de quatre-vingt-dix ans sans avoir rien perdu de ses forces : c'est que la conscience d'avoir bien accompli sa mission terrestre est seule capable d'entretenir et de ranimer ainsi jusqu'au moment suprême l'étincelle de la vie et du génie.

Jean-Baptiste-André Dumas est né dans le Gard, au commencement de ce siècle, le 14 juillet 1800.

Alais, où il vit le jour, ne comptait alors que quelques milliers d'habitants; mais la petite ville était dotée d'un collège où le jeune Dumas fit ses premières études; elle offrait en outre par sa situation exceptionnelle dans une région privilégiée, riche en toutes choses, le milieu le plus favorable à développer les progrès d'une intelligence précoce. Les vestiges de l'antiquité qui se trouvent réunis dans les environs, le grand amphithéâtre de Nîmes, la célèbre Maison Carrée, les Arènes, et les ruines d'Arles, le pont du Gard, étaient bien faits pour provoquer dans l'esprit de l'écolier le goût des études du passé. Les exploitations industrielles dont le département abonde, gisements de charbon, de calcaire, de minerais de fer, de pyrite, le ramenaient au contraire au présent, et lui inspiraient le secret désir de connaître et de cultiver la science. Enfin les mille scènes d'une agriculture des plus variées, la fenaison, la moisson, la vendange, la cueillette des olives, le gaulage des noix, l'élevage du ver à soie, le dévidage du cocon, qui se succédaient de mois en mois autour de lui, excitaient tour à tour son attention toujours en éveil. L'enfant savait regarder; il avait par instinct le secret de l'observation, aussi faisait-il un grand profit de toutes ces curiosités de la nature et de la science.

A l'âge de quatorze ans, le futur chimiste avait déjà une solide éducation classique, à laquelle il avait su ajouter par lui-même des notions variées dans les sciences naturelles. Actif, vigoureux, plein d'ardeur, il rêvait de voyages d'exploration et d'aventures; il résolut d'entrer dans la marine et se mit à préparer ses examens, quand les terribles événements de 1814 et de 1815 contraignirent sa famille à lui choisir une carrière exigeant moins de sacrifices.

Dumas commença son apprentissage chez un pharmacien d'Alais, mais des divisions politiques et religieuses troublèrent le pays, le sang fut répandu : le jeune homme quitta sa ville natale pour aller continuer ses études à Genève. Au printemps de 1817, il fit ses adieux à sa famille. Il partit à pied, ayant le sac au dos et le bâton ferré à la main, humble soldat de l'armée du travail et de la science, que sa destinée allait conduire aux premiers rangs.

A Genève, Dumas suivit les cours de botanique de De Candolle, les cours de physique de Pictet, les cours de chimie de Gaspard de la Rive. Il fut en outre attaché comme préparateur au laboratoire de la pharmacie de Le Royer. Les étudiants en pharmacie qui se réunissaient pendant l'été pour exécuter de longues et instructives excursions botaniques, voyant que leur camarade avait un laboratoire à sa disposition, lui demandèrent de leur faire un cours de chimie expérimentale. Le jeune étudiant accéda à ce désir, et fit ainsi ses premiers débuts dans la carrière du professorat. Souvent, quand M. Dumas, dans les réunions intimes, racontait les épisodes de sa jeunesse, il aimait à rappeler ses premiers travaux à la pharmacie Le Royer. Le laboratoire, qui était bien outillé pour les opérations pharmaceutiques, manquait de la plupart des appareils nécessaires aux démonstrations de la chimie expérimentale. J.-B. Dumas savait suppléer à tout. Il fit des éprouvettes au moyen de verres de lampe, qu'il fermait au gros bout avec un verre de montre scellé de cire à cacheter ; il transforma une vieille seringue de bronze, en une machine pneumatique, et, avec l'aide de quelques ouvriers horlogers, il confectionna une balance de précision qui lui permit de faire ses premières analyses.

Il se trouva ainsi conduit à étudier par lui-même, à entrer dans le domaine des recherches, où il se signala de suite par une première découverte, dont on va voir le curieux destin. Analysant divers sulfates, J.-B. Dumas reconnut que l'eau contenue dans ces sels s'y trouvait combinée en équivalents définis. Heureux d'être en possession d'un fait nouveau, il court chez son maître de la Rive, et lui soumet, en tremblant d'émotion, le manuscrit où il a résumé ses recherches. De la Rive lit, examine. Hélas ! le fait était connu. Ces résultats avaient été déjà obtenus par Berzélius.

De la Rive n'en félicita pas moins son jeune élève de s'être rencontré avec un si grand chimiste, il l'encouragea dans ses travaux et l'invita même à dîner. L'auteur de ce livre a entendu, de la bouche de M. Dumas, l'histoire de ses impressions d'alors et de la joie qu'il éprouva de l'honneur qui lui était fait. Mais le modeste étudiant en pharmacie n'avait pas d'habit pour aller dîner chez son maître ; il dut en louer un chez un tailleur de Genève !

J.-B. Dumas allait avoir dix-huit ans, l'intelligence de l'écolier s'est mûrie par le travail et par la féconde pratique des manipulations et de l'expérience. L'étudiant va devenir un maître. — L'iode venait d'être découvert par Courtois ; Dumas ayant eu l'occasion d'étudier le nouveau produit signala les préparations au moyen desquelles le nouvel élément pouvait être utilisé au point de vue médical ; il indiqua la teinture d'iode, l'iodure de potassium, pur ou ioduré. — Ces médicaments furent essayés et recommandés par un habile médecin de Genève, le D$^r$ Coindet, qui les fit connaître et contribua à les répandre dans la pratique; on les signala bientôt dans un journal allemand publié à Zurich, et les travaux de Dumas se trouvèrent figurer ainsi pour la première fois dans la presse scientifique.

C'est à cette époque que commence pour le chimiste toute une série de recherches exécutées avec le D$^r$ J.-L. Prévost. Les deux collaborateurs publièrent dans la *Bibliothèque universelle de Genève*, sur l'analyse du sang et des corpuscules que ce liquide tient en suspension, un remarquable mémoire qui attira vivement l'attention du monde savant. Le baron de Humboldt, qui était alors à la tête du mouvement scientifique, voulut voir J.-B Dumas pendant un voyage qu'il fit à Genève, et il engagea le jeune étudiant à compléter ses études à Paris.

En 1822, J.-B. Dumas s'établit à Paris; il se lia d'une étroite amitié avec trois jeunes gens de son âge, qui tous trois étaient appelés à de hautes destinés: c'étaient Victor Audouin le zoologiste, Adolphe Brongniart le grand botaniste, Henri Milne-Edwards, l'éminent naturaliste.

L'amitié de ces hommes d'élite a été sincère, profonde, et Dumas la regardait comme un des plus heureux événements de sa vie. Il vit à Paris se réaliser tous les vœux qu'il avait formés de fréquenter les savants de son temps. Lorsqu'il lui fut donné de lire lui-même un premier mémoire à l'Académie des sciences il fut remarqué de Laplace, qui alla vers lui, le questionna sur ses travaux, et le reçut bientôt dans sa famille. Berthollet, Vauquelin, Gay-Lussac, Thénard, Cuvier, Geoffroy Saint-Hilaire, Arago, Ampère, Poisson, tels étaient les hommes que le jeune Dumas allait connaitre, après avoir trouvé auprès d'eux l'accueil le plus bienveillant.

La place de répétiteur de chimie au cours de Thénard à

l'École polytechnique étant devenue vacante, Arago proposa pour cet emploi Dumas, qui fut élu à l'unanimité par le conseil de l'école. Sur la recommandation d'Ampère il remplaça Robiquet dans la chaire de chimie de l'Athénée, établissement scientifique et littéraire fort estimé à cette époque.

Professeur à l'Athénée, préparateur du cours de Thénard à l'École Polytechnique, Dumas ne tarda pas à acquérir une grande habileté dans la pratique du laboratoire et dans l'art d'expérimenter en public. D'une ardeur infatigable, il fonda, en 1824, avec ses amis Audoin et Brongniart, les *Annales des Sciences naturelles*, et commença à recueillir les matériaux de son grand *Traité de Chimie appliquée aux arts*, dont le premier volume fut publié en 1827.

Le labeur de Dumas était incessant : son activité ne reculait devant aucun effort. C'est à cette époque si bien remplie de sa vie, qu'il sut gagner le cœur de celle qui allait devenir, jusqu'à sa dernière heure, sa fidèle compagne. Le 18 février 1826, le mariage de J.-B. Dumas et de Mlle Brongniart, fille aînée de l'illustre géologue, fut célébré à Paris, et, pendant plus d'un demi-siècle, il allait offrir le plus touchant exemple de la plus parfaite union conjugale.

Tout souriait au jeune chimiste; heureux dans son intérieur, estimé et apprécié de tous, d'autres que lui, étourdis par la prospérité, auraient négligé le travail et les recherches. Il s'y consacra tout au contraire avec plus d'ardeur que jamais, et ses travaux antérieurs, qui l'avaient préparé aux grandes entreprises, allaient lui ouvrir la voie des véritables conquêtes et lui mériter le nom de second fondateur de la chimie.

Les premières doctrines de Dumas ont été publiées en 1826 dans les *Annales de Chimie et de Physique*, sous le titre suivant :

*Sur quelques points de la théorie atomique.* Quand on lit aujourd'hui, après un laps de temps de cinquante-huit ans, cet admirable mémoire, tendant à la solution de tant de problèmes on est étonné du nombre de notions scientifiques, devenues presque banales, qui se trouvaient là toutes préparées.

Dans l'incertitude des résultats obtenus précédemment sur les poids atomiques des corps simples, Dumas résolut de tout vérifier par lui-même, mais de le faire au moyen de méthodes nouvelles, en déterminant la densité des corps à l'état de gaz ou de vapeur. Les procédés qu'il imagina sont les plus précis qu'on ait employés jusqu'ici, et les résultats qu'il a obtenus sur un grand nombre de produits n'ont pas été modifiés depuis.

Dumas admit que les *équivalents* chimiques des corps peuvent être considérés comme des multiples simples de l'équivalent de l'hydrogène pris pour unité; si les nombres qui représentent ces équivalents sont parfois accompagnés de fractions, cela doit tenir à des imperfections dans les méthodes de mesure. Ces considérations ouvrent un champ immense à la philosophie; elles permettent au chimiste de concevoir l'unité de la matière, comme le physicien admet l'unité des forces physiques.

D'autres recherches expérimentales d'une haute portée furent bientôt exécutées par Dumas. Nous mentionnerons un grand travail sur les éthers composés, nous citerons les découvertes de l'éther chloro-carbonique et de l'uréthane; mais nous signalerons surtout les beaux mémoires publiés avec la collaboration de Peligot sur l'esprit-de-bois et sur le blanc de baleine. Ces savants démontrèrent successivement que l'esprit-de-bois et que l'éthal, récemment extrait par Chevreul du blanc de baleine, sont des alcools, et ils ouvrirent, par la découverte de la

**série** alcoolique, la liste si abondante et si féconde des *séries organiques*. Bientôt une substance oléagineuse, extraite de l'esprit de pomme de terre, fut reconnue par Cahours comme un quatrième alcool, et cette nouvelle découverte vint confirmer avec éclat les aperçus antérieurs de Dumas.

Ces travaux produisirent une grande impression dans le monde chimique ; ils établissaient sur une base fondamentale la classification des composés organiques par séries analogues, qui offrent au chimiste un champ presque infini d'investigations et lui montrent à l'avance, en quelque sorte, les chemins qu'il faut suivre pour arriver aux découvertes.

La chimie organique doit encore à Dumas la théorie de substitutions, qui a exercé et exerce encore la plus salutaire influence sur les progrès de la science ; le grand chimiste montra que le chlore notamment, peut se substituer atome par atome à l'hydrogène dans les combinaisons organiques, et il donna ainsi le moyen de prévoir l'existence d'une quantité innombrable de produits nouveaux.

On conçoit que des notions si originales ne se produisaient pas sans soulever bien des objections. Berzélius et son école se livrèrent à des attaques souvent violentes contre les doctrines nouvelles, mais les découvertes de l'avenir ont depuis longtemps donné raison au chimiste français. — Il n'est pas possible de mentionner, dans un résumé succinct, les travaux multiples de Dumas, qui touchent tour à tour aux notions théoriques les plus élevées et aux méthodes d'analyse les plus sûres ; c'est lui qui découvrit la série des acides gras, qui trouva la formule de l'indigo, qui revisa avec Stas le poids atomique du carbone, qui détermina avec M. Boussingault la composition en poids de l'air atmosphérique. — Ces opérations mémorables sont devenues classiques; et tous les traités de chimie en exposent les principes.

Dumas observait toujours et travaillait partout, non seulement dans le laboratoire ou dans le cabinet d'étude, mais à l'heure des promenades même ou pendant les voyages de repos. Nous citerons un exemple de son étonnante activité d'esprit. En 1859 M. Dumas parcourait la Suisse; en passant à Berne, un pharmacien, M. Pagenstecher, lui fit voir une huile essentielle qu'il avait obtenue en distillant des fleurs de *Spirœa ulmaria*. Dumas flaire le produit, dont l'odeur lui rappelle aussitôt l'hydrure de salicyle que Piria avait découvert dans son laboratoire. Quelques expériences décisives lui permirent de montrer l'identité absolue du produit naturel et du produit artificiel, et d'associer son nom à l'histoire récente de l'aldéhyde salicylique, qui est devenu un des corps les plus importants de la chimie organique.

Dumas était un observateur d'une incomparable lucidité, un expérimentateur d'une habileté rare; il savait toujours interroger avec succès la nature; sa mémoire était prodigieuse, et, à la fin de sa vie, il se rappelait le nom de toutes les espèces de plantes qu'il avait étudiées comme élève pharmacien à Genève.

Mais, à ces dons multiples, il en joignait beaucoup d'autres encore. Il s'est fait connaître, dès le début de sa carrière, comme un écrivain hors ligne; il a publié ses travaux sous une forme toujours élégante, concise et d'une inimitable netteté de style.

Les œuvres de Dumas présentent une étonnante variété; ses écrits sont innombrables, depuis son *Traité de Chimie appliquée aux arts*, qui joua un rôle considérable dans l'enseignement. On ne saurait compter après sa *Philosophie chimique*, modèle d'éloquence et de science, admirable résumé de son cours au Collège de France, ses notices académiques, ses documents officiels, ses rapports et ses discours, qui dépassent le nombre de mille. Il excellait à écrire les travaux historiques, à retracer la vie des grands hommes, et, quelques jours avant de mourir, il mettait la dernière main à l'éloge de Charles et Henri Sainte-Claire Deville.

Comme professeur, J.-B. Dumas a toujours brillé avec éclat, par la chaleur de son entretien, par l'élégance de ses démonstrations, par l'habileté avec laquelle il exécutait ses expériences. Pendant de longues années, il a su captiver ses auditeurs de la Sorbonne et du Collège de France.

En 1828, J.-B. Dumas fonda avec ses amis, Théodore Olivier et Eugène Peclet, l'*Ecole centrale des Arts et Manufactures*, qui rend chaque jour de si grands services à l'industrie française, en produisant toute une pléiade d'ingénieurs. A l'École centrale Dumas professa d'abord trois cours de chimie générale, de chimie industrielle et de chimie analytique. Il continua ses leçons de chimie générale jusqu'en 1852.

Le jour de ses obsèques, ce fut un spectacle touchant que de voir les nombreux élèves de l'École centrale suivre, avec une émotion pieuse, le cortège funèbre du grand savant.

J.-B. Dumas fut membre de l'Académie des Sciences dès l'âge de trente-deux ans; il en devint l'éminent secrétaire perpétuel en 1868. Membre de l'Académie de Médecine depuis 1843, il a connu tous les honneurs. Il fut député, ministre de l'agriculture et sénateur sous le second Empire. Correspondant de l'Académie des sciences de Berlin dès 1834, membre étranger de la Société royale de Londres en 1840, il a été le président le plus actif de la Société d'encouragement et de presque toutes les Sociétés savantes. Il a pris part à tous les congrès scientifiques, il y a encouragé tous les progrès : grand'croix de la Légion d'honneur, sa carrière si bien remplie a été couronnée vers la fin de sa vie par son élection à l'Académie française.

Nous avons essayé de faire connaitre les mérites éclatants du chimiste, du professeur, de l'écrivain ; ceux qui ont eu l'honneur de s'asseoir au foyer de l'illustre savant ont pu seuls apprécier les qualités de l'homme privé. D'une distinction parfaite, d'une aménité pleine de charme, J.-B. Dumas était un causeur incomparable : bon, généreux, bienveillant, il savait conseiller la jeunesse et stimuler les vrais travailleurs. L'intégrité de sa vie, sa bienveillance, sa générosité, son désintéressement, lui ont attiré l'estime et le respect. Ses découvertes lui ont valu l'admiration et la reconnaissance des contemporains ; elles préserveront aussi sa mémoire de l'oubli, tant qu'il y aura sur la terre des hommes ayant le culte de la science et l'amour de la vérité.

Aucune existence de labeur, mieux que celle de J.-B. Dumas, ne pouvait être choisie comme un plus bel exemple pour terminer notre chapitre des Savants.

*Wedgwood.* — Il eut l'idée de pétrir... (Page 91.)

## CHAPITRE QUATRIÈME

### INDUSTRIELS ET COMMERÇANTS

> Si un parvenu se souvient de son origine, on l'oublie; s'il l'oublie, on s'en souvient.
>
> J. Petit-Senn.

On a dit des industriels qu'ils étaient des conquérants pacifiques, dont les victoires ne font pas verser de larmes, dont les conquêtes profitent à tous. Nous allons le montrer en retraçant l'histoire de quelques-uns d'entre eux.

Avant de signaler quelques négociants ou industriels célèbres des temps modernes, nous rappellerons le nom illustre de l'un des fondateurs du commerce en France, de Jacques Cœur, qui, par son travail, par sa persévérance, s'éleva, au xvᵉ siècle, de simple employé au plus haut rang de l'échelle sociale.

Fils d'un orfèvre de Bourges, il fut attaché dans sa jeunesse à la fabrication des monnaies. La bonne éducation qu'il avait reçue, la grande aptitude qu'il développa dans les affaires commerciales, le firent d'abord maître de la Monnaie de Bourges, puis on le chargea de l'administration des finances de la France, sous le modeste titre d'*argentier*. Il fit sur terre et sur mer, avec les chrétiens et les musulmans, un commerce considérable de draps d'or et de soie, de fourrures, d'armes, d'épiceries, de lingots d'or et d'argent ; il occupait trois cents facteurs et il dirigeait plus d'affaires que tous les négociants réunis de la France et de l'Italie. Les mers étaient couvertes de ses vaisseaux ; seul, il lutta contre le génie industriel des républiques de Gênes et de Venise, auxquelles il enleva les bénéfices énormes qu'elles faisaient avec le Levant. Malgré toutes les difficultés qu'il dut éprouver dans un siècle de barbarie et de destruction, malgré le temps qu'il employa à mettre de l'ordre dans les finances de l'Etat, sa fortune devint si colossale, qu'il passa en proverbe de dire : « riche comme Jacques Cœur, » et qu'on crut qu'il avait trouvé la pierre philosophale [1].

C'est en 1443 que Jacques Cœur fit construire une maison qui passa à son époque pour la plus belle du royaume. Achetée en 1682 par le maire et les échevins de Bourges, elle sert aujourd'hui d'Hôtel de Ville et de Palais de Justice.

Au-dessus de toutes les portes se voient des bas-reliefs sculptés avec art : partout se trouvent des armoiries composées de coquilles de *Saint Jacques* et de cœurs. Sur une élégante balustrade en pierres découpées à jour, on lit en lettres gothiques cette belle et noble devise :

A *Cœur* vaillant, rien d'impossible.

---

[1]. *Magasin pittoresque*, 1833.

En visitant cette maison de Jacques Cœur, si l'on se reporte par la pensée à l'humble origine de celui qui la fit construire, on est pris d'admiration pour cet ancien héros de l'initiative, de la volonté et du travail, précurseur de tous ceux dont nous allons retracer les nobles existences.

Richard Arkwright, né dans la comté de Lancastre en Angleterre, le 23 décembre 1732, était si pauvre et si malheureux dans sa jeunesse, qu'il dut se mettre aux gages d'un barbier. Il réussit à faire quelques économies, monta lui-même, à Manchester, une petite boutique qui portait pour enseigne : « *Au barbier souterrain; on rase pour deux sous.* » Les autres barbiers, en présence de cette concurrence, baissèrent leurs prix. Arkwright ne se laissa pas distancer par ses collègues, et défia toute concurrence en modifiant ainsi son enseigne : « *Un bon coup de rasoir pour un sou.* »

Malgré cette humble origine, Arkwright créa les premières filatures de coton et devint un grand industriel.

Arkwright avait une si grande force de volonté qu'à l'âge de cinquante ans, il apprit seul la grammaire et l'orthographe. La mécanique et la fondation des usines avaient tellement absorbé le temps de cet illustre artisan, qu'il était resté jusque-là dans l'ignorance complète des premiers éléments de la littérature. Le fondateur des manufactures modernes mourut au milieu des honneurs et des richesses. A sa mort (3 août 1792), il laissa douze millions de fortune. L'essor que son invention donna à la fabrication du coton filé fut tel, que l'importation du coton, qui, de 1771 à 1780, avait été, en Angleterre, de 5 735 008 de livres, s'éleva, de 1817 à 1821, à 144 millions, dont 130 millions furent consommés dans la Grande-Bretagne. La diminution de la main d'œuvre qui est résultée de l'emploi du métier d'Arkwright est

Il atteignit les plus hauts points des montagnes... (Page 75.)

incalculable, et a permis de produire les tissus de coton avec une abondance inconnue à toute autre fabrication.

Josiah Wedgwood[1] appartenait à une famille dont les membres exercèrent pendant trois générations une profession semblable: ils fabriquaient des poteries. Orphelin de très bonne heure, Josiah entra comme apprenti dans une manufacture dirigée par un de ses frères. Au bout de quelques mois il fut atteint de la petite vérole, garda le lit pendant longtemps, et pour se distraire fit de nombreuses lectures, lectures sérieuses qui l'habituèrent à la méditation. Comme il avait subi l'amputation de sa jambe droite, il se demanda comment il allait faire pour vivre puisqu'il ne lui serait plus possible de travailler au tour. Il eut l'idée de pétrir divers petits objets, tels que des plats, des assiettes, etc., et il trouva dans la réalisation de cette idée les éléments d'un petit commerce qui lui permit de gagner son pain. Cette aisance relative lui permit de continuer ses lectures et ses méditations, et, à force de réfléchir et d'expérimenter, il découvrit le produit connu sous le nom de *faïence anglaise*. Encouragé par ces premiers succès, il travailla de plus belle, fabriqua un service complet pour la reine Charlotte, et obtint à cette occasion le brevet de « Potier de la maison royale ». Les grands de la cour, émerveillés, lui donnèrent à faire des copies de vases antiques, et il réussit parfaitement cette tâche délicate. Bien plus il retrouva la manière dont les Etrusques peignaient sur faïence, procédé ignoré déjà du temps de Pline. Un dernier trait montrera l'importance des travaux de Wedgwood : le Staffordshire tripla sa population et son chiffre de production industrielle dans l'espace de trois ans. De tels hommes peuvent être considérés comme de véritables bienfaiteurs de l'humanité.

1. Né à Burslem (comté de Stafford) le 12 juillet 1730.

Parmentier eut une passion telle pour le travail qu'elle ne se refroidit jamais, lors même que ses forces s'y refusèrent. Dans les derniers moments de sa vie, il disait aux deux neveux qui soignaient sa vieillesse : « Je voudrais du moins faire l'office de la pierre à aiguiser, qui ne coupe pas, mais qui dispose l'acier à couper. » Ce célèbre agronome, né à Montmidier en 1737, fut d'abord pharmacien à l'armée de Hanovre. Fait prisonnier, il étonna tout le monde par sa douceur et sa courageuse humanité.

Réduit à se nourrir de pommes de terre, il reconnut tous les avantages de ce légume qui avait été introduit en Europe par l'Anglais *Walter Raleigh* en 1586. De retour à Paris, Parmentier, dont toute la vie fut consacrée à d'infatigables travaux sur les moyens d'améliorer la nourriture du peuple, entreprit de propager la pomme de terre en France. Il fallait de la persévérance et du courage ; car, malgré les disettes qui affligèrent la fin du règne de Louis XV, une prévention aveugle arrêtait la propagation de la précieuse semence. Mais rien ne put ralentir l'ardeur de cet estimable philanthrope. Le gouvernement mit à sa disposition un vaste terrain de 15 hectares dans la plaine des *Sablons*, plaine inculte et sablonneuse, que Parmentier avait choisie à dessein pour donner la preuve que la pomme de terre vient très bien dans un terrain pauvre.

Il ensemença donc ce sol aride, et, pendant qu'on le traitait d'insensé, le champ se couvrit de verdure et les fleurs parurent. Parmentier en fit un bouquet et l'offrit à Louis XVI, qui devant toute la cour en orna la boutonnière de son habit. Ce fait, tout petit qu'il est, fit taire les jaloux et les moqueurs : la culture de la pomme de terre se répandit dans toute la France et occupa un des premiers rangs parmi nos richesses agricoles.

Christophe-Philippe Oberkampf, né à Weisembach en 1738,

nous offre également un bel exemple de ce que peuvent l'initiative et le travail individuel. Son père avait établi à Arau une manufacture de toiles peintes, et c'est là qu'il fit son apprentissage; mais il ne tarda pas à trouver défectueux les procédés alors en usage; il voulut les perfectionner. Il y parvint en substituant, à l'opération longue et dispendieuse du coloris, l'impression à la planche, puis l'impression mécanique au rouleau. Il vint à Paris à dix-neuf ans; bientôt, n'ayant pour tout capital qu'une somme de 600 francs, il s'établit dans une chaumière de la vallée de Jouy, où il fit ses premiers essais. Le dessin, la gravure, l'impression, la teinture des toiles, tout lui passait par les mains, et c'est par une persévérance de tous les instants qu'il put fonder un des établissements les plus importants d'Europe; la mode se porta peu à peu vers ses *indiennes*, qui comptèrent à elles seules pour une somme considérable dans l'ensemble des matières d'exportation. Par les soins d'Oberkampf la vallée marécageuse de Jouy fut desséchée, assainie, animée par la présence de quinze cents ouvriers. La cour et la ville tinrent à honneur de se parer des élégantes étoffes sorties des presses du manufacturier, dont le nom se répandit jusqu'aux lointaines régions tropicales, où ses agents cherchaient à arracher aux Indiens le secret de leurs riches couleurs. Enfin, de nombreuses usines s'élevèrent de toutes parts et contribuèrent à la prospérité de la France.

Les récompenses, cette fois, ne furent pas ménagées au travailleur. Louis XVI accorda à Oberkampf des lettres de naturalisation et des lettres de noblesse; Napoléon I$^{er}$ plus tard, ne pouvant décider l'industriel à accepter un siège au Sénat, alla lui rendre visite dans ses ateliers; il le décora de sa propre croix, en lui disant: « Vous et moi, nous faisons la guerre aux Anglais, vous, par votre industrie, moi par mes armes. C'est encore vous qui faites la meilleure. » Et, pour rendre plus vrai le mot de Napoléon, Oberkampf éleva à Essonne la première filature de coton, industrie qui était pour nos voisins une source de richesse. C'est dans cette ville que s'éteignit, en 1815, celui que l'on a justement appelé le « Patriarche de Jouy ».

François Richard, connu sous le nom de Richard-Lenoir, par suite de son association commerciale avec son ami Lenoir-Dufresne, fut dès sa jeunesse remarquable par ses aptitudes commerciales. Voulant avoir des souliers ferrés et de beaux habits, il se mit à élever des pigeons pour les revendre ; puis, le seigneur de l'endroit lui ayant défendu d'avoir un colombier, le petit François se rabattit sur le commerce des chiens, et fut bientôt l'enfant le mieux mis de l'école. Ces innocentes manies de vanité ne l'empêchaient pas de travailler son alphabet avec une grande assiduité, et de couvrir de bâtons les pages de ses cahiers. Il acquit assez vite une instruction rudimentaire, ce qui lui valut d'être employé à tenir le registre du marché aux bestiaux de Villers-le-Bocage.

Lorsqu'il eut atteint sa dix-huitième année, il quitta le pays natal et vint à Rouen, emportant avec lui un léger trousseau, douze francs dans une bourse, et les conseils de son père, un ivrogne de la pire espèce, qui n'hésitait pas à dépenser au cabaret les économies du pauvre François. A Rouen, il fut successivement domestique et garçon de café. Plus tard, en 1786, quand il vint à Paris, il servit au café de la Victoire. Cet établissement était un des plus fréquentés, et Richard mit de côté un millier de francs avec lesquels il entreprit le commerce du basin anglais, article de contrebande extrêmement recherché. Les avantages pécuniaires qu'il en retira, lui donnèrent une certaine hardiesse qui, d'ailleurs, lui réussit mal : son passif s'accrut à vue d'œil, il fut emprisonné pour dettes. Mais, à sa sortie de prison, il rétablit l'équilibre dans ses affaires, ouvrit un immense magasin et acheta la belle terre du Fayt, près Nemours. Il vendait un peu de tout, mais il obtenait son plus gros chiffre d'opérations par le commerce des étoffes de coton, qui lui donnaient de gros bénéfices, et dont l'Angleterre avait alors le monopole presque exclusif. Désireux d'augmenter encore ses profits, il songea à fabriquer lui-même ces étoffes et, aidé de son associé Lenoir, il chercha à découvrir le secret de leur production. Tous deux s'adjoignirent les ouvriers anglais Brown et Gibson, et firent d'abord du calicot et du fil. Au bout d'un temps relativement court, leurs ateliers occupaient un immense hôtel au Marais et deux anciens couvents abandonnés ; ils établirent successivement des métiers à tisser en Picardie, à Alençon, à Saint-Martin ; Lenoir étant mort en 1805, Richard continua l'œuvre qu'il avait si brillamment commencée, et il lui fallut toute l'activité dont il avait donné des preuves pour parer aux embarras créés au commerce par le blocus continental. Malheureusement, les guerres continuelles de Napoléon déterminèrent la chute progressive de sa maison, et le décret du 29 avril 1814, qui supprima les droits sur le coton, consomma sa ruine. Mais si sa prodigieuse entreprise ne se termina pas à son avantage, du moins la fabrication du coton devint une des branches importantes de l'industrie française.

Après une vie active, Richard-Lenoir mourut pauvre; l'ancien millionnaire ne fut accompagné à sa dernière demeure que par un petit groupe d'ouvriers.

Si, après avoir signalé l'histoire du passé, nous choisissons nos exemples parmi nos contemporains d'hier, nous parlerons de l'un des plus féconds promoteurs du travail national au XIX° siècle, d'Eugène Schneider. Son jugement sain, son caractère droit et ferme, ses vues larges, lui assurèrent dans le monde civilisé une place considérable. Ses créations contribuèrent puissamment à accroître la richesse du pays et à porter au loin la renommée industrielle de notre patrie.

Eugène Schneider naquit à Nancy au mois d'avril 1809. Dès qu'il eut terminé ses études au collège de cette ville, il résolut d'embrasser la carrière commerciale et il débuta chez le banquier Sellière. Il fut chargé en 1830 de diriger les forges de Bazeilles, puis on lui confia la gérance du Creusot. C'est là qu'il devait se révéler administrateur incomparable, organisateur puissant, homme d'initiative et de progrès.

L'exploitation du Creusot n'avait donné que de mauvais résultats jusqu'en 1836. Alors, Schneider prend la direction des mines et des usines, et la situation se modifie presque aussitôt. « Le Creusot, dit M. de Lesseps, était un désert absolu il y a cent ans. Il possède actuellement une population de 28000 âmes. La surface de ses usines et dépendances industrielles est de 314 hectares, celle des bâtiments de 28 hectares; 79 kilomètres de grandes voies ferrées et 127 kilomètres de petites voies circulent autour des forges et des ateliers, d'où sortent des locomotives, des ponts, des rails et toute espèce d'engins d'une perfection sans égale. Le personnel des ouvriers est de 15.500; le nombre des appareils à vapeur de 308 machines d'une force de 19000 chevaux. » En 1836, la production ne dépassait pas annuellement 40 000 tonnes de houille et 60 000 tonnes de fer; aujourd'hui, la production est de 190 000 tonnes de houille, 190 000 tonnes de fonte, 160 000 tonnes de fer et d'acier.

Schneider ne se borna pas à l'accroissement industriel du

Creusot; il s'occupa constamment d'améliorer le bien-être de ses ouvriers, qu'il sut rendre, en somme, et propriétaires et rentiers.

Un digne émule de M. Schneider est Jean-François Cail, né à Chef-Boutonne (Deux-Sèvres), le 2 février 1804. Son père, pauvre paysan, l'envoya quelque temps à l'école du village et lui fit ensuite apprendre l'état de chaudronnier. François, étant venu à Paris, entra comme ouvrier chez le chimiste Derosne qui, reconnaissant les qualités et l'intelligence du jeune homme, le prit successivement pour contremaître, pour chef d'atelier, et enfin pour associé.

Derosne et Cail fabriquèrent d'abord presque exclusivement des appareils pour la distillation et pour l'épuration du sucre; puis ils s'occupèrent de la construction des presses monétaires, des ponts métalliques, des locomotives, des machines-outils et des locomobiles. En 1846, Derosne mourut, laissant Cail seul directeur de l'usine, et c'est des ateliers du quai de Billy que sortit depuis le matériel de plusieurs chemins de fer. Après l'avènement de la République en 1870, Cail mit à la disposition du gouvernement de la Défense nationale son immense établissement et ses nombreuses succursales : canons, mitrailleuses, locomotives blindées, chaloupes canonnières remplacèrent momentanément les machines motrices; jusqu'à sa mort, survenue le 22 mai 1871, le célèbre industriel remplit largement son devoir de patriote. Il laissa dans son pays natal des regrets unanimes. Souvent, il arrive à l'instituteur de Chef-Boutonne d'encourager ses écoliers en leur citant l'exemple de leur compatriote, qui s'était élevé si haut par son travail et sa persévérance.

Lors de l'Exposition universelle de 1855, Cail avait obtenu la grande médaille d'honneur, et ses remarquables travaux lui avaient valu la croix de la Légion d'honneur. Retiré pendant la Commune dans sa propriété des Plants, près de Ruffec, il y rendit le dernier soupir ; mais ses restes furent transportés à Paris et inhumés au Père-Lachaise. Les établissements qu'il a légués à ses enfants sont dans un état croissant de prospérité, et continuent de faire le plus grand honneur au modeste ouvrier-paysan qui les a fondés.

Il est une classe de commerçants dont on ne saurait trop faire l'éloge, parce qu'ils contribuent plus que tous les autres au perfectionnement moral et intellectuel de la nation en publiant les œuvres de ceux qui consacrent leur vie à l'instruction de leurs concitoyens ; nous voulons parler des éditeurs.

L'un des plus célèbres d'entre eux, Louis-Christophe-François Hachette, né à Rethel, en 1800, se destinait d'abord à l'enseignement et venait de terminer sa troisième année d'Ecole normale, lorsque cet établissement fut licencié (1822). L'enseignement repoussa les offres du jeune professeur, qui ne put même pas obtenir l'autorisation d'ouvrir un pensionnat, et qui, voulant employer son temps aussi utilement que possible, aborda l'étude du droit. Après avoir été précepteur des deux fils de M. Foucauld de Pavant, il acheta une petite librairie, s'entoura des professeurs les plus éminents de l'époque, et publia des ouvrages d'enseignement.

« Après la révolution de Juillet, l'administration universitaire reconnut qu'elle ne pourrait trouver d'auxiliaire plus utile, et elle encouragea ses efforts. La loi de 1833, sur l'Instruction primaire, causa une évolution importante de la librairie Hachette, habilement conduite par l'esprit inventif de son chef. Livres, matériel des écoles, direction, tout manquait; secondé par de nombreux travailleurs, Hachette pourvut à tous ces besoins.

Pour correspondre avec sa vaste clientèle, il se vit obligé de fonder plusieurs journaux spéciaux..... De 1826 à 1850, il édita des auteurs classiques, de nombreux dictionnaires, de nouvelles méthodes d'enseignement. A partir de 1850, activement secondé par ses gendres, MM. Bréton et Templier, Hachette joignit à sa librairie classique la grande librairie scientifique et littéraire. »

On sait ce qu'est devenue aujourd'hui la modeste librairie de 1826 sous l'impulsion simultanée des membres de la famille de son fondateur : publications scolaires, ouvrages de vulgarisation, travaux scientifiques et littéraires, publications géographiques, livres illustrés, voilà de quoi se compose le fonds de la maison Hachette.

Parmi les éditeurs célèbres que l'on doit placer parmi les héros du travail, on ne saurait oublier les noms des fondateurs des maisons Charpentier, Delalain, Mame, Masson et Plon, devenues justement célèbres et prospères; mais nous devons nous borner à citer les noms de quelques-uns seulement de ces hommes d'intelligence et de labeur que nous prenons comme types.

Firmin Didot, mort en 1836, réalisa, dans l'imprimerie, des progrès aussi considérables que ceux obtenus par Hachette dans la librairie.

« Firmin Didot reçut de la nature, à un très haut degré, le sentiment du beau moral et du *mieux* littéraire. Contemporain des anciens par les doctrines, comme par la pureté du goût et l'amour du grand, il ne se lassait jamais de contempler les héroïques portraits tracés par Plutarque et Fénelon, ni de relire les vers de Théocrite et de Virgile, d'Horace et de Voltaire........ Sa vaste mémoire, immense répertoire de littérature, aimait à reproduire textuellement ces hautes pensées, et il charmait ses auditeurs par la fidélité et la chaleur de sa récitation[1]. »

Il traduisit d'abord Théocrite, puis il composa les tragédies d'*Anniba*, de *la Reine de Portuga*, d'*Inès de Castro*, de *Baudouin, empereur de Constantinople*. Voilà déjà un bagage littéraire qui suffirait à honorer un écrivain, mais Didot ne voulut point en rester là. Il était encore sous la direction de son père, Ambroise, lorsqu'il grava ces caractères élégants qui, les premiers, honorèrent la typographie française, et la relevèrent de l'infériorité où le XVIII° siècle l'avait laissée tomber. Les Anglais, les Italiens même, allaient nous surpasser dans cet art, lorsque les deux frères Didot, Pierre et Firmin, tous deux lettrés comme les Estienne, tous deux jaloux de l'honneur de leur patrie et de leur art, produisirent cette fameuse édition de Racine qui fut déclarée par un jury *le plus beau mo ument typographique de tous es lieux et de tous les âges*.

« Ce chef-d'œuvre, constatant la supériorité des caractères de Didot, détermina la vogue universelle des imprimeries qui s'en servaient, des éditions auxquelles elles avaient prêté leur lustre. Les caractères grecs sortaient aussi beaux de sa fonderie que les caractères latins, et les publications savantes se multiplièrent, chez ce nouvel Estienne, autant et plus qu'à l'Imprimerie royale. »

L'usage de ces caractères se répandit promptement dans toute l'Europe, et c'est avec eux que fut imprimé le premier journal paru en Turquie. Aussi, Didot surpassa-t-il le célèbre Italien Bordoni, son rival en matière d'imprimerie; d'ailleurs, l'éternelle gloire de notre compatriote sera l'invention du stéréotypage et celle des caractères imitant l'écriture; son éternel honneur

---

1. David, *Notice sur Firmin Didot*.

sera d'avoir utilisé ses découvertes, non dans un but intéressé, mais pour la propagation de la science : à ses risques et périls, il publia les textes les plus arides, des ouvrages de hautes mathématiques, et un certain nombre de travaux d'autant moins lucratifs, qu'ils s'adressaient à un plus petit nombre de lecteurs. De plus, il ne recula devant aucune dépense pour dresser des cartes géographiques tirées en plusieurs teintes ou reproduisant le relief du sol.

Pendant toute sa vie il se distingua par ses sentiments élevés, par son patriotisme et par sa douceur à l'égard de ses employés.

Mais il n'est pas indispensable d'être un initiateur pour rendre des services, et beaucoup de commerçants sont dans ce cas. Legentil, par exemple, devenu président de la Chambre de commerce de Paris, ne songea plus qu'à guider de ses avis et de son expérience ceux qui lui demandaient conseil ; il négligea ses propres affaires, se dévoua aux intérêts du commerce national, et, atteint de la maladie qui devait le conduire à la tombe, se leva plus d'une fois pour venir, malgré la fièvre, présider les délibérations de la Chambre. Ennemi de tout esprit de système, il acceptait toutes les propositions capables d'améliorer le sort des classes laborieuses. Capacité, savoir, abnégation, modestie, il réunissait en un mot toutes les qualités qui constituent l'homme de bien et le citoyen utile.

Crespel, né le 22 mars 1789, à Arras, de simple épicier qu'il était au début de sa carrière, devint le grand industriel auquel on doit en France la propagation du sucre de betterave. Rien de plus touchant que l'énergie de ses tentatives et que la persévérance de ses efforts. Dédaigné d'abord par ses compatriotes, hautement blâmé souvent par ses proches, Crespel est dans son genre une sorte de Bernard Palissy qui sut enrichir sa contrée malgré elle. Le 28 mars 1828, au moment où il triomphait des plus grands obstacles, Crespel écrivait :

« En 1810 et 1811, je n'employai que des procédés peu stables, je me servais de forte lessive de cendre, de chaux ou de grés pulvérisé. Je travaillai ainsi toute la campagne. Je râpais mes betteraves au moyen d'une toile percée de trous, fixée sur un cadre ou châssis de bois... » Puis vint enfin le triomphe ; une nouvelle source de richesse nationale était découverte.

On ne saurait oublier parmi les négociants illustres qui se sont élevés au rang d'hommes politiques le nom de Richard Cobden. Il naquit en 1804 à Midhurst dans le comté de Sussex en Angleterre. Son père appartenait à cette classe de propriétaires cultivant eux-mêmes le petit domaine qui les fait vivre. Il passa son enfance dans une ferme, s'adonnant avec passion aux travaux agricoles, et ne perdant jamais l'occasion de s'instruire en même temps par la lecture. Il choisit bientôt la carrière du commerce, se rendit à Londres, entra dans un magasin comme simple employé de nouveautés et ne tarda pas à devenir commis-voyageur.

La maison qu'il représentait céda la suite de ses affaires à quelques-uns de ses meilleurs employés, et bientôt on vit naître à Manchester, dans le monde des affaires, une maison nouvelle, sous la raison sociale Richard Cobden et Cie. Voilà notre ancien commis-voyageur devenu chef d'industrie et imprimeur sur calicot. Il fut bientôt compté parmi les plus ingénieux et les plus habiles, ses toiles peintes avaient un succès particulier sur tous les marchés; il les vendit si bien qu'après quelques années, sa part dans les bénéfices annuels de la maison s'élevait à plus de 250 000 francs.

Cobden n'avait que trente-huit ans : c'est alors qu'il quitta les profits et la fortune pour s'adonner entièrement aux affaires publiques. Il devint membre de la Chambre des communes, et nous devons rappeler ici que pendant sa longue carrière, il eut toujours à cœur de maintenir la bonne intelligence entre son pays et la France. Un des derniers actes de sa vie fut la conclusion du traité de commerce entre la France et l'Angleterre[1].

Frédéric Kuhlmann peut encore être cité comme un héros du travail dans le monde industriel. Né à Colmar, le 22 mai 1803, il n'avait que sept ans lorsqu'il perdit son père, géomètre de cette ville. Il entra dans la vie par le chemin des difficultés et des épreuves ; dès son enfance, il comprit que sa destinée était attachée aux seuls efforts de son travail et de sa volonté.

A peine eut-il terminé de brillantes études, faites à Nancy, que, cédant à son goût pour les recherches chimiques, il se sentit attiré vers les grands maîtres. Ceux-là seuls pouvaient satisfaire les aspirations de cet esprit éminemment pratique, qui aimait déjà à chercher la vérité dans le domaine des faits, beaucoup plus que dans celui des théories. Trois années passées sous la direction de Vauquelin lui suffirent pour se faire un nom par ses recherches scientifiques sur les matières tinctoriales.

En 1824, la ville de Lille, qui n'avait pas alors de Faculté des sciences, fondait des cours publics. Elle pria le ministre de lui indiquer des professeurs, et celui-ci, plus soucieux de la renommée naissante que de l'extrême jeunesse de Kuhlmann, le désigna quoiqu'il n'eût que vingt ans, comme le plus apte à créer une chaire de chimie dans la grande cité industrielle.

Pendant trente années, Frédéric Kuhlmann professa, avec

---

1. *Richard Cobden*, par Joseph Granier.

cette clarté et cette justesse d'expressions, qui sont l'apanage de l'homme aux conceptions élevées et l'éloquence du vrai savant. Pelouze fut son élève, devint son préparateur et resta toujours son intime ami. Kulhmann était, avec le physicien Delezenne et le naturaliste Lestiboudois, à la tête de cette sorte de faculté indépendante, qu'une Faculté officielle fut appelée à remplacer en 1854. Il n'accepta point les offres pressantes qui lui furent faites d'y continuer ses brillantes leçons : d'autres grandes créations réclamaient à cette époque une partie de son temps.

Dès son arrivée à Lille, Kuhlmann avait compris que la vieille ville manufacturière n'avait pas seulement besoin de l'enseignement de la chimie, mais qu'il lui manquait aussi l'application de cette science aux multiples branches de l'industrie régionale. En 1825, ce grand travailleur créa seul une première usine à Loos : bientôt, sous sa vigoureuse impulsion, elle grandit, décupla, centupla d'importance; d'autres établissements construits successivement à La Madeleine, à Saint-André à Amiens, forment un vaste ensemble qui a fait de Kuhlmann un des premiers industriels de France.

C'est à Loos, berceau de son œuvre manufacturière, qu'aimaient à se réunir autour de lui des amis tels que Chevreul, Dumas, Hoffman, Liebig, Muspratt, Würtz; c'est là que Kuhlmann vit grandir autour de lui les trois générations d'une nombreuse et belle famille; c'est là aussi qu'il voulut dormir de son dernier sommeil.

A côté des soins du professorat et des occupations du manufacturier, cette belle intelligence savait mener, de front et sans efforts, les mandats que lui confiaient ses concitoyens. Membre de nombreuses sociétés savantes, dont il enrichissait les

OBERKAMPF

Vous et moi, nous faisons la guerre aux Anglais... (Page 93.)

mémoires, il avait été, dès 1847, appelé à l'Institut comme correspondant. Administrateur de la Compagnie du Nord, membre du Conseil de salubrité, du Conseil général, directeur de la Monnaie de Lille, créateur et président jusqu'à son dernier jour d'une des plus importantes sociétés industrielles de France, il était, depuis 1869, membre du Conseil supérieur du commerce et prenait en outre part à toutes les enquêtes économiques. Appelé au jury des Expositions de Londres, de Paris et de Vienne, il avait été honoré du grand prix à l'Exposition de 1878. Tant de travaux ne pouvaient le détourner des recherches chimiques pour lesquelles il avait une prédilection toute particulière.

Laffitte est encore un exemple de ce que peuvent le travail, l'ordre unis à la persévérance. Fils d'un pauvre charpentier de Bayonne, il dut gagner sa vie de fort bonne heure; l'instruction qu'il reçut fut des plus élémentaires. Placé chez un notaire, il entra peu après dans une maison de commerce, où il se fit remarquer par sa bonne tenue, son intelligence, et le soin qu'il apportait dans les affaires.

Venu à Paris avec une lettre de recommandation, Laffitte fut attaché aux bureaux du grand banquier Perregaux. Sa situation bien modeste, au commencement, s'améliora rapidement; son application, sa régularité, son ordre lui attirèrent la confiance de ses supérieurs. Il passa par tous les emplois, jusqu'au jour où Perregaux l'associa à ses opérations et lui donna sa fille en mariage. Quand Perregaux mourut, Laffitte fut son exécuteur testamentaire. Le fils du banquier défunt, auditeur au Conseil d'État, et chambellan de l'empereur, laissa à Laffitte l'entière direction de la maison, dont il ne fut plus que le simple commanditaire. La Banque Laffitte et Compagnie ne tarda pas à devenir une des premières de la capitale. En 1809 Laffite était nommé régent de la Banque de France, et peu après président de la Chambre de commerce de la Seine.

Placé en 1814, par le gouvernement provisoire, à la tête de la Banque de France, il est appelé à siéger à la Chambre des représentants. Après Waterloo, alors que les ressources du pays semblaient épuisées, Laffitte prêta au gouvernement des sommes considérables qui lui permirent de faire face aux plus pressants besoins.

Envoyé à la Chambre des députés, il y défend la cause libérale; sa compétence en matière financière lui donne bientôt une grande autorité; membre des Commissions budgétaires, il s'applique à ramener l'ordre dans les finances, et fait entendre au gouvernement de sages conseils.

On comprend qu'il lui avait fallu, pour en arriver à cette importante situation, travailler assidûment. Ce n'était pas avec l'instruction rudimentaire qu'il avait reçue durant sa jeunesse, qu'il eût pu y parvenir. Par sa volonté, il combla les vides de son instruction et acquit ainsi les connaissances qui lui faisaient défaut.

Après Laffitte nous terminerons ce chapitre par l'histoire d'un industriel et d'un inventeur émérite.

Il y avait en 1817, dans une des classes du collège Bourbon, à Paris, un petit écolier qui n'avait encore que neuf ans, et qui se faisait remarquer de ses camarades et de ses professeurs mêmes par son extraordinaire aptitude à la mécanique. Il construisait, sans que personne l'aidât, toutes sortes de machines ingénieuses et délicates. Un jour, notamment, on le vit faire, à la grande admiration de tous, un petit dévidoir qui lui servit à recueillir la soie des cocons de vers à soie qu'il avait élevés lui-même. La machine, composée de bobines à jour, et de roues d'engrenage de transmission, était une véritable merveille d'heureuse conception et d'habileté manuelle. Cet appareil inouï, quand on songe à l'âge de celui qui l'exécuta jadis, existe encore, en parfait état de conservation, dans la galerie de collections de son inventeur.

L'écolier, après avoir imaginé ce dévidoir mécanique, ne tarda pas à construire, chez ses parents, un tour qui lui servit à façonner tous ses outils.

Cet enfant, qui avait assurément le génie de la mécanique, se nommait Eugène Bourdon. Il allait, pendant plus d'un demi-siècle, se signaler, sans jamais se lasser de produire, par une innombrable quantité de découvertes utiles et de constructions importantes.

Eugène Bourdon est né à Paris le 8 avril 1808. Son père, qui était négociant, voulut que son fils se consacrât à la carrière commerciale ; il lui fit passer, quand il eut terminé ses études, deux ans en Allemagne pour apprendre la langue. Eugène Bourdon séjourna à Nuremberg de 18 à 20 ans. Quand il revint en France, il obéit à la volonté de sa famille, et entra comme employé dans une maison de commerce de soie ; mais, dès que son père mourut, il manifesta le désir de se consacrer à la mécanique.

En 1830, Eugène Bourdon travailla chez M. Jecker, opticien ; en 1832, après avoir été attaché comme volontaire à la maison de construction de M. Calla père, il s'établit à son compte, 12, rue Vendôme, et il se mit à la besogne avec une énergie et une persévérance sans pareilles. En 1833, il présenta à la *Société d'encouragement* un modèle de machine à vapeur à cylindre en verre qui lui valut une médaille d'argent. De 1833 à 1835, il construisit une série de modèles de machines les plus variés destinés aux démonstrations du professeur; on trouve aujourd'hui les spécimens de ces modèles fort ingénieux dans la plupart des collections et des établissements d'enseignement; quelques-uns d'entre eux furent envoyés jusqu'en Amérique.

Eugène Bourdon avait commencé sa carrière sans aucune ressource de fortune, mais il avait déjà acquis une certaine notoriété et fait quelques économies. En 1835, il fonda un établissement de construction mécanique, 74, Faubourg-du-Temple, où il s'installa avec un modeste loyer de 1200 francs. Cette maison, dont il était alors locataire, Bourdon devait plus tard, grâce aux efforts de son travail et aux fruits de ses inventions, en faire l'acquisition avec les constructions voisines, et devenir propriétaire de plus de 3000 mètres de terrain dans ce quartier si peuplé. La prospérité allait récompenser la persévérance du travailleur.

Eugène Bourdon venait de prendre une grande décision en fondant un atelier de construction mécanique; c'était une lourde charge pour un jeune homme; il multiplia ses forces, et entra désormais dans la phase active et militante, en quelque sorte, de ses créations. Il se maria, en 1837, et il eut le bonheur d'être secondé dans ses travaux par la digne compagne qu'il avait choisie et qui devait lui fermer les yeux à son lit de mort. Il s'occupa d'abord de son bateau avec chaudière et foyer amovible; il construisit un grand nombre de machines-outils et de machines à vapeur de dimensions considérables. En 1839, il fit connaître une des premières locomobiles qui aient été construites jusque-là; bientôt après, il présenta aux mécaniciens d'ingénieux flotteurs indicateurs de niveau d'eau; enfin, le 17 juin 1849, il prit son brevet du manomètre et du baromètre à tubes métalliques qui figurèrent à l'Exposition de 1849, où il obtint une grande médaille d'or. Ces nouveaux appareils eurent un succès considérable à l'Exposition de Londres, en 1858, et c'est à cette époque que l'ingénieur fut nommé chevalier de la Légion d'honneur.

L'invention du manomètre à tube métallique, une des plus utiles de la mécanique moderne, a été faite dans des conditions toutes particulières qui méritent d'être rapportées.

Eugène Bourdon avait construit une machine pour un concours de la *Société d'encouragement;* au moment d'en faire l'essai, son contremaître vint le trouver, tout consterné, en lui disant qu'un serpentin en plomb, faisant partie du condensateur de la machine, avait été bossué et détérioré par une cause accidentelle. Il n'y avait plus le temps matériel de refaire un autre tube. Eugène Bourdon voulut à tout prix et en toute hâte réparer l'accident. Il eut l'idée de remettre en état le tube de plomb, en y comprimant intérieurement de l'eau sous une très forte pression. L'expérience se fit aussitôt, et l'inventeur ne vit pas sans surprise le tube métallique se redresser peu à peu à mesure qu'augmentait la pression intérieure.

Les tubes flexibles de Bourdon étaient créés.

Il faudrait écrire tout un traité de mécanique pour énumérer l'œuvre du mécanicien hors ligne dont nous résumons la vie. Après la construction des manomètres qui contribua à faire sa fortune, une multitude d'autres inventions ou de perfectionnements importants furent encore imaginés par lui, et se succédèrent en quelque sorte d'année en année pendant sa longue carrière. Il exécuta des machines à vapeur avec détente variable à came extérieure, des machines-outils perfectionnées, des appareils de sûreté pour chaudière, des appareils à élever l'eau, des ventilateurs et des pompes de différents modèles. Il créa son dynamomètre de rotation, imagina un monte-charge à parachute, des paliers à réservoir d'huile pour graissage continu, un télégraphe imprimant.

En 1872, Eugène Bourdon, après avoir été constructeur-mécanicien pendant quarante ans, confia à son fils aîné le soin de diriger sa maison[1] et il résolut alors de se livrer avec plus d'ardeur que jamais à ses travaux personnels. De 1872 à 1884, c'est-à-dire pendant quatorze années consécutives, il recommença en quelque sorte une nouvelle carrière. Devenu riche, il consacra largement sa fortune aux travaux de recherches et d'expériences. Il s'était fait, dans son habitation du Faubourg-du-Temple, une installation mécanique digne d'un travailleur comme lui. Il avait des tours perfectionnés, des machines de toute sorte, avec la force motrice à sa disposition. Son petit cabinet de travail, au milieu de ses nombreux ateliers, attenait à une grande galerie de collections, où étaient rassemblés les spécimens de ses constructions, et toutes les curiosités de la mécanique moderne. Il faut avoir visité ce sanctuaire de la mécanique, pour en comprendre l'importance et l'intérêt. Il faut surtout que tout cela vous ait été montré par le maître vénéré qui expliquait chaque appareil avec une étonnante clarté et une inaltérable obligeance.

Pendant ces quatorze années, Eugène Bourdon construisit un grand nombre d'appareils nouveaux et fit une série d'inventions; il fabriqua des horloges et des pendules d'un nouveau

---

1. M. Eugène Bourdon laisse deux fils, MM. Edouard et Charles Bourdon; tous deux, ingénieurs des Arts et Manufactures, ont su maintenir leur nom à la place qui lui est due dans le monde de la mécanique industrielle.

système, confectionna toute une série d'appareils d'enregistrement météorologique, il inventa enfin son système d'horloge pneumatique, et son grand anémomètre multiplicateur. Nous rappellerons que l'anémomètre multiplicateur fonctionne journellement à l'Observatoire de Paris ainsi que dans des mines et des stations météorologiques.

Eugène Bourdon jusqu'à la fin de sa vie avait conservé toute son intelligence, toute sa force et son adresse incomparable. Il savait travailler le verre à la lampe comme le plus habile souffleur, il maniait le tour et tous les outils comme un praticien. Il entassait les curiosités dans son cabinet et dans ses galeries ; chaque fois qu'on allait le voir, c'étaient quelques objets nouveaux qu'il fallait admirer. Il aimait à encourager les jeunes gens laborieux, et sa générosité était inépuisable; sa bourse était toujours ouverte à ceux qui entreprenaient des expériences utiles. On ne pouvait connaître M. Eugène Bourdon sans éprouver à son égard l'affection, l'estime et le respect, que méritaient si bien la bonté de son caractère et la noblesse de son cœur.

Eugène Bourdon, âgé de soixante-dix-sept ans, était plein de force et d'activité. Il venait de prendre part au Congrès de l'*Association française* de Blois, et d'y exécuter, comme un jeune homme, toutes les excursions.

Rentré à Paris, il se préparait à terminer des expériences, qu'il avait entreprises depuis plusieurs mois, pour déterminer exactement l'influence du vent sur la vitesse des trains de chemin de fer. Des appareils avaient été installés à cet effet dans un wagon mis à sa disposition par la Compagnie du chemin de fer d'Orléans. Ces expériences devaient lui coûter la vie, dans les circonstances les plus douloureuses et les plus dramatiques.

Après avoir exécuté ses préparatifs, le 29 septembre 1884, M. Bourdon voulut descendre du fourgon où il se trouvait ; sa main lâcha prise et il tomba sur le sol de l'entrevoie. Il reçut une blessure au front et en mourut quelques heures après.

Le nombre est grand de ceux qui ont sincèrement pleuré Eugène Bourdon, et des milliers d'assistants émus prirent part à ses funérailles. Cet homme de bien méritait plus d'hommages et plus de célébrité qu'il n'en eut pendant sa vie ; mais il était d'une excessive modestie, et ne rechercha ni les distinctions ni les honneurs.

Homme de travail et d'action, il ne connut jamais le repos. On a vu que, malgré ses cheveux blancs, il est mort sur la brèche, au champ de combat de l'expérimentation scientifique.

*Mozart.* — C'était un sujet d'étonnement sans pareil... (Page 145.)

## CHAPITRE CINQUIÈME

### PEINTRES, SCULPTEURS ET MUSICIENS

> Je me glorifie beaucoup plus, étant d'une naissance obscure, d'avoir fondé honorablement ma maison, que si, issu d'un grand lignage, je l'eusse flétri ou éteint par mes vices.
> BENVENUTO CELLINI.

Le génie est un don naturel inné ; mais s'il n'est perfectionné par l'éducation artistique, il se trouve parfois frappé d'impuissance. Balzac, dans une de ses pages les plus éloquentes et les plus remarquables, a développé cette idée avec un art exquis.

Après avoir constaté que « la chasse dans les hautes régions de l'intelligence est un des plus grands efforts de l'homme », et qu'il existe des abîmes entre la *conception* et l'*exécution*, « ces deux hémisphères de l'art », Balzac s'exprime en ces termes :

« Penser, rêver, concevoir de belles œuvres est une occupation délicieuse. C'est fumer des cigares enchantés. L'œuvre apparaît alors dans la grâce de l'enfance, dans la joie folle de la génération, avec les couleurs embaumées de la fleur et les sucs sapides du fruit dégusté par avance. Telle est la conception et ses plaisirs... mais produire ! mais élever laborieusement l'enfant, le coucher gorgé de lait tous les soirs, l'embrasser tous les matins avec le cœur inépuisé de la mère, le vêtir cent fois des plus belles jaquettes, qu'il déchire incessamment; mais ne pas se rebuter des convulsions de cette folle vie et en faire le chef-d'œuvre animé qui parle à tous les regards en sculpture, à toutes les intelligences en littérature, à tous les souvenirs en peinture, à tous les cœurs en musique, c'est l'exécution et ses travaux. La main doit s'avancer à tout moment, prête à tout moment à obéir à la tête. Or, la tête n'a pas les dispositions créatrices à commandement...

» Cette habitude de la création, cet amour infatigable de la maternité qui fait la mère (ce chef-d'œuvre naturel si bien compris de Raphaël !), enfin, cette maternité cérébrale si difficile à conquérir, se perd avec une facilité prodigieuse. L'inspiration, c'est l'occasion du génie. Elle court, non pas sur un rasoir, elle est dans les airs et s'envole avec la défiance des corbeaux; elle n'a pas d'écharpe par où le poète la puisse prendre, sa chevelure est une flamme; elle se sauve comme ces beaux flamants blancs et roses, le désespoir des chasseurs. Aussi le travail est-il une lutte lassante que redoutent et que chérissent les belles et puissantes organisations qui souvent s'y brisent. Un grand poète de ce temps-ci disait en parlant de ce labeur effrayant : « Je m'y mets avec désespoir et je le quitte avec chagrin. » Que les ignorants le sachent : si l'artiste ne se précipite pas dans son œuvre, comme Curtius dans le gouffre, comme le soldat dans la redoute, sans réfléchir, et si, dans ce cratère, il ne travaille pas comme le mineur enfoui sous un éboulement, s'il contemple enfin les difficultés au lieu de les vaincre une à une, à l'exemple de ces amoureux des féeries qui, pour obtenir leurs princesses, combattaient des enchantements renaissants, l'œuvre reste inachevée; elle périt au fond de l'atelier, où la production devient impossible, et l'artiste assiste au suicide de son talent. Rossini, ce génie frère de Raphaël, en offre un exemple frappant, dans sa jeunesse indigente superposée à son âge mûr opulent. Telle est la raison de la récompense pareille, du pareil triomphe, du même laurier, accordé aux grands poètes et aux grands généraux. »

Voilà qui montre, mieux que nous ne le pourrions faire, combien l'homme de génie, pour produire, doit travailler, lutter et vaincre. Peintres, sculpteurs, musiciens, poètes, tous sont soumis à la grande loi du travail, sans lequel aucun progrès n'est possible, mais à l'aide duquel toutes les œuvres peuvent être accomplies.

Benvenuto Cellini[1] en est une preuve. Si cet illustre Florentin excella surtout dans l'art de l'orfèvrerie, il donna pourtant des chefs-d'œuvre en peinture, en sculpture, en gravure et en littérature. Malgré sa vie aventureuse, il trouva le temps de produire des merveilles, et pendant la fonte du *Persée*, il étonna ses compatriotes par son incroyable habileté, résultat d'études patientes.

Le grand-duc Côme de Médicis prétendait qu'on ne pourrait jamais fondre en bronze le modèle de la statue de *Persée*, qu'on

1. Né à Florence en l'an 1500.

lui avait montrée en cire. Cellini résolut de faire voir au duc que son opinion était mal fondée.

Ayant fait d'abord un modèle d'argile, il le fit cuire et le recouvrit ensuite de cire qu'il modela de façon à lui donner le fini d'une statue parfaite. Recouvrant à son tour la couche de cire d'une sorte de terre glaise, il fit cuire le tout une seconde fois, et la cire, ayant fondu sous l'influence de la chaleur, s'écoula, laissant entre les deux couches d'argile un grand espace libre pour la réception du métal. En prévision des dérangements qui auraient pu survenir, l'opération de la coulée se fit dans une fosse creusée immédiatement au-dessous du haut fourneau d'où le métal en fusion devait, à l'aide de tuyaux et d'ouvertures, être introduit dans le moule.

Cellini eut la malheureuse idée de faire venir une grande provision de bois de pin, et à peine l'opération était-elle commencée qu'un incendie embrasa la résine. Pendant quelques heures l'artiste lutta, mais il tomba épuisé sur son lit, et, lorsqu'il se releva, le feu était si faible que les métaux commençaient à se solidifier. « Ayant obtenu d'un voisin une provision de jeune chêne qui depuis plus d'un an était à sécher, il vit bientôt le feu flamboyer de nouveau, et le métal reluire et étinceler dans la fournaise. Cependant, le vent continuant à souffler avec furie, et la pluie à ruisseler, il se fit, à l'aide de tables, de morceaux de tapisseries et de vieux habits, un échafaudage, à l'abri duquel il continua à jeter sans relâche du bois dans la fournaise. Il fit ajouter de l'étain aux autres métaux, et en agitant le tout, tantôt avec des barres de fer et tantôt avec de longues perches de bois, il finit par obtenir la fusion complète de cette masse. Sur ces entrefaites, et comme le moment critique approchait, un bruit pareil à un coup de tonnerre se fit entendre, et un éclair effroyable passa devant les yeux de Cellini : c'était le dessus du fourneau qui venait de se fendre et d'éclater; le métal coulait et ne coulait pas assez vite. Cellini se précipita dans la cuisine, y prit tous les ustensiles de cuivre ou d'étain qu'elle contenait, quelque chose comme deux cents bassins, chaudrons et casseroles de diverses espèces, et jeta le tout sur le métal en fusion[1]. »

C'est de cette manière que Cellini put fondre le *Persée*, et il y aurait un beau parallèle à établir entre lui et Bernard Palissy, jetant au feu son mobilier pour cuire ses poteries.

Si nous passons en revue la biographie de quelques peintres, nous montrerons facilement au lecteur la part considérable du travail dans le succès de ces hommes qui vouèrent leur existence au culte de l'art.

Le plus grand d'entre tous fut Raphaël, né à Urbin, en 1483. Son père, Giovanni Santi, peintre estimé, étant devenu veuf, épousa en secondes noces Bernardina de Parte; mais cette union ne fut pas de longue durée, car Giovanni mourut lui-même en 1494, laissant Raphaël aux mains d'une marâtre égoïste et brutale. Des querelles survinrent bientôt entre Bernardina et le tuteur de l'orphelin, et ces querelles prirent un tel caractère de gravité que Simone Ciarla, oncle maternel de Raphaël, ne voulut point que son neveu fût témoin de ces scènes regrettables; il le fit entrer dans l'atelier du Pérugin, à Pérouse.

L'adolescent avait déjà reçu quelques leçons de dessin. Ses progrès furent si rapides que le Pérugin l'employa promptement pour ses propres travaux. A dix-huit ans, il fit un saint Nicolas pour l'église de Tolentino, et dès ce moment sa réputation fut suffisamment établie. Plus tard, il se surpassa lui-même dans son

---

1. Samuel Smiles, *Self-Help*.

sublime tableau de la *Transfiguration*, l'ouvrage le plus parfait qui ait jamais été produit en peinture. Comment parvint-il à un si beau résultat ? — En étudiant les chefs-d'œuvre des maîtres, en prenant à l'un la pureté des lignes, à l'autre l'entente de la perspective, à un troisième telle ou telle qualité.

Raphaël avait un beau caractère : noblesse du cœur et désintéressement. Il répondit un jour à quelqu'un qui lui demandait son avis sur un tableau dont l'auteur avait fait démarche sur démarche pour en retirer un gros bénéfice : « Je ne crois pas que cet homme, tant qu'il se montrera si avide de richesses, parvienne à être autre chose qu'un pauvre homme ! »

Léonard de Vinci [1] consacra son existence entière à la pratique des arts et de la science, et, pour apprécier dignement l'importance de ses œuvres et la grandeur de son génie, il faudrait être en quelque sorte un homme aussi universel qu'il l'a été lui-même.

Une admirable avidité de perfectionnement, que rien ne pouvait jamais satisfaire, le poussait sans cesse à de nouvelles recherches : plus il savait, plus il voulait savoir. L'activité de son intelligence ne lui permettait pas de se reposer un instant dans la contemplation de connaissances qui, dès qu'il les avait acquises, lui semblaient peu de chose auprès de ce qui lui restait à acquérir : peintre, sculpteur, architecte, mécanicien, chimiste, musicien d'un égal mérite, il n'était pas moins remarquable dans l'anatomie, l'hydrostatique, la métallurgie, le génie civil et militaire. Quant à la poésie, elle ressortait si naturellement de cet ensemble merveilleux d'aptitudes, qu'il pouvait, en s'accompagnant d'instruments de son invention, improviser des

---

1. Né en 1452, près de Florence, mort en 1519, près d'Amboise, en France.

Il servit au café de la Victoire... (Page 94.)

pièces de vers de longue haleine sur quelque sujet qu'il lui plût de s'inspirer.

Une si riche organisation intellectuelle était encore relevée par tout ce qu'un physique accompli pouvait y ajouter d'éclat. Léonard de Vinci était parfaitement beau; sa haute stature et sa prodigieuse force physique ajoutaient au caractère imposant de sa tête calme et mélancolique. Il excellait dans tous les exercices du corps, dans le maniement des armes de toute espèce, dans la danse, dans l'escrime; il était habile nageur et habile cavalier [1].

Malgré ces dons naturels et ces trésors d'une constitution physique et morale exceptionnelle, Léonard de Vinci n'a pas produit ses chefs-d'œuvre sans un labeur acharné et une conscience inouïe dans ses études. Quand, en 1493, il voulut faire un modèle pour la statue équestre de François Sforza, il se mit à apprendre dans tous ses détails l'anatomie du cheval, et écrivit un traité complet à ce sujet. Lorsqu'il exécuta *la Cène*, un des chefs-d'œuvre incontestés de la peinture, il étudia longtemps toutes les impressions de la physionomie humaine, pour rendre exactement les expressions diverses qu'éprouvent les apôtres entendant le Christ prononcer ces mots : « En vérité, je vous le dis, l'un de vous me trahira. » Un certain nombre de dessins, habilement exécutés par le grand artiste d'après des têtes ridicules ou grotesques, paraissent avoir été faits en vue de connaître à fond les jeux si variés de la physionomie.

Comment ne pas nous arrêter quelques instants sur la vie de Vecellio dit *le Titien*[2], le plus illustre peut-être parmi les peintres.

1. *Magasin pittoresque*, 1884.
2. Né à Cadore, en 1477.

La postérité l'a placé à juste titre à côté de Raphaël et du Corrège. Le Titien était doué d'un esprit d'observation extraordinaire ; il ne faisait rien sans consulter la nature, et ses œuvres tout entières sont empreintes d'un suprême cachet de vérité. La vie de Titien ne fut qu'un long triomphe ; il fut l'ami de Charles-Quint, de Philippe II, de François Ier, de Henri VIII, des papes, des doges de Venise, des seigneurs de Ferrare, de Mantoue et d'Urbin. Tous ces princes s'efforcèrent de l'attirer à leur cour. Charles-Quint surtout professa à l'égard du grand peintre une haute estime. En public, à la promenade, l'empereur lui cédait toujours la droite : « Je puis bien créer un duc, disait-il, mais où trouverai-je un autre Titien ? »

Un jour, Charles-Quint ramassa le pinceau du grand peintre que celui-ci avait laissé tomber par terre du haut de son échelle; quand Charles-Quint se releva, il dit à ses courtisans surpris : « Titien mérite bien d'être servi par César. »

L'empereur voulait montrer ainsi que le génie s'élève par ses œuvres au-dessus de la puissance des plus grands monarques.

Chez nous, Nicolas Poussin, Jacques Callot, Claude Lorrain, pour ne citer que quelques noms pris au hasard, se distinguèrent également dans l'art de la peinture par leur opiniâtreté laborieuse.

Poussin [1], fils d'un gentilhomme du Soissonnais, montra de bonne heure pour le dessin des dispositions qu'un artiste obscur, Quintin Varin, eut le bon goût d'encourager. A dix-huit ans, il quitta furtivement la maison paternelle, vint à Paris, et entra dans l'atelier d'un fabricant de dessins pour tapisseries; il ne resta guère chez cet homme, qui ne voyait dans l'art qu'un commerce. Le jeune peintre fut assez heureux pour faire la

---

1. Né aux Andelys en 1594.

connaissance d'un jeune gentilhomme poitevin, qui l'aida généreusement de ses conseils et de sa bourse, l'introduisit chez le mathématicien Courtois, lequel possédait une remarquable collection de dessins originaux de Raphaël, de Jules Romain et de Marc Antoine. En copiant ces estampes, Poussin emprunta à Romain l'énergie du trait et la puissance du geste, qualités que lui-même porta au plus haut point.

Nicolas Poussin eut les débuts difficiles et laborieux ; après plusieurs voyages accomplis en France, il revint à Paris et dut encore lutter pour l'existence : il sortit de cette lutte, épuisé, malade, et se trouva dans l'obligation de retourner prendre quelques semaines de repos aux Andelys, sa ville natale. C'est seulement en 1639 qu'il vit la fin de ses misères : il avait dû, pour manger, exécuter plus d'une fois de ces travaux futiles où les débutants sans fortune risquent de perdre leur talent. Ses tableaux avaient été appréciés ; à force de persévérer, il les avait fait connaître, et un jour il apprit avec bonheur qu'on lui offrait mille écus d'appointements, un logement au Louvre; le roi Louis XIII lui écrivait de sa main : « Nous vous avons retenu pour l'un de nos peintres ordinaires. »

Jacques Callot[1] eut une enfance exceptionnelle. A l'école, il illustrait ses cahiers et ses livres, de dessins et d'images aussi diverses que curieuses. Encouragé par le peintre champenois Claude Henriet, il employa tous ses instants à cultiver l'art pour lequel il était doué de dispositions incontestables. Deux de ses camarades, Israël Henriet et Claude de Ruet, étant partis pour Rome, Jacques ne put résister au désir de voir la ville éternelle, et se sauva furtivement de son pays natal. Le bambin — il avait

---

1. Né à Nancy en 1593.

juste douze ans — n'avait pas fait réflexion que l'on ne peut entreprendre un si long voyage sans posséder quelque argent; mais le hasard le servit bien, car il rencontra une troupe de bohémiens qui le prirent avec eux et l'emmenèrent jusqu'à Florence. Ces quelques semaines de vie au jour le jour ne furent pas perdues pour lui : les souvenirs qu'il en garda lui fournirent plus tard le sujet de plusieurs de ses œuvres les plus remarquées.

Il fit à Florence la connaissance d'un gentilhomme auquel il raconta son histoire, et qui le plaça chez le graveur Remigio Canta Gallina. De là, il vint à Rome, objet de ses vœux et de ses désirs; il y rencontra des marchands de Nancy : ces braves industriels, ne comprenant pas qu'un gamin de douze ans pût aimer le beau au point de quitter amis et famille, ramenèrent à ses parents l'infortuné Callot, sans tenir compte de ses protestations.

Vains efforts! En 1606, il disparaît de nouveau, arrive à Turin, où il mène une existence misérable, et oblige enfin son père à s'incliner devant une vocation aussi prononcée. Aussi accomplit-il un troisième voyage en Italie, en compagnie, cette fois, du comte de Torniel, député par le duc de Lorraine près de Paul V, et entra-t-il au service du grand-duc. Bientôt ses œuvres furent répandues et admirées.

Claude Lorrain [1], le célèbre paysagiste, issu d'une pauvre famille lorraine, eut aussi une jeunesse laborieuse et de rudes commencements à traverser. De garçon pâtissier, il devint apprenti graveur, et dans sa douzième année suivit à Rome un parent qui était marchand de dentelles. La guerre de Trente ans, éclatant sur ces entrefaites rendit les communications

---

1. Né en Lorraine en 1600.

difficiles entre les Alpes et la France : Claude ne put recevoir que rarement les écus que son frère de Fribourg mettait généreusement à sa disposition ; il tomba dans la misère. A vingt ans, il était si pauvre qu'il devint le domestique d'Augustin Tassi.

Au bout de cinq ans, il retourna en Italie, visita Lorette et Venise, traversa le Tyrol et la Bavière, étudiant la nature, le soleil, les astres, copiant minutieusement et lentement les détails, apprenant ainsi à donner à ses œuvres la justesse et le naturel qui les caractérisent. Car, il faut bien le reconnaître, c'est la nature seule qui servit de modèle à Claude Lorrain. « Mais que de patience, dit M. Charles Blanc, combien de travaux, de fatigues et de peines pour entrer en lutte avec un tel modèle ! Claude voulait pénétrer plus avant qu'aucun autre dans les mystères les plus secrets de la nature : il voulait surprendre le soleil à toutes les heures du jour, apprendre par cœur non pas les caprices, mais les harmonies de la lumière. Souvent il se levait avant l'aube et s'en allait en pleine campagne observer les phénomènes de la naissance du jour. Tandis que les autres hommes oubliaient, au sein du sommeil ou de l'indolence, les plus beaux des spectacles, Claude était déjà posté sur quelque éminence, comme une sentinelle avancée de l'art, et l'aurore lui montrait l'éblouissant écrin de ses pierreries, qui ne sont que des nuées légères, de transparentes vapeurs, et il admirait ce tableau dans un temps où il n'était pas ridicule de penser que des *doigts de rose* avaient ouvert les portes de l'Orient. Il parcourait ainsi les lumineux paysages, sans crayon, sans boîte à couleurs, car avant de les peindre avec le pinceau, il les peignait pour ainsi dire du regard. »

Turner, surnommé le *Claude anglais*, eut aussi de pénibles débuts, et il dut travailler avec acharnement pour s'élever au dessus de son humble origine. Il allait, à tant la soirée, laver des ciels à l'encre de Chine, ou bien encore il crayonnait des dessins pour les almanachs.

Tous les grands artistes ont été en quelque sorte des héros du travail. On raconte que le peintre espagnol Ribera [1] travaillait avec tant de passion qu'il oubliait parfois de prendre ses repas; comme sa santé se trouvait souvent altérée par le jeûne, il attacha à sa personne un homme chargé de lui dire de temps en temps :— Seigneur Ribera, vous travaillez depuis tant d'heures.

David Téniers, né à Anvers, en 1610, grâce à son application à l'étude, eut dès ses débuts un succès extraordinaire; il lui arrivait des commandes de toute l'Europe; le roi d'Espagne admirait tellement ses œuvres qu'il aurait voulu les posséder toutes à lui seul. La reine de Suède et plusieurs souverains firent à Téniers des présents d'une richesse inouïe. Accablé de demandes, le peintre travailla avec une ardeur extraordinaire; il peignait, il peignait toujours sans jamais se reposer; mais, malgré sa facilité et son assiduité, on a peine à comprendre comment il est arrivé à laisser un si grand nombre de toiles.

L'énumération des peintres fils de leur œuvre est inépuisable. Citons-en d'autres exemples encore parmi les plus célèbres et dans les genres les plus variés.

Le grand peintre espagnol Murillo [2] fit ses débuts sous la direction de son oncle, Jean de Castillo, simple peintre de foires et de marchés, et, dès sa plus tendre jeunesse, il vécut du produit de la vente de petits tableaux représentant des sujets de dévotion ou de fleurs.

William Hogarth, né à Londres, le 10 novembre 1697, était

1. Né à San-Felipe le 12 janvier 1588.
2. Né en 1613, dans la ville de Pilas, à cinq lieues de Séville.

le fils d'un pauvre auteur qui n'avait pu faire de grands frais pour son éducation; mais Hogarth se sentait la vocation du dessin. Il nous raconte, dans ses *Mémoires*, qu'il passait son temps à crayonner; dans ses courses au milieu de Londres, il regardait avec soin tous les passants, il épiait les physionomies saillantes, et, quand il en voyait une de particulièrement curieuse, il la dessinait sur l'ongle de son pouce, pour la reproduire ensuite avec plus de soin sur le papier.

Léopold Robert [1], le célèbre auteur des *Moissonneurs*, était le fils d'un simple horloger; il fut poursuivi dans toute sa carrière par un idéal de beauté que, selon lui, ses œuvres n'offraient jamais. On le voyait constamment retoucher ses toiles, sans jamais vouloir les laisser sortir de son atelier; de là le petit nombre d'ouvrages qu'il a laissés. Il ne passa pas moins de quatre ans à travailler sans relâche à ses *Moissonneurs* : « Je ne perds pas une heure de mon temps sans regret, disait Léopold Robert, quand je puis travailler depuis le commencement du jour jusqu'à la nuit; et ce n'est pas par devoir, c'est par passion. Je suis si heureux quand je puis travailler ainsi! Et c'est toujours après ces bonnes journées, pendant les dernières heures, que je suis le mieux dispos. »

Pierre-Paul Prud'hon, pauvre enfant du peuple, devint ce grand peintre dont l'éternel honneur sera d'avoir remis en faveur les fictions de la fable, les ingénieuses allégories, les délicates allusions du paganisme. Il était le treizième fils d'un simple ouvrier, maître maçon de Cluny, qui mourut bientôt le laissant sans aucune ressource. Et pourtant, à quatorze ans, il inventa la peinture à l'huile, comme Pascal avait inventé les mathé-

---

1. Né le 11 mai 1794, à la Chaud-de-Fonds.

matiques. Élevé gratuitement au monastère de Cluny, il vit là de nombreux tableaux, qu'il voulut aussitôt reproduire : avec du jus de plantes, il fit des couleurs ; avec les poils d'un harnais, il fabriqua une brosse, et se mit à l'œuvre. Cette particularité attira l'attention des bénédictins, ses maîtres, par lesquels il fut recommandé à l'évêque de Mâcon. Ce prélat l'envoya immédiatement à l'École de dessin de Dijon, que dirigeait M. Devosge, et Prud'hon travailla si bien qu'il remporta le prix offert par les Etats de Bourgogne, succès qui lui valut une pension grâce à laquelle il vint à Rome. Revenu à Paris en 1789, il supporta d'incroyables privations pour subvenir aux frais de son ménage, car il était marié depuis 1777. Cependant, ses dessins à la plume attirèrent à la longue l'attention des connaisseurs ; il obtint un atelier et un logement au Louvre pour exécuter en grand un dessin portant cette légende : « La Vérité descendant des cieux, conduite par la Sagesse. » C'était justice. Sa détresse, à un moment, fut tellement complète, qu'il avait dû crayonner des têtes de lettres, des factures, des cartes d'adresses, et illustrer des boîtes à bonbons [1].

Horace Vernet naquit le 30 juin 1789, aux galeries du Louvre, où depuis vingt ans les Vernet avaient un logement. On peut dire qu'il a été le plus populaire des peintres. Sa précocité fut prodigieuse ; dès son enfance il dessinait sans cesse ; on raconte qu'à l'âge de onze ans, il avait fait pour Mme de Périgord une tulipe qui lui fut payée vingt-quatre sous; à treize ans, il avait déjà ses commandes et faisait des dessins pour six francs et des tableaux pour vingt francs.

Peu d'existences d'artistes ont été mieux remplies que celle

---

1. Ch. Blanc, *Hist. des Peintres*, Ecole française, tome Ier.

d'Eugène Delacroix [1] par les travaux accomplis, par les luttes de l'intelligence, glorieusement acceptées et soutenues avec une vigueur sans pareille. « Il y a parfois dans les vies les plus calmes, bien des batailles livrées, et Delacroix lui-même a parlé « de ce moment où il faut prendre les pinceaux, où l'homme de talent endosse la casaque de l'artiste, et sort du cours facile et trivial de la vie ordinaire, pour entrer dans le monde des nobles chimères, de cette nécessité d'avoir la fièvre, en un mot. » Delacroix aimait à tenir sa porte verrouillée, il se plaisait à avoir à son aise la fièvre du travail et de l'action.

Ingres [2] a conquis sa gloire par le travail et par l'étude ; voici comment il raconte ses débuts : « J'ai été, dit-il, élevé dans le crayon rouge ; mon père, musicien et peintre, me destinait à la peinture, tout en m'enseignant la musique comme un passe-temps. Cet excellent homme, après m'avoir remis un grand portefeuille, qui contenait trois ou quatre cents estampes, d'après Raphaël, le Corrège, Rubens, Téniers, Watteau, Boucher, — il y avait de tout, — me donna pour maître M. Roques, élève de Vien à Toulouse. J'exécutai, sur le théâtre de cette ville, un concerto de violon de Viotti, en 1793, à l'époque de la mort du roi. Mes progrès en peinture furent rapides. Une copie de la *Vierge à la chaise*, rapportée d'Italie par mon maître, fit tomber le voile de mes yeux : Raphaël m'était révélé. Cette impression a beaucoup agi sur ma vocation et rempli ma vie. Ingres est aujourd'hui ce que le petit Ingres était à douze ans. »

Aucun exemple de persévérance et de volonté n'est plus remarquable que celui des débuts aborieux d'un grand élève

1. Né à Paris, le 26 avril 1789.
2. Né Montauban, le 29 août 1780.

d'Ingres, Hippolyte Flandrin [1]. Son jeune frère Paul et lui, après s'être essayés à la peinture, dans leur ville natale à Lyon, brûlaient du désir de venir à Paris. Ils avaient gagné quelque argent en composant des vignettes, en faisant des lithographies et en vendant des rébus pour les confiseurs; à force d'économie, de patience et de privations, ils purent partir enfin, non pas à vrai dire en grand équipage, mais à pied, leur mince bagage sur le dos, au mois d'avril 1829.

Ils se présentèrent à Paris chez Ingres, qui après avoir vu les dessins qu'ils apportaient les accueillit bien, les installa dans son atelier, où ils reçurent bientôt d  encouragements. Les lettres d'Hippolyte Flandrin, à cette époque, sont toutes pleines de respect et de vénération pour son maître. Quand Ingres entrevit la gêne où se trouvaient les deux frères, il ne voulut plus recevoir d'eux que la moitié du prix des leçons; un peu plus tard il leur en fit remise entière. Il était loin de soupçonner cependant leur véritable situation : on la connaît aujourd'hui en lisant les lettres de Flandrin.

Les deux frères logeaient dans une mansarde où ils possédaient « un lit, ayant bois de lit, paillasse et un matelas, une table, deux chaises, un chandelier et un pot d'eau. J'oubliais le balai, écrivait Hippolyte à son père; tu peux voir l'état de notre ménage, que nous tenons aussi propre et aussi bien rangé que possible. »

« Levés à cinq heures, dit Flandrin dans une autre lettre, nous allons sentir le bon air au Luxembourg, qui n'est pas loin [2]; à six heures, au travail; à huit ou neuf heures, nous déjeunons. Malheureusement, le pain n'a jamais été aussi cher qu'à présent.

---

1. Né à Lyon, le 26 mai 1809.
2. Il demeurait rue Mazarine.

Ensuite, nous travaillons jusqu'à six heures... Tu me disais de ne pas contracter de dettes; oh! de ce côté tu peux être tranquille; j'aimerais mieux faire les plus grands sacrifices. Sois bien persuadé de l'amour de tes enfants. Malgré leur éloignement de toi, ils ne feront rien que tu puisses désapprouver, et ils tâcheront de te soulager. »

Mais les faibles ressources apportées de Lyon avaient été vite épuisées; les dessins et les lithographies ne se vendaient plus à Paris. Il fallait vivre pourtant, payer le loyer de la mansarde, acquitter le prix de l'atelier. « Ah! s'écriait Ingres plus tard! et moi qui leur prenais leur argent! »

Quelquefois le pain manquait; alors les deux frères dînaient pour un sou de miel et un sou de pommes de terre, et Paul, un vase à la main, suivait les tonneaux d'eau filtrée qui circulaient dans les rues pour recueillir les gouttes qui s'en échappaient; si le conducteur grondait, il allait philosophiquement remplir son pot à la rivière. Le soir, dans la petite chambre où ils passèrent l'hiver de 1829 à 1830, un des plus rudes du siècle, n'ayant ni cheminée ni poêle, ils se couchaient dans leur lit unique dès que le jour tombait, car ils n'avaient même pas de chandelle pour s'éclairer. Mais, le jour, ils étaient heureux de travailler à l'atelier d'Ingres, qui animait tous ses élèves par son ardeur, les envoyant souvent au Louvre pour qu'ils pussent s'inspirer des tableaux des maîtres : « Adressez-vous à eux, disait Ingres; parlez-leur : ils vous répondront, car ils sont encore vivants, moi je ne suis que leur répétiteur[1]. »

Le 5 octobre 1829, les deux frères avaient été admis à l'Ecole des Beaux-Arts. En 1831, Hippolyte se présenta au concours

---

1. *Gazette des Beaux-Arts.* Août 1864.

pour le prix de Rome. Il fut refusé au concours de la figure peinte, malgré les plus énergiques protestations d'Ingres, qui fut indigné. Le jeune Flandrin alla le soir rendre visite à son maître, alors qu'il était à table. Ingres, quand il vit son élève, s'écria devant ses convives : « Voilà l'agneau qu'ils ont égorgé. » Et comme sa femme cherchait à le calmer : « Tu ne sais pas, dit-il, combien l'injustice est cruelle et amère pour le cœur d'un jeune homme. »

« Il m'a fait asseoir à sa table, raconte Hippolyte en parlant de sa visite à Ingres, dîner; enfin, il m'a embrassé comme un père embrasse son fils. Je suis sorti et j'étais consolé. »

L'année suivante, Hippolyte Flandrin entra en loge. Mais le choléra sévit, le malheureux élève tomba gravement malade. Il se raidissait contre le mal, et tous les matins, malgré la défense formelle du médecin, on le voyait se traînant jusqu'à l'école, soutenu par le bras de son frère. Sa volonté et son énergie furent vaines : vaincu par la maladie, il dut garder le lit pendant un mois. Tout autre eût renoncé à atteindre le but; Flandrin ne désespéra pas. Il reprit son travail, quoique les heures fussent comptées. « Malheureux, lui disait Ingres, vous n'aurez jamais fini ! »

Il finit pourtant, et son tableau, à l'exposition publique, attira l'attention de tous les visiteurs; les groupes se formaient autour de cette œuvre qui dénotait un grand peintre.

Quelques jours après, Flandrin, dans une lettre à son père, pouvait tracer ces mots d'une main tremblante : « Eh bien, je l'ai, ce prix ! » [1].

Tels furent les débuts du peintre incomparable qui décora de

---

1. *Notice biographique sur H. Flandrin*, par M. H. Delaborde, en tête du recueil de ses lettres.

chefs d'œuvre la chapelle de Saint-Jean l'Évangliste, à Saint-Séverin, celles du chœur et de la nef de Saint-Germain-des-Prés, la frise de Saint-Vincent-de-Paul, l'abside de l'église d'Aunay à Lyon, et le fond de l'église de Saint-Paul de Nîmes.

Camille Corot, le célèbre peintre paysagiste, est encore un enfant du travail; il naquit à Paris le 29 juillet 1796. Son père tenait un magasin de nouveautés à l'entrée de la rue du Bac; il voulait que son fils fût négociant comme lui, mais le fils avait de remarquables dispositions pour le dessin, et il ne se plaisait guère dans les différentes places de commis qu'il essaya successivement. Après huit ans d'efforts, il obtint de son père l'autorisation de se livrer à l'art qu'il aimait. « Mais la peinture, disait le père Corot, est un métier de paresseux. Je t'aurais donné cent mille francs pour t'acheter un fonds de commerce ; si tu veux être peintre, tu n'auras que dix mille francs. »

Camille Corot s'en contenta. Il fut longtemps pauvre, mais il ne se plaignit jamais, et se trouvait heureux. Quand plus tard des jeunes gens venaient lui demander des conseils, il leur recommandait la modestie des goûts et des besoins. « Avez-vous, leur disait-il, quinze cents francs de rente, c'est-à-dire ce qui assure la liberté ? Voyez si vous pouvez dîner avec un morceau de pain acheté chez le boulanger, après le soleil couché, comme cela m'est arrivé plus d'une fois. Le lendemain matin, je me regardais dans le miroir, et je me tâtais les joues; elles n'étaient pas autres que la veille; le régime n'est donc pas si malsain, et je vous le recommande au besoin. »

Les débuts de Corot furent difficiles, et celui qu'on a pu appeler le Virgile de la peinture dut travailler avec énergie avant de faire valoir son génie.

Corot a souvent raconté gaiement à ses amis l'anecdote suivante. C'était au Salon de 1851 (Corot avait alors cinquante et un ans); il y avait foule dans la salle où se trouvait son tableau, mais personne ne s'arrêtait pour le regarder. « Les hommes sont comme les mouches, se disait-il; dès qu'il en vient une sur un plat, les autres accourent tout de suite, ma présence appellera peut-être celle des passants. Bientôt en effet, un jeune couple s'approcha; le monsieur dit : « Ce n'est pas mal, il me semble qu'il y a quelque chose là. » Mais sa femme, qui avait l'air doux, le tirant par le bras, répondit : « C'est affreux, allons-nous-en. » Et moi — c'est Corot qui parle, — d'ajouter en moi-même : « Attrape ! tu as voulu connaître l'opinion du public : es-tu content ? »

Nous pourrions prolonger longtemps encore l'énumération des peintres qui sont arrivés à la célébrité, à la fortune, à la gloire, par le travail et la persévérance, indispensables auxiliaires du génie. Nous nous bornerons à citer encore le nom du célèbre peintre français Ary Scheffer [1], qui, dès son enfance, manifesta pour l'art un goût prononcé; à l'âge de douze ans, n'ayant plus que sa mère, femme d'un haut mérite et d'un noble caractère, il exposa à Amsterdam une toile qui obtint un grand succès. Il atteignit, en 1846, le plus haut sommet de son talent, en exposant le magnifique tableau représentant *Saint Augustin et sa mère Sainte Monique*. Depuis cette époque, comme s'il eût craint d'affronter de nouveau la critique après cette épreuve si favorable, il n'envoya plus rien au Salon; mais il ne cessa de travailler, et on peut dire que jamais existence n'a été mieux remplie que la sienne.

---

1. Né le 1) févri, r 1795.

MICHEL-ANGE

Laurent de Médicis admira l'œuvre de l'enfant... (Page 140.)

La sculpture présente, sans contredit, de plus grandes difficultés encore que la peinture; elle est, sinon le plus difficile, du moins le plus pénible de tous les arts. Là, il ne suffit plus d'imprimer une âme à une œuvre matérielle, il faut encore vaincre d'incroyables difficultés physiques, avoir la main forte et agile, prête à obéir à l'intelligence, dépenser une énergie dont on ne se doute guère, manier la glaise, réaliser la maquette, faire en un mot tout d'abord un « labeur de maçon ». Voilà pourquoi une seule statue peut suffire à immortaliser un sculpteur.

Il est impossible de parler de grands sculpteurs sans que le nom de Michel-Ange apparaisse. On sait que ce génie était en même temps peintre, architecte, ingénieur et poète. Il naquit au château de Caprese, en Toscane, le 6 mars 1475 et mourut à Rome, le 17 février 1564. Le jeune Michel-Ange fut mis à l'école chez un professeur nommé Francesco d'Urbin, et, dès cette époque, il employait une partie de son temps à s'exercer en cachette au dessin. Il crayonnait parfois des personnages sur les murs des maisons, et un éditeur de l'époque, Gori, raconte que l'on pouvait déjà reconnaître, dans les premiers essais de l'enfant, la main qui devait produire tant de chefs-d'œuvre.

Des modèles étaient fournis au jeune Michel-Ange par un ami, Francesco Granacci. Parmi ces modèles, était une bonne gravure de *la Tentation de Saint Antoine*. Michel-Ange eut la patience de la copier d'abord à la plume avec une exactitude étonnante, puis, la reproduisant sur une plus grande échelle, il la peignit sur bois avec des couleurs et des pinceaux que lui avait prêtés son ami. Cette composition contenait un grand nombre de monstres; aussi, pour les bien représenter, le jeune peintre allait-il au marché examiner les écailles, les nageoires et les yeux des poissons, afin de les rendre avec plus d'exactitude.

Le père de Michel-Ange, en présence de ces faits surprenants, permit à son fils de se livrer tout entier à la peinture, et l'artiste entra dans l'atelier des frères Ghirlandajo. Un jour, ces peintres donnèrent à copier une tête à leur nouvel élève. Celui-ci rendit la copie pour l'original; ses maîtres ne s'en aperçurent que par les sourires de Michel-Ange.

Laurent de Médicis, *le Magnifique*, avait réuni dans ses jardins, voisins de Saint-Marc, des morceaux d'antiquité, statues, bustes, bas-reliefs; il voulait former une espèce d'Académie dont il avait confié la direction au vieux Bartoldo, élève de Donatello. Peu de sculpteurs avaient répondu à son appel. Laurent s'adressa au Ghirlandajo, en le priant de choisir parmi ses élèves ceux qu'il croyait les plus capables. Michel-Ange fut désigné pour aller étudier dans les jardins de Saint-Marc.

Le premier ouvrage de sculpture de Michel-Ange, qui n'avait alors que quinze ans et demi, fut la copie en marbre d'après l'antique, d'un masque de vieux faune, dont il dut remplacer le nez et la bouche qui étaient cassés. Il recomposa entièrement la tête; il en tira un mascaron grotesque, entièrement d'idée. « Il lui ouvre la bouche, en fait voir la langue et les dents. Sur l'observation de Laurent, que les vieux ont rarement toutes leurs dents, il en casse deux, il imite dans la gencive jusqu'au vide qu'elles ont dû laisser [1]. »

Laurent de Médicis admira l'œuvre de l'enfant, auquel il donna, dès ce jour, un appartement dans son palais et un traitement de cinq ducats par mois.

Ainsi débuta, dans la vie du travail, cet homme prodigieux,

[1]. Quatremère de Quincy, *Histoire de la vie et des ouvrages de Michel-Ange.*

qui caractérise la puissance et l'énergie, ce génie immense à qui l'Art est redevable de sculptures telles que *le Jour* et *la Nuit, le Moïse,* et de peintures comme le *Jugement dernier.*

Michel-Ange aimait la solitude; on l'a parfois accusé de misanthropie : cela est faux.

Le génie a besoin de tranquillité autant que de constance et de vigueur. Comme l'a dit Vasari : « Michel-Ange n'était jamais moins seul que lorsqu'il était seul. »

Pierre Puget[1], comme Michel-Ange, fut doué de talents très précoces; comme le grand Florentin, il cultivait avec autant de succès la peinture, l'architecture et la sculpture; comme lui, il avait pour le travail et l'étude une ténacité exceptionnelle; comme lui enfin, il avait ces sentiments de noblesse de cœur et d'indépendance, qui font les grands caractères.

Pierre Puget aima son art par-dessus tout; on peut dire de lui qu'il n'eut pas de vie privée; l'amour du beau absorba toutes ses affections, toutes ses tendresses, tout son enthousiasme. *Nul bien sans peine* était sa devise. Il ne passa pas un seul jour de sa vie sans travailler. Voici ce qu'il écrivait à Louvois en 1683 : « Je suis dans ma soixantième année, mais j'ai des forces et de la vigueur, Dieu merci! pour servir encore longtemps. Je suis nourri aux grands ouvrages, je nage quand j'y travaille, et le marbre tremble devant moi, pour grosse que soit la pièce. »

L'année même de sa mort, Pierre Puget terminait le magnifique bas-relief de la *Peste de Milan* qui se voit à Marseille.

Parmi les sculpteurs de la Grande-Bretagne, Flaxman mérite d'attirer notre attention. Fils d'un pauvre marchand de statuettes de Londres, il s'amusa tout enfant à crayonner les Ajax et les Achille de plâtre qui ornaient la boutique de son père. Peu en-

---

1. Né à Marseille, le 31 octobre 1622.

couragé dans ses premiers essais, il ne perdit pas patience et continua à travailler sans relâche, tantôt dessinant, tantôt modelant des figures, gêné au milieu de ces études par la maladie et les infirmités, car il marchait avec des béquilles et vivait étendu sur des coussins derrière le comptoir du mouleur. Un pasteur nommé Mathew, frappé de ses dispositions, lui donna les principes d'une instruction élémentaire, et lui montra les beautés de Milton et d'Homère. Flaxman se passionna pour les héros de ces poètes, et obtint d'une lady une commande de six dessins dont les sujets seraient pris dans l'*Iliade*; le travail de Flaxman fut trouvé convenablement fait; il lui valut quelque argent et force félicitations.

Devenu, à quinze ans, élève de l'Académie royale, il gagna la médaille d'argent, et puisa dans cette récompense une ardeur et une force nouvelles. En même temps, il se rendait utile à sa famille, en aidant son père dans le moulage des statuettes, sacrifiant l'amour du beau à la satisfaction du devoir accompli. A ce moment de sa vie, le manufacturier Wedgwood lui donna à faire des dessins pour l'ornementation des faïences, et cela lui permit de se faire connaître.

En 1782, l'artiste, gagnant à peu près sa vie, épousa miss Anne Denneau, femme supérieure, douée d'instincts artistiques, prête à mettre la passion au service du devoir, à soutenir et à encourager le zèle de l'homme qu'elle avait accepté pour époux. Pendant cinq ans, tous deux vécurent aussi simplement que possible et firent assez d'économies pour aller à Rome. C'est une grande joie pour un artiste que de contempler les chefs-d'œuvre de l'Italie; à cette joie se joignit pour l'artiste celle d'être élu membre des Académies de Carrare et de Florence.

Flaxman fut dessinateur et sculpteur. A son retour, il

exécuta, dans le transept du nord de l'abbaye de Westminster, un monument à la mémoire de lord Mansfield, et il le réussit si bien, que le célèbre Banks s'écria : « Vraiment, ce petit homme nous dépasse tous ! » L'Académie l'admit dans son sein, et il fut nommé professeur de sculpture à l'Académie royale.

Flaxman eut le temps avant de mourir d'exécuter encore le *Bouclier d'Achille* et l'*Archange Michel terrassant Satan.*

L'auteur du *Départ*, du *Jeune Pêcheur*, du *Mercure*, de l'*Hébé*, et de tant d'autres chefs-d'œuvre, le sculpteur Rude, est un des artistes dont le talent fait le plus d'honneur à notre époque. Né à Dijon le 4 janvier 1784, il était le fils d'un forgeron, et dès l'enfance on lui mit à la main un marteau. Rude, à seize ans, était encore forgeron; avant d'être un grand sculpteur, il fut longtemps ouvrier et s'était fait peintre en bâtiment.

J.-B. Carpeaux, l'élève de Rude, était, comme Prud'hon, le fils d'un simple maçon, chargé d'enfants, aux prises avec une extrême pauvreté[1]. Après avoir traversé l'école d'architecture de Valenciennes, il vint à Paris, travailla avec ardeur, et réussit à entrer à l'École des Beaux-Arts. Dans l'intervalle des classes, il s'exerçait sans cesse à faire des esquisses, d'après un parent, un ami, le premier venu qui consentait à lui donner une heure de pose. Il s'efforçait aussi de modeler les yeux bandés : « C'est le seul moyen de comprendre la forme », disait-il. Et c'est ce qui justifie ce mot de David (d'Angers) : « Vous pouvez couper la tête à Carpeaux, ses mains continueront à modeler l'argile[2]. »

De quinze à vingt ans, la vie de Carpeaux fut une lutte sans trêve pour le pain de chaque jour; pour manger, il dut se faire porteur aux halles, se contentant comme aliment de toute la

---

1. Né à Valenciennes, le 14 mai 1827.
2. *Le Statuaire Carpeaux*, par Ernest Chesneau. Paris, 1880.

semaine, d'une marmitée de pommes de terre. Mais il travaillait malgré la misère ; il avait foi dans sa force et dans son avenir. En 1848, Carpeaux, prenant part à tous les concours de l'Ecole des Beaux-Arts, montait en loge le cinquième, — le troisième en 1849, — remportait une médaille en 1850, — en 1851, une deuxième médaille, — en 1852, une mention, puis le second grand prix en 1853. Carpeaux produisit alors le bas-relief la *Soumission d'Abd-el-Kader*, qui fit remarquer son talent. En 1855, continuant sans cesse, d'année en année, à concourir pour le prix de Rome, il l'obtint enfin. Avec son séjour à Rome, commencèrent les commandes officielles, la production des chefs-d'œuvre, et le triomphe.

Après les sculpteurs il nous tarde d'arriver à d'autres artistes : les musiciens.

Nous allons examiner d'abord la biographie de Mozart, de Bach, de Beethoven ; puis, nous choisirons en Italie et en France quelques artistes remarquables par leur talent et par les difficultés qu'ils eurent à vaincre pour arriver à la renommée.

Jean-Sébastien Bach naquit à Eisenach en 1685. Orphelin dès l'âge de dix ans, il reçut sa première éducation musicale de son frère aîné, organiste à Ordruff. Ses progrès furent si rapides que l'étude des maîtres les plus *difficiles* ne l'effraya pas et qu'il demanda à son frère un cahier contenant des morceaux de Froberger, de Kerel, de Buxtehude, etc. L'organiste haussa les épaules devant une pareille demande, mais Bach ne se découragea pas et se leva la nuit pour dérober le fameux cahier, dont il copia la musique au clair de lune : ce labeur incroyable l'occupa pendant six mois, au bout desquels le frère aîné, toujours impitoyable, découvrit le mystère et enleva au pauvre Jean le fruit de tant de veilles patientes.

Ici commence l'existence nomade de notre artiste. Avant d'arriver aux grands succès, il avait encore à se perfectionner dans son art et tel est le point de départ de l'odyssée que nous le voyons entreprendre. Obligé de se créer des ressources, il s'engage d'abord avec son camarade Erdmann, comme choriste à l'église de Saint-Michel à Lunebourg. En même temps, il suit les cours du gymnase de cette ville, ce qui ne l'empêche pas de compléter son éducation d'organiste par de fréquents voyages à Hambourg, ou le célèbre Reincke touchait l'orgue.

En 1703, âgé seulement de dix-huit ans, il est attaché à la musique de la cour de Weimar en qualité de violoniste; mais cet emploi se trouvait en contradiction avec les tendances de son talent; il ne tarda pas à l'abandonner pour accepter celui d'organiste à Arnstadt[1].

A l'abri du besoin, Bach compléta ses connaissances; étudiant les œuvres des grands organistes, il tâcha de saisir sous les notes la pensée intime de l'artiste. Le talent vint; avec lui la renommée et l'aisance; mais, au lieu de s'en tenir à des résultats si péniblement acquis, le musicien travaillait avec une ardeur de plus en plus grande et sa gloire grandissait sans cesse.

Mozart eut une enfance plus étonnante encore. A trois ans, il cherchait des tierces sur le clavecin de sa sœur aînée; à quatre ans, il composait lui-même de petits menuets. En 1762, son père, maître de chapelle, le conduisit à Munich et à Vienne; il fit, durant quelques mois, les délices de la cour et de la ville. De Vienne il vint à Paris, puis à Londres. « C'était un sujet d'étonnement sans pareil pour la cour de Saint-James, que de voir un

---

1. *Les Musiciens célèbres,* notice de M. Clément.

enfant de huit ans à peine exécuter sur l'orgue, à première vue, des morceaux de Bach, d'Abel et de Haendel. Le roi George III, témoin de ces merveilles, en marqua sa satisfaction par un don de vingt-quatre guinées. » Après trois ans d'absence, les voyageurs revinrent à Salzbourg, leur patrie, et le jeune virtuose s'adonna définitivement à la composition. Dans un voyage qu'il fit en Italie, il entendit le *Miserere* d'Allegri à la chapelle Sixtine et il trouva ce morceau si magnifique qu'il l'écrivit au fond de son chapeau pendant l'exécution. Enfin, à quatorze ans, il composa son *Mithridate*, qui eut vingt-deux représentations consécutives, chiffre extraordinaire à cette époque.

Malgré ses succès, il ne put trouver personne qui consentît à l'employer d'une façon régulière ; le prince archevêque de Salzbourg, l'électeur de Bavière, et bien d'autres, refusèrent ses services, bien qu'il eût produit quatre opéras, un oratorio, deux messes solennelles, deux cantates et un nombre considérable de pièces orchestrées, à l'âge où les autres compositeurs sont encore sur les bancs de l'école. Aussi, sa position devenait-elle de plus en plus précaire, et il dut venir à Paris (1778), où il donna quelques leçons pour vivre. Ce fut seulement en 1780 que l'opéra d'*Idoménée* valut à son auteur un commencement de réputation solide. L'archevêque de Salzbourg ne craignit pourtant pas de traiter un génie déjà universellement connu de la façon la plus dédaigneuse ; Mozart, devenu son organiste, mangeait à l'office, avec les domestiques.

L'illustre musicien avait, par bonheur, conscience de son génie, et il ne se laissait jamais abattre par les difficultés matérielles de l'existence ; en 1786, il arriva au point culminant de son talent. Les *Noces de Figaro* obtinrent le succès le plus éclatant qui eût jamais été obtenu au théâtre.

Mozart ne survécut pas longtemps à son triomphe; il mourut le 5 décembre 1791, à l'âge de trente-cinq ans. Mais, quoiqu'il fût le plus grand compositeur de son temps, il n'arriva jamais à une parfaite aisance. Ne semble-t-il pas vraiment que les soucis s'acharnent de préférence contre ceux qui auraient le plus besoin du calme et de la tranquillité d'esprit?

Les musiciens qui ont acquis la célébrité ont, pour la plupart, dû passer par d'aussi rudes épreuves. Beethoven[1], par exemple, eut tout enfant à supporter les brutalités d'un père adonné à l'ivrognerie, ce qui ne l'empêcha pas de composer trois quatuors à l'âge de quatorze ans. Il fut vite à l'abri de la misère et ses compositions le firent promptement vivre, mais il eut le malheur de devenir sourd au moment où son génie arrivait à son parfait épanouissement.

Mendelssohn, mort à Berlin en 1786, n'était pas seulement un artiste éminent; il était entré dans sa jeunesse comme employé chez un marchand, et, quoiqu'il jouît d'une certaine aisance, ses débuts furent très difficiles.

Paganini, de Gênes, était le fils d'un pauvre ouvrier du port, qui cultivait un peu la musique et la lui enseigna. Incapable d'apprécier les dispositions extraordinaires de son enfant, le père avait compris cependant qu'il existait en lui des facultés dont on pouvait tirer immédiatement parti, et Paganini n'eut pour ainsi dire pas d'enfance. A l'âge de cinq ans, il jouait de la mandoline; un peu plus tard on lui mit un violon entre les mains, et dès qu'il posséda un archet, il chercha, de lui-même, à obtenir des effets étranges. A sept ans il eut pour maître Costa, qui, au bout de deux ans, confessa son insuffisance à

---

1. Né à Bonn, en 1770.

diriger plus longtemps un élève de cette trempe, et l'adressa, à Parme, au professeur Rolla. Celui-ci, l'ayant entendu, refusa de s'en charger et déclara que Paër, seul, était capable de continuer son instruction musicale. Paër consentit à l'entreprendre, mais non pas seul, et s'adjoignit le contrepointiste Ghiretti [1].

Le père du jeune virtuose, trouvant son fils assez savant, donna des concerts dans toute l'Italie et s'empara régulièrement de la recette pour aller jouer. Paganini se lassa de cette exploitation. Il quitta son père, voyagea seul et arriva à Vienne, où son talent fut définitivement apprécié. Bientôt, cet homme, parti de rien, dénué de fortune, privé des consolations de sa famille, abandonné à lui-même, devait composer des variations fantastiques tellement difficiles, que la plupart des violonistes essayent en vain de les imiter.

Dès l'âge de dix ans, Rossini [2], fils de pauvres musiciens nomades, faisait presque vivre sa famille du produit de son travail.

Sa première jeunesse dut être pénible; la musique dans les églises et le chant furent d'abord ses moyens de travail; il se forma sans maître, mettant en partition les symphonies de Haydn et de Mozart, pour lesquels il avait une véritable prédilection. Rossini ne tarda pas à composer lui-même, et sa réputation grandit de jour en jour, jusqu'au moment où elle devint universelle avec la création du *Barbier de Séville*.

Rossini avait une puissance de travail et une fécondité extraordinaires; il a composé la plupart de ses ouvrages avec une

---

1. L. Collin, *Histoire de la Musique et des Musiciens.*
2. Né à Pesaro (Etats du Pape), en 1792.

rapidité merveilleuse. « En Italie, dit le grand compositeur, au commencement de ma carrière, je travaillais très vite. Il le fallait bien, puisqu'on me payait peu et que j'avais mes parents à nourrir. Mes premiers opéras ne me rapportèrent que cinquante francs chacun. *Tancrède* me fut payé quatre cents francs et encore en fallut-il longtemps débattre le prix. On ne me donnait en moyenne qu'un mois pour faire une partition, et il me fallait paraître à jour fixe. J'ai mis douze jours à écrire *le Barbier de Séville*. Les pensées me venaient du premier jet comme d'inspiration : j'en étais moi-même étonné. »

Falieri, Cherubini, Paër, Spontini, Carafa, Donizetti, Bellini, sont autant d'artistes qui rappellent au biographe la lutte du talent contre les obstacles de toute sorte. Mais prenons, dans la liste des maîtres français, quelques noms particulièrement glorieux et dignes d'être mentionnés ici.

Jean-François Le Sueur [1], fils d'un cultivateur des environs d'Abbeville, d'abord simple organiste de province, acquit par son travail une réelle habileté en matière de composition : on le surprit, une nuit, étendu sur le carreau de sa chambre, occupé à écrire son opéra de *la Caverne*.

Napoléon Ier protégea toujours Le Sueur, pour lequel il avait une grande estime. La première représentation du grand opéra des *Bardes* eut lieu le 10 juillet 1804. Napoléon, qui venait d'être proclamé empereur, y assista avec l'impératrice Joséphine. A la fin du troisième acte, il fit appeler Le Sueur : « Venez jouir de notre triomphe », lui dit-il ; il le fit asseoir entre l'Impératrice et lui, tandis que la salle éclatait en applaudissements.

Un jour, l'Empereur, ayant entendu l'oratorio de *Debora*,

1. Né près d'Abbeville, en 1760.

demanda à Le Sueur combien il avait composé de messes et d'oratorios : « Sire, vingt-deux », répondit le compositeur.

— Vous devez avoir barbouillé bien du papier, reprit Napoléon. C'est une dépense et je veux qu'elle soit à ma charge. Monsieur Le Sueur, je vous accorde une pension de 2400 francs pour le papier que vous avez si bien employé : c'est pour le papier, entendez-vous, car pour un artiste de votre mérite, le mot de rétribution ne saurait être prononcé. »

En 1814, après la Restauration, Le Sueur fut nommé surintendant de la musique du Roi ; tout en consacrant la plus grande partie de son temps aux devoirs de sa place, il continua toujours d'écrire, de travailler et de maintenir son talent à la hauteur de sa réputation. Membre de l'Institut en 1815, Le Sueur fut comblé d'honneurs et de distinctions. Son caractère était d'une candeur et d'une bonté parfaites. Il a été le maître de Berlioz, de Gounod et d'Ambroise Thomas.

Méhul, né le 24 juin 1763 à Givet, était le fils d'un simple cuisinier; destiné par son père à être ouvrier, il ne put satisfaire son amour pour la musique que grâce à l'obligeance d'un organiste, aussi peu capable que bien intentionné. Ce brave homme mit tout en œuvre pour procurer à son élève les moyens de se perfectionner, et il n'eut point à s'en repentir, si l'on songe que Méhul est l'auteur de *Joseph*.

François-Adrien Boïeldieu, si populaire en France, fut de bonne heure naturellement porté vers la carrière artistique. Avec cette confiance qu'inspire la jeunesse, il s'en vint à Paris sans autre ressource qu'une faible somme d'argent, fruit d'un premier succès obtenu dans sa ville natale, et se trouva bientôt aux prises avec les plus grandes difficultés. Assez heureux du moins pour entrer en relations avec des maîtres tels que Méhul et Chérubini, et pour rencontrer un interprète tel que Garat, c'est sous leurs auspices qu'il parvint à faire connaître ses premiers essais. Ses jolies romances furent suivies de plusieurs opéras, dont le *Calife de Bagdad* et la *Dame blanche* sont restés au répertoire de l'Opéra-Comique. L'habitude du travail lui permit de composer avec une telle rapidité, que l'ouverture de la *Dame blanche* fut orchestrée en une seule nuit.

On rend enfin aujourd'hui un juste hommage à la mémoire de Berlioz. Le célèbre auteur de la *Damnation de Faust*, ce drame musical si véritablement admirable, eut à lutter en premier lieu contre la volonté de son père, qui tenait à en faire un médecin, et qui lui supprima sa pension en apprenant qu'il suivait les cours du Conservatoire au lieu de ceux de la Faculté.

Berlioz dut s'engager comme clarinette au théâtre des Nouveautés; c'est là qu'il commença à poser les bases du genre imitatif et descriptif en musique. Une messe à quatre voix, exécutée à Saint-Roch, fut peu goûtée, parce qu'on n'en comprit pas l'esprit et que les idées du jeune compositeur sur l'Harmonie semblaient trop neuves et trop révolutionnaires. Cela ne l'empêcha pas de remporter, au Conservatoire, le second prix de composition musicale en 1828 et le grand prix en 1830. A son retour de Rome, il fut soutenu par les romantiques et exposa ses principes artistiques dans le *Journal des Débats*. La *Damnation de Faust* fut d'abord froidement accueillie.

Berlioz se contenta de l'approbation des maîtres et attendit avec sérénité l'heure de la justice.

Malheureusement la mort du grand artiste, survenue en 1869, ne lui permit pas de goûter cette joie saine et pure de l'homme de génie, lorsqu'il voit les fruits de son travail appréciés, aimés et applaudis.

*Jasmin.* — Il allait souvent lire ses vers... (Page 162.)

## CHAPITRE SIXIÈME

### LITTÉRATEURS, POÈTES, PHILOSOPHES

> Vingt fois sur le métier, remettez votre ouvrage,
> Polissez-le sans cesse et le repolissez.
> BOILEAU.

On a souvent dit qu'il n'y avait pas de bons ouvriers sans bons outils. Cela est vrai pour le travail matériel, mais les travailleurs de la pensée, les ouvriers de l'intelligence, savent parfois produire leur œuvre sans avoir même les plus élémentaires ressources de la vie matérielle.

Sophocle était le fils d'un forgeron; et Térence, enlevé tout jeune par des pirates, fut, au début de sa carrière, réduit en esclavage; Plaute était obligé de tourner une roue dans un moulin, et c'est pendant ce travail de manœuvre qu'il composait ses comédies! Les exemples abondent dans l'antiquité comme de

PRUD'HON

A quatorze ans il inventa la peinture à l'huile... (Page 129.)

nos jours, d'une inébranlable volonté mise au service du génie des littérateurs.

Comme l'a dit Fénelon : « Nous n'avons rien à nous que notre volonté, tout le reste n'est point à nous. La maladie enlève la santé et la vie, les richesses nous sont arrachées par la violence; les talents de l'esprit dépendent de la disposition du corps. L'unique chose qui est véritablement à nous, c'est notre volonté. »

Corneille avait cette volonté qui fait les grands hommes.

L'auteur du *Cid* naquit à Rouen, le 8 juin 1606[1]. En sortant du collège il fit son droit et prêta serment en qualité d'avocat au Parlement de Rouen, en 1623; mais il ne tarda pas à négliger le barreau pour la poésie et fit représenter, en 1629, une comédie, *Mélite*, qui eut un plein succès. Trois autres pièces suivirent la première. Richelieu, qui cherchait des collaborateurs, l'admit au nombre de ses « cinq poètes », et Corneille demeura au service du cardinal jusqu'au jour où le ministre, qui se croyait aussi bon écrivain que fin politique, se trouva mécontent de voir le poète se permettre de faire des changements dans le troisième acte des *Thuileries*. Corneille s'éloigna : à la susceptibilité du cardinal, il opposa le *Cid*, puis *Horace*, puis *Cinna*, puis *Polyeucte;* Richelieu dévora silencieusement son dépit, et Corneille continua d'écrire des chefs-d'œuvre.

Malheureusement, la position du poète était des plus précaires; la libéralité semblait exilée de la Cour, la munificence des grands n'était qu'un vain mot, et ses pièces ne lui donnaient, malgré leur perfection, qu'un très faible produit. En outre, Corneille, qui, de *Mélite* à *Polyeucte*, avait pour ainsi dire gravi jusqu'au sommet tous les degrés de la gloire littéraire, commença

---

1. Taschereau, *Histoire de la vie et des ouvrages de Corneille*. — Guizot, *Corneille et son temps*.

à subir des échecs : la chute de *Pertharite* lui fit former le projet d'abandonner le théâtre. Bientôt des obligations hypothécaires grevèrent ses biens immeubles, ses dettes absorbèrent en grande partie la succession de son beau-père; jusqu'en 1670, il mena une vie difficile; mais alors ce fut bien pis, il tomba dans le plus profond dénûment. « J'ai vu hier M. Corneille, écrivait en 1679 un habitant de Rouen — nous sommes sortis ensemble après le dîner, et, en passant par la rue de la Parcheminerie, il est entré dans une boutique pour faire raccommoder sa chaussure, qui était décousue. Il s'est assis sur une planche, et moi auprès de lui; et lorsque l'ouvrier eut refait, il lui a donné trois pièces qu'il avait dans sa poche. Lorsque nous fûmes rentrés, je lui ai offert ma bourse, mais il n'a point voulu la recevoir ni la partager. J'ai pleuré qu'un si grand génie fût réduit à cet excès de misère. »

Corneille sut rester au-dessus des infortunes, il vivait presque toujours devant son bureau, travaillant pour la gloire. Il était simple dans ses mœurs et ses habitudes; celui qui fit si bien parler ses héros sur la scène, ne savait pas briller dans la conversation. Corneille a écrit :

> J'ai la plume féconde et la bouche stérile,
> Bon galant au théâtre, et fort mauvais en ville.

L'auteur du *Cid* ne se montrait guère dans les salons. On a pu dire de lui qu'il travaillait à ses œuvres et non pas à ses succès. Il avait pour l'étude une véritable passion. Après avoir produit ses chefs-d'œuvre, il voulut traduire l'*Imitation* en vers français; il poursuivit, comme il le déclare lui-même, avec *beaucoup de temps et beaucoup de peine*, une entreprise qu'il trouvait difficile et qu'il ne put terminer qu'en 1656. Cet ouvrage eut trente-deux éditions, et, quoiqu'il soit oublié aujourd'hui, il représente un effort de travail inouï. Nous avons rappelé cette œuvre pour montrer quelle était la puissance de production de Corneille ; il venait auparavant d'écrire *Nicomède*, qui était sa vingt et unième pièce. Il avait déjà fait réciter au théâtre, comme il le dit lui-même, quarante mille vers. On doit admirer cette force de génie et de volonté qui le poussait toujours vers des voies nouvelles.

Le 1ᵉʳ octobre 1684, celui que l'on a appelé à juste titre le grand Corneille s'éteignit au milieu de sa famille. Sa mort fit peu de bruit, car on lit dans le journal de Dangeau : « Jeudi 5, on apprit à Chambord la mort du *bonhomme* Corneille. »

Mais le bonhomme Corneille, dans la simplicité de sa grande âme, avait conscience de son génie. C'est lui qui a su dire fièrement :

> Je ne dois qu'à moi seul toute ma renommée...
> Le prix que nous valons, qui le sait mieux que nous ?

« Recueilli, il fut profond. Vertueux, il fut grand. Aux fureurs de l'envie il opposa le calme, le silence aux injures ; il compta sur le temps pour réparer l'injustice, et il triompha de ses ennemis par le travail. »

Molière (Jean-Baptiste Poquelin), né le 15 janvier 1622 dans la rue Saint-Honoré, à Paris, de Jean Poquelin, tapissier, et de Marie Cresse, Molière est un des plus grands génies de la langue française. Il était d'une infatigable activité d'esprit, et, quoiqu'il ait eu le travail facile, il n'en a pas moins énormément travaillé, comme on peut s'en convaincre en songeant à tout ce qu'il a écrit. En moins de quinze ans, de 1658 à 1673, Molière, au milieu de ses nombreuses occupations de tapissier, valet de chambre du roi, d'acteur et de directeur de troupe, a trouvé le temps de faire tous les chefs-d'œuvre qui ont immortalisé son nom et qui ont incarné en lui la comédie même, comme La Fontaine a fait de la fable.

Après Corneille et Molière, nous devons parler de Shakespeare. L'illustre Anglais reçut à l'école de Stratford-sur-Avon une instruction moyenne; mais, une gêne passagère ayant affligé sa famille, il ne put terminer complètement ses études et se vit dans l'obligation d'aider, dans l'exercice de sa profession, son père qui était boucher. Sans s'arrêter aux légendes qui ont pris naissance sur sa jeunesse, on peut conjecturer avec vraisemblance qu'il n'appartenait pas à une famille riche et qu'il dut de bonne heure se créer des moyens d'existence. A l'âge de vingt-deux ans, il était déjà marié; il vint à Londres poussé par une irrésistible vocation pour le théâtre et se fit acteur; mais, alors, il ne se contenta plus de monter sur les planches, il voulut y faire monter les autres et donna ses premières productions au théâtre de Blakfriars. Cette période fut la plus pénible de sa vie : chargé de famille, fouetté par la nécessité, il travailla sans désemparer pendant plusieurs années, désireux de s'attirer les sympathies du public anglais, très passionné à cette époque pour les représentations théâtrales. La fortune ne fut pas aveugle : les schellings affluèrent vite dans la bourse de l'acteur-poète, et, le bien-être aidant, Shakespeare, n'ayant plus le souci du lendemain, se donna tout entier à son art. On sait à quels résultats étonnants il eut la gloire de parvenir par un travail soutenu, par une activité incessante, par des études universelles. Aucun homme peut-être n'est mieux entré dans l'âme des personnages qu'il met en scène, et beaucoup de critiques ont soutenu qu'il avait dû être successivement maquignon, soldat, marin, etc., tant les termes d'hippologie lui sont connus, tant le métier militaire lui semble familier, tant le vocabulaire nautique est à sa portée.

Nous venons de voir, par Corneille, par Molière et par Shakespeare, que l'art dramatique est le fruit d'un labeur acharné; les œuvres de poésie n'échappent pas non plus à la loi du travail. La vie des poètes va nous le montrer.

Au XVI<sup>e</sup> siècle, Ronsard et Antoine de Baïf formèrent, avec le professeur Dorat, une association de poètes devenue célèbre sous le nom de *pléiade* française. « Ronsard, dit Claude Binet, ayant été nourri jeune à la Cour, accoutumé à veiller tard, continuait l'étude jusques à deux ou trois heures après minuit, et se couchant, réveillait Baït qui se levait, prenait la chandelle, et ne laissait refroidir la place. En cette contention d'humeur, il demeura sept ans avec Dorat, continuant toujours l'étude des lettres grecques et latines, de la philosophie et autres bonnes sciences. Il s'adonna dès lors souvent à faire quelques petits poèmes, premiers essais d'un si brave ouvrier. » A Ronsard, à Baïf, à Dorat vinrent se joindre bientôt de nouveaux adeptes, et ainsi se forma ce noyau de littérateurs dont les œuvres régnèrent sur l'opinion publique jusqu'à la venue de Malherbe.

François Malherbe naquit à Caen, en 1555. Fils aîné de neuf enfants, il avait pour père un conseiller au présidial. Ses premières odes datent du règne de Henri III ; l'âme du poète parait avoir été profondément attristée par le spectacle des guerres civiles. Il s'adresse au lecteur, et nous montre dans une préface quel était son mode d'existence ; il dit « que la solitude lui plaisait bien, et que, fuyant les compagnies, il aimait mieux vivre en son particulier, pauvre et en paix, qu'avec les autres, riche et sans repos, et toujours en doute sur sa conscience ».

Malherbe, qui a restitué à la langue française ses propriétés essentielles, a composé des modèles de poésie dont les vers sont ciselés avec art. Il avait au plus haut point le sentiment de l'harmonie, une connaissance approfondie de notre langue, un goût délicat et sûr, une intelligence ferme ; mais, s'il tenait ces qualités de la nature, il a su les fortifier par le travail.

Que d'efforts Milton, le grand poète aveugle, n'a-t-il pas dû faire aussi pour produire son œuvre ?

Le célèbre auteur du *Paradis perdu* naquit à Londres, le 9 décembre 1608, et c'est dès l'âge de douze ans que sa vue s'affaiblit à force de veilles prolongées dont il abusait déjà par son ardeur au travail. Dans un âge avancé, il devint tout à fait aveugle et infirme, mais il trouvait des consolations sans cesse renouvelées dans le travail.

Milton se levait à quatre heures du matin en été, à cinq en hiver. Il étudiait jusqu'à midi, dînait frugalement, se promenait avec un guide, chantant le soir en s'accompagnant de quelque instrument ; il savait l'harmonie et avait la voix belle. Il s'était longtemps livré à l'exercice des armes. Il se couchait à neuf heures et composait la nuit dans son lit. Quand il avait fait quelques vers, il sonnait et les dictait à sa femme ou à ses filles. Les jours de soleil, il se tenait assis sur un banc devant sa porte. Il avait été très beau dans sa jeunesse, et l'était encore dans sa vieillesse. Ses cheveux étaient admirables, ses yeux d'une pureté extraordinaire ; on n'y voyait aucune tache, et il eût été impossible de le croire aveugle.

Gœthe, le plus grand poète de l'Allemagne, ne connut ni les difficultés de la vie, ni les angoisses qui ont été pour tant de poètes une initiation douloureuse et profonde, mais il n'en fut pas moins un grand travailleur. Il naquit à Francfort-sur-le-

Mein, le 28 août 1749, et reçut une éducation solide au sein du foyer domestique. Son père était un homme exact et rigide, sa mère une femme d'imagination vive : « J'ai de mon père, a dit Gœthe, la stature, la gravité, l'esprit de conduite, ma mère m'a donné la sérénité de son âme et le goût des inventions poétiques. »

Dans son enfance, le futur auteur de *Faust* et de *Wilhelm Meister* ne paraît avoir ressenti que des émotions intellectuelles. Plus que personne, peut-être, il a vécu par l'esprit ; les jeux du premier âge, les passions de la jeunesse, ne devaient être pour lui qu'une série d'expériences destinées à enrichir sa pensée. Voir, réfléchir, observer et combiner ses observations, connaître la nature et les hommes, s'assimiler toutes choses, telles sont les heureuses dispositions qu'il annonce.

Gœthe étudia successivement dans sa jeunesse à Francfort, à Leipzig, à Strasbourg. C'est dans cette dernière ville qu'il s'occupa, avec le plus de passion, d'études de toutes sortes, scientifiques et mystiques même, lisant Van Helmont et Paracelse, commentant les mystagogues de l'antiquité, anxieux de chercher et de découvrir partout la vérité. C'est dans l'Alsace, dont Gœthe parle toujours comme d'un paradis poétique, que le grand poète puisa ses inspirations ; c'est là que se forma dans son cerveau le fonds où sa pensée puisa sans cesse.

Après avoir écrit *Gœtz de Berlichingen, Werther, Faust, Iphigénie, Wilhelm Meister* et d'autres impérissables chefs-d'œuvre, le grand poète se passionna de plus en plus pour l'étude ; après la mort de Schiller, qui fut un coup terrible pour lui, de 1805 jusqu'en 1832, Gœthe devint un pontife de la littérature et de la science. La méditation, la critique, le besoin de tout connaître et de tout comprendre, sont le signe distinctif de son génie.

Gœthe, comme Faust, a pu s'écrier : « Philosophie, jurisprudence, médecine, théologie aussi, j'ai tout approfondi avec une laborieuse ardeur [1] ».

Après avoir considéré l'un des plus grands génies du monde, revenons à des talents, qui, pour être moins rares, n'en fourniront pas moins d'intéressants sujets d'observation.

En 1798, un poète du peuple, qu'on a surnommé, avec Mistral, le *Dernier troubadour*, naquit dans une des plus pauvres familles d'Agen. Il s'appelait Jacques Jasmin, et son enfance fut des plus malheureuses. Un jour, on vint chercher son grand-père dans un fauteuil pour le conduire à l'hospice. Le petit Jacques, qui n'en savait rien, s'écria : « Où vas-tu, grand-père ? — Mon fils, répondit le vieillard, je vais à l'hôpital ; c'est là que les Jasmin meurent. »

On l'envoya à l'école, et il s'appliqua si bien à ses leçons et à ses devoirs qu'il remporta des prix à la fin de l'année ; puis, vint l'âge du travail. Jasmin fut placé chez un coiffeur, et là, tout en apprenant sa profession, il faisait de nombreuses lectures et composait des chansons. L'une de ces dernières se répandit dans tout le Midi ; il allait souvent lire ses vers chez des habitants de la ville, ce qui ne l'empêcha pas de continuer son métier de coiffeur : l'orgueil n'était pas son partage ; il cultivait son talent sans mépriser son gagne-pain.

Dès qu'il avait composé quelques poésies, il s'empressait de les faire connaître à ses amis, auxquels il découvrait les procédés ordinaires de son art. Et bientôt ses compositions sont si goûtées qu'elles attirent dans sa boutique « un petit ruisseau argenté ». Quelqu'un lui conseille de venir à Paris, l'assurant qu'il verrait bientôt tomber chez lui des *avalanches d'écus*. « L'argent,

---

1. Saint-René Taillandier, Gœthe, *Biographie universelle*.

répondit-il, est-ce quelque chose, cela, pour l'homme qui sent pétiller dans son cœur l'étincelle de poésie ? » C'est qu'il se trouvait bien dans cette vieille maison, où on l'avait bercé dans son enfance ; c'est qu'il était heureux et que pour lui il trouvait bon de suivre le proverbe : « *Contentement passe richesse.* » Né à Agen, il mourut à Agen et n'eut pas besoin du souffle de Paris pour produire de belles œuvres ; la charité, la famille, le travail, tant matériel qu'intellectuel, occupèrent entièrement sa vie.

Le poète-chansonnier Béranger, qui enrichit si considérablement notre littérature, naquit en 1780, dans la boutique d'un tailleur très pauvre et très peu instruit. Ses parents ne pouvant, vu leur situation précaire, élever eux-mêmes leur enfant, le confièrent aux soins d'une tante qui tenait auberge à Péronne. Bien que cette bonne femme fût d'une ignorance absolue, elle possédait quelques volumes dépareillés de Racine et de Voltaire, que Pierre-Jean Béranger, qui faisait fonction de garçon d'auberge, dévora de grand appétit. Il prit un goût prononcé pour la poésie, et, dans le but de s'instruire, il se plaça comme apprenti chez un imprimeur de Péronne, M. Laisney, qui eut le bon esprit d'encourager les essais poétiques de son ouvrier : il lui donna des leçons de versification, examina et corrigea ses vers, et lui conseilla de suivre des cours dans une école primaire. C'est là que le chansonnier put acquérir les notions et les connaissances générales dont il sut tirer un si beau parti.

Après les grands succès que ses chansons lui avaient acquis lorsque ses amis furent au pouvoir, loin de profiter des avantages qui s'offraient à lui, il continua de vivre dans la retraite, préférant à l'éclat des honneurs le plaisir de composer des chansons.

> Non, mes amis, non, je ne veux rien être :
> Semez ailleurs places, titres et croix ;
> Non, pour les cours, Dieu ne m'a point fait naître
> Oiseau craintif, je fuis la glu des rois.

Et plus tard, dans une circonstance analogue, il répondit : « Moi, dit-il, ministre de l'Instruction ! ce serait une belle occasion pour faire la mienne. Malheureusement, à mon âge, on n'apprend plus rien. »

En 1848, il fut nommé représentant du peuple par le département de la Seine ; par modestie, il envoya sa démission dès le 8 mai, et la réitéra le 14, malgré les vœux de l'Assemblée nationale. Effrayé des honneurs, il fuit avec soin toute occasion de succès ; il s'enferme dans une petite maison et n'y reçoit que ses plus vieux amis. Se croyant oublié de la popularité bruyante, il rentre à Paris et il y meurt dans la rue qui porte aujourd'hui son nom.

Si nous abandonnons les poètes pour nous occuper des philosophes, nous ne manquerons pas d'exemples et de grands modèles.

Michel Montaigne [1], l'auteur des *Essais*, l'un des plus beaux livres dont puissent s'honorer la pensée humaine et le génie de notre langue, remplaçait par la volonté les mauvaises dispositions qu'il avait pour le travail. « D'adresse et de disposition, dit Montaigne, je n'en ay point... Les mains, je les ay si gourdes que je ne sçay pas seulement escrire pour moy : de façon que ce que j'ay barbouillé, j'aime mieux le refaire que de me donner la peine de le desmêler, et ne lis guère mieux. Je ne sçais pas clorre à droict une lettre, ni ne sçeus jamais tailler une plume. »

[1] Né en Périgord, le 28 février 1533.

Mais Montaigne étudiait toujours, et lisait constamment. « Je ne voyage sans livre, ni en paix, ni en guerre. Chez moi, je me destourne souvent à ma librairie, d'où tout d'une main, je commande à mon mesnage. Là je feuillette à cette heure un livre, à cette heure un autre, sans ordre et sans dessein, à pièces décousues. Ma librairie est au troisième étage d'une tour ; le premier est ma chapelle, au second, une chambre et sa suite, où je me couche souvent pour être seul. »

Mais la vie laborieuse de Montaigne est presque insignifiante comparée à celle de Spinoza. Il est impossible d'être plus studieux, plus désintéressé, plus sobre que ne le fut ce grand philosophe.

Baruch Spinoza naquit à Amsterdam, le 24 novembre 1632, d'une famille de juifs portugais, qui lui fit donner une bonne éducation. Après avoir étudié le latin, la théologie et la physique, il se prit de passion pour la méthode de Descartes, ne voulut croire à rien sans l'avoir préalablement vérifié, et fut excommunié solennellement par les rabbins. Alors, il résolut de consacrer sa vie à la méditation ; mais avant d'embrasser une vie tranquille et retirée, il voulut apprendre un métier qui lui permit de vivre, et il choisit l'art de faire des verres pour des lunettes et autres usages ; il y réussit si parfaitement qu'on s'adressa bientôt à lui de tous côtés pour en acheter. En même temps, il s'apprit à dessiner.

Il se trouvait, en 1664, à la Haye, où il avait loué une petite chambre chez un honnête bourgeois. La vie qu'il mena dès lors mérite d'être exposée avec détail, et voici les termes dans lesquels nous la trouvons racontée dans le livre de Jean Colerus, principal biographe de Spinoza :

« D'abord, il ne fut visité que d'un petit nombre d'amis qui en usaient modérément; mais cet aimable lieu n'étant jamais sans voyageurs qui cherchent à voir ce qui mérite d'être vu, les plus intelligents d'entre eux, de quelque qualité qu'ils fussent, auraient cru perdre leur voyage s'ils ne lui avaient rendu visite. Et, comme les effets répondaient à la renommée, il n'y a point eu de savant qui ne lui ait écrit pour être éclairci de ses doutes, témoin ce grand nombre de lettres qui font partie du livre qu'on a imprimé après sa mort. Mais tant de visites qu'il recevait, tant de réponses qu'il avait à faire aux savants qui lui écrivaient de toutes parts, et ses ouvrages n'occupaient pas suffisamment son esprit. Il employait tous les jours quelques heures de son temps à préparer des verres pour des microscopes et des télescopes, en quoi il excellait, de sorte que, si la mort ne l'eût prévenu, il est à croire qu'il eût découvert les plus beaux secrets de l'optique. Il était si attaché à l'étude, que, bien qu'il eût une santé fort languissante et qui avait besoin de relâche, il en prenait néanmoins si peu, qu'il a été trois mois entiers sans sortir de sa maison [1] ».

Il était en même temps sobre et économe au plus haut degré. Dans les petits comptes qu'on a retrouvés, après sa mort, au milieu de notes et de papiers, on peut lire qu'il a vécu un jour entier « d'une soupe au lait accommodée avec du beurre, ce qui lui revenait à trois sols, et d'un pot de bière d'un sol et demi; un autre jour, il n'a mangé que du gruau apprêté avec des raisins et du beurre, et ce plat lui avait coûté quatre sols et demi. Dans ces mêmes comptes, il n'est fait mention que de deux demi-pintes de vin tout au plus par mois. »

Spinoza était fort affable et d'un commerce aisé; il se plaisait

---

1. *La Vie de Spinoza*, par Jean Colerus. Bruxelles, 1731.

à consoler les affligés et les malades; jamais un mauvais conseil ne sortit de sa bouche. Il passait la plus grande partie de son temps dans sa chambre, s'amusant par moments à fumer une pipe de tabac ou à examiner des insectes au microscope. Il était si désintéressé qu'il ne voulut jamais accepter les offres d'argent que lui faisaient ses nombreux amis. Son idéal était de gagner juste assez d'argent pour pouvoir conserver son entière indépendance; aussi refusa-t-il la chaire de philosophie à l'Université d'Heidelberg, pour n'enchaîner en rien sa liberté de conscience. Son traité *théologico-politique* ayant soulevé des critiques passionnées, il ne voulut publier rien dans la suite, et son œuvre capitale, l'*Ethique*, ne parut qu'après sa mort. Un dimanche, en 1677, son hôte, revenant de l'église, le trouva sans vie dans sa chambre. — Une telle fin semble le couronnement naturel d'une telle existence.

Jean-Jacques Rousseau se fit remarquer de bonne heure par son amour de l'étude : dès qu'il sut lire, il dévora tous les ouvrages qui lui tombaient sous la main. A dix-neuf ans, se trouvant dans la misère la plus profonde, il commença à donner des preuves de son activité. Bien que ne sachant pas la musique, il arrive à Lausanne, prend enseigne de musicien et de compositeur, et fait exécuter en public une cantate dont les notes discordantes eurent le pouvoir de faire prendre la fuite à tous les auditeurs. Il ne se décourage pas, se rend à Neufchâtel, puis à Chambéry, exerçant toujours la profession de maître de musique. Dès qu'il avait un instant de liberté, il s'enfermait dans sa chambre, étudiait sérieusement, et c'est ainsi qu'il parvint à apprendre l'art qu'il enseignait. Pour se livrer tout entier aux études abstraites il s'efforça de trouver des moyens d'existence : aussi le voyons-nous être successivement précepteur, secrétaire, copiste de musique. Tout lui est bon, rien ne le rebute; c'est en exerçant les métiers les plus divers, qu'il écrivit à ses moments perdus les ouvrages qui ont fait sa renommée.

J.-J. Rousseau, modèle d'énergie et de persévérance, ne fut malheureusement pas un modèle de vertu. Les hontes de sa vie privée ont à jamais terni sa gloire. Tout autres furent Diderot et d'Alembert, qui ne sont pas seulement de grands travailleurs, mais aussi de grandes figures et de beaux caractères.

Denis Diderot vint au monde à Langres, en octobre 1713; son père, qui exerçait dans cette petite ville la profession de coutelier, avait un caractère ferme, une probité à toute épreuve; il jouissait de l'estime et du respect de ses concitoyens.

Diderot fut d'abord élevé par les jésuites de Langres, qui avaient alors la réputation de former de meilleurs élèves que ne le faisait l'Université, et qui dans le même moment comptaient Voltaire parmi leurs élèves. Un peu plus tard, son père l'envoya à Paris, au collège d'Harcourt; l'enfant se montrait déjà prodigue de ses forces et de son travail; il faisait les devoirs de ses camarades plus faibles que lui et leur laissait l'honneur des succès qu'ils obtenaient. Son temps, ses idées, son ardeur étaient au service de tous.

Au sortir du collège, Diderot entra chez un procureur, étudia le droit, apprit l'anglais, l'italien, et se perfectionna dans les mathématiques; mais il refusait de se choisir une profession. Il fut conduit par la persistance de ses hésitations à se fâcher avec son père qui lui supprima sa modeste pension.

Diderot vécut dans un grenier, ayant la misère et l'étude pour compagnes. La misère ne l'effrayait pas, l'étude le rendait heureux; il écrivait et il tirait quelque profit de ses écrits. Un jour, il composa pour un missionnaire six sermons

VOLTAIRE

Aux applaudissements d'une foule immense, il se rendit au Théâtre-Français... (P. 175.)

sur commande, à cent cinquante francs la pièce! Il racontait encore à la fin de sa vie, que cette affaire était la meilleure qu'il eût faite.

Cependant la vie était souvent difficile. Diderot rapporte que, le jour du mardi gras de 1741, il se trouvait, à vingt-huit ans, l'estomac vide et la bourse non mieux remplie. Le malheureux jeune homme sort pour chasser les tourments; il se promène dans les rues, puis il rentre à jeun à l'auberge qu'il habitait alors. Il s'assied épuisé, et tombe évanoui. Il fallut que son hôtesse, émue de compassion, lui donnât une rôtie au vin pour le ranimer.

« Ce jour-là, dit Diderot, je me jurai à moi-même, si jamais je possédais quelque chose, de ne refuser de ma vie à un indigent, et de ne point condamner mon semblable à une journée aussi cruelle. »

Jamais serment ne fut plus religieusement observé.

Diderot se maria à trente ans, contre la volonté de son père, et son mariage fut malheureux. Il continua à écrire pour vivre, et composa un *Essai sur le Mérite et la Vertu*, qui fut suivi d'autres ouvrages, parfois indignes de son grand esprit. En 1749 il publia la *Lettre sur les aveugles*, qui fut l'occasion de l'estime et de l'amitié que dès ce jour Voltaire lui consacra, et qui unirent toute leur vie les deux philosophes.

Diderot commençait à exposer ses doctrines de scepticisme et d'athéisme; il fut enfermé à Vincennes. Mais plus tard il se vengea de la persécution, en s'associant à d'Alembert pour l'exécution de ce grand monument de l'*Encyclopédie*.

Diderot, avec une ardeur étonnante, rédigea le prospectus de l'*Encyclopédie*, qui devait comprendre l'exposé complet de toutes les connaissances humaines. D'Alembert fit la *préface*,

J.-J. Rousseau se chargea de la musique, Diderot de l'histoire de la philosophie ancienne, sans compter qu'il devait, avec d'Alembert, revoir tous les articles. Ils s'adjoignirent un grand nombre de collaborateurs, et Voltaire s'enrôla parmi ces derniers, avec cet enthousiasme qu'il savait rendre contagieux.

Le parti philosophique venait de se former contre le parti des vieilles doctrines et des vieilles idées; l'Europe attentive observait cette lutte entre l'esprit de progrès et l'esprit de résistance; l'une avait pour soi le génie, l'autre la force du pouvoir.

Le combat fut long et terrible : Diderot sut y résister en poursuivant froidement son œuvre. Pendant trente ans, il travailla à l'*Encyclopédie*, et ne connut pas un seul jour de repos.

Lui seul probablement de tout son siècle avait reçu de la nature une trempe assez énergique pour résister et porter glorieusement le fardeau jusqu'au but. Diderot n'eût-il pas fait autre chose, la célébrité de son nom serait justifiée, et il conserverait des droits éternels à la reconnaissance de la philosophie.

Diderot était doué d'une santé robuste, d'une complexion ardente, il avait un profond amour de la vérité et de la justice. Passionné pour le travail et l'étude, il apprenait avec enthousiasme. Pour décrire, dans l'*Encyclopédie*, les arts mécaniques, il commença par passer des journées entières dans les ateliers, examinant les machines, les métiers et les outils, les faisant fonctionner devant lui, essayant parfois de les faire marcher lui-même.

Diderot savait tout, il s'est passionné pour tout, il écrivait sur toutes choses. Pendant trois ans il rédigea pour Grimm un compte rendu des *Salons*, qui est demeuré un modèle du

1. F. Génin, Diderot. *Biographie universelle*. Notice sur Diderot, par Mᵐᵉ de Vandeul.

genre. Il se lia avec Grétry et devint musicien. C'est à Diderot que l'on doit le trio pathétique du second acte de *Zémire et Azor*[1].

La générosité et la complaisance de Diderot étaient devenues proverbiales. Au plus fort de sa réputation, un marchand de pommade vint trouver le philosophe et lui demanda un *avis au public* pour cette pommade merveilleuse qui faisait pousser les cheveux. « Mon père, — dit la fille de Diderot, madame de Vandeul, — rit beaucoup; mais il écrivit la notice. »

Diderot devint l'ami de Catherine, la grande impératrice de Russie, qui se montra sa bienfaitrice; il alla la voir en Russie et visita la Hollande à son retour.

En 1784, il tomba malade à Paris, et mourut avec la sérénité d'âme d'un philosophe. Il poussa le dernier soupir en présence de plusieurs amis, et, s'il faut en croire Naigeon, avant de quitter cette terre, il déclara que « le premier pas vers la philosophie, c'est l'incrédulité ».

D'Alembert est encore, dans la force du terme, le fils de ses œuvres. Enfant naturel du chevalier Destouches-Canon, commissaire provincial d'artillerie, et de madame de Tencin, il fut recueilli sur les marches de la petite église de Saint-Jean-le-Rond, à Paris.

« Si une origine si obscure froissait le préjugé, dit Condorcet, qu'on se souvienne que les véritables aïeux d'un homme de génie sont les maîtres qui l'ont précédé, et que ses vrais descendants sont des élèves dignes de lui. »

D'Alembert fit ses études au collège Mazarin où il se montra un brillant élève; quand il devint un jeune homme, il se livra avec ardeur aux travaux des mathématiques, tout en suivant les

---

[1] Voy. *Mémoires de Grétry*

cours de droit. Sans maître, presque sans livres, et sans même avoir un ami qu'il pût consulter, il allait aux bibliothèques publiques, il tirait quelques lumières générales des lectures rapides qu'il y faisait, et, rentré chez lui, il cherchait avec avidité les démonstrations et les solutions.

En 1741, à l'âge de vingt-trois ans, d'Alembert était déjà reçu membre de l'Académie des Sciences ; il venait de se faire connaître par plusieurs mémoires successifs écrits sur le *Calcul Intégral*, sur l'*Analyse démontrée* et sur la *Réfraction des corps solides*. Infatigable au travail, il publia bientôt un remarquable *Traité de dynamique*, et continua, pendant toute sa vie, à écrire, à produire des œuvres originales, et à mériter ainsi l'illustration qui s'attache à son nom.

D'Alembert était franc, vif, et d'une charmante gaieté, mais sa constitution était faible ; le régime le plus sobre, la tempérance la plus absolue, ne l'empêchèrent pas d'éprouver, avant l'âge, les infirmités de la vieillesse ; le travail resta sa consolation suprême. Quand on le croyait accablé par la douleur, il discutait en lui-même quelques questions mathématiques, perfectionnait son *Histoire de l'Académie*, ou mettait la dernière main à une traduction de Tacite.

D'Alembert était généreux et bienfaisant, même au-delà de ses moyens. Il élevait à ses frais les enfants de son ancien maître de pension, il subvenait aux besoins de la vieillesse de sa nourrice, et ne savait jamais compter, quand il fallait venir en aide à ses amis [1].

Voltaire [2], qui a rempli son siècle de la gloire de son nom,

---

1. Condorcet, *Éloge de d'Alembert*.
2. Né à Chatenay près de Sceaux, le 20 février 1694.

était, comme les *Encyclopédistes*, un travailleur acharné, et, les dons si remarquables qu'il avait reçus de la nature, il les cultiva et les développa par l'étude. Gœthe a dit de lui : « Génie, imagination, profondeur, étendue, raison, goût, philosophie, élévation, originalité, naturel, esprit et bel esprit et bon esprit, variété, justesse, finesse, chaleur, charme, grâce, force, instruction, vivacité, correction, clarté, élégance, éloquence, gaieté, moquerie, pathétique et vérité : voilà Voltaire. C'est le plus grand homme en littérature de tous les temps, c'est la création la plus étonnante de l'auteur de la nature. »

Voltaire travailla jusqu'à sa dernière heure. A l'âge de quatre vingt-quatre ans, en février 1778, après une cruelle maladie, il se releva, pour reprendre l'étude et s'occuper des répétitions d'*Irène*, qui allait se jouer au Théâtre-Français. Trop faible pour assister aux premières représentations, il se faisait rendre compte d'acte en acte de l'effet produit sur les auditeurs par tel et tel passage. Quand il sut qu'on avait applaudi, il fut si content, que cela contribua à le rétablir plus vite.

Il résolut d'assister encore à une grande séance publique de l'Académie. Le jour indiqué pour cette séance était le 30 mars. Tout Paris sut bientôt que Voltaire allait à l'Académie. Les rues où il devait passer se trouvèrent remplies, dès le matin, d'une foule d'autant plus avide de le voir que quelques jours auparavant le bruit de sa mort s'était répandu dans la ville.

Le lundi 30 mars, Voltaire sortit en voiture du vieux Louvre et de l'Académie ; aux applaudissements d'une foule immense, il se rendit au Théâtre-Français assister à la sixième représentation d'*Irène* ; il fut acclamé. Après la représentation, le buste du poète fut couronné sur la scène : ce fut un nouveau délire. Voltaire, forcé de se mettre au premier rang auprès des dames, enivré de gloire et de joie, disait : « Vous voulez donc me faire mourir de plaisir. »

Voltaire semblait avoir repris une nouvelle vie, et le 1er avril il se rendit à l'Académie Française pour la déterminer à faire son dictionnaire sur un nouveau plan ; il se chargea lui-même d'y travailler.

Tant d'efforts, tant de travaux épuisèrent ses forces. Il expira doucement le 30 mai 1778.

Montesquieu [1], dès son enfance, manifesta un goût prononcé pour le travail. C'est ce grand philosophe qui a dit : « L'étude a été pour moi le souverain remède contre les dégoûts de la vie, n'ayant jamais eu de chagrin, qu'une heure de lecture n'ait dissipé. »

De notre temps, la philosophie sociale a eu pour représentant Pierre-Joseph Proudhon. Nous n'avons pas à apprécier ici les doctrines qu'il a soutenues, mais à montrer qu'il s'éleva par lui-même et par un travail acharné.

Proudhon avait pour père un garçon tonnelier, pour mère une simple cuisinière. Malgré l'infériorité de sa condition, cette femme avait un jugement sain, un caractère droit, un air digne qui imposait le respect, et Proudhon lui voua une sorte de culte qu'il entretint pendant toute sa vie. « Jusqu'à douze ans, dit-il, ma vie s'est passée presque toute aux champs, occupé tantôt de petits travaux rustiques, tantôt à garder les vaches. J'ai été cinq ans bouvier... Quel plaisir autrefois de me rouler dans les hautes herbes que j'aurais voulu brouter comme mes vaches, de courir pieds nus sur les sentiers unis le long des haies ! »

A douze ans, son père l'employa comme garçon de cave, mais

---

1. Né près de Bordeaux, en 1689.

tout en exerçant cette humble profession, il suivit les cours du collège de Besançon ; il était si pauvre qu'il n'avait pas même de quoi acheter les livres de sa classe, et il copiait le texte de ses leçons sur les grammaires ou les géographies de ses camarades. Un jour de distribution de prix, qu'il revenait chargé de couronnes, il ne trouva pas de quoi dîner et passa la soirée à examiner ses volumes pendant que les autres parents fêtaient les succès de leurs fils. Enfin, à dix-neuf ans, il dut sortir du collège sans avoir terminé ses classes et devint ouvrier typographe. En corrigeant les épreuves d'une édition de la *Vulgate*, il fut pris du désir de comparer le texte latin avec l'original ; l'étude de l'hébreu le conduisit à celle de la linguistique comparée, et il publia, en 1837, un *Essai de grammaire générale*, dans lequel il prévoit déjà l'importance future de la science des langues au point de vue ethnographique.

L'Académie de Besançon avait l'habitude de faire, tous les trois ans, une pension annuelle de douze cents francs au jeune homme pauvre de la ville, qui lui paraîtrait le plus digne de réussir dans les lettres ou dans les arts. Proudhon sollicita et obtint cette pension ; puis, pour donner des preuves de sa reconnaissance, il composa deux mémoires qui lui valurent deux mentions honorables, l'une à l'Institut de France, l'autre à l'Académie de sa ville natale. C'est alors qu'il vint à Paris. Sa vie de souffrances s'accentua davantage encore. Les deux tiers de sa pension furent emportés par des créanciers et par sa famille ; « mon budget tout réglé, écrivait-il alors à un de ses amis, il me restera, à dater du 1ᵉʳ avril prochain, deux cents francs pour vivre six mois à Paris. »

La misère ne l'empêcha pas de composer un premier mémoire, plein d'idées révolutionnaires, et intitulé : « *Qu'est-ce que la propriété ?* » Ce mémoire était dédié à l'Académie de Besançon ; il fut suivi de deux brochures sur le même sujet, et cette fois, Proudhon fut traduit devant la Cour d'assises de la Seine, qui l'acquitta. « Cet homme est dans une sphère d'idées inaccessibles au vulgaire, conclut le président du jury ; nous ne pouvons condamner au hasard, et d'ailleurs qui nous répond de sa culpabilité ? »

A la suite de cette affaire, l'indigence obligea Proudhon à devenir employé dans un service de bateaux remorqueurs employés au transport des houilles par le canal du Rhône au Rhin. Il ne cessa pas pour cela d'étudier, publia son travail sur les *Contradictions économiques*, et revint à Paris à la fin de 1847, pour préparer la suite de cette étude, annoncée sous le titre de *Solution du problème social*. Sur ces entrefaites, la Révolution de 1848 arriva : elle fit de lui un pamphlétaire et un homme politique, mais la hardiesse de ses conceptions, et surtout la franchise avec laquelle il les publiait, n'aboutirent qu'à la prison et à l'exil.

Le mérite indiscutable de Proudhon fut sa bonne foi : il a soutenu le peuple non seulement dans ses livres, mais en pratique ; il se ruina pour lui en organisant le Crédit gratuit et en fondant la Banque Populaire. Quiconque l'eût rencontré parfois dans la rue l'eût pris pour un misérable ; ceux qui le connaissaient savaient au contraire qu'au moment d'entrer chez le tailleur, un malheureux lui avait demandé l'aumône, et qu'il avait sacrifié le plaisir d'être vêtu convenablement à la satisfaction de soulager une infortune.

Parmi les philosophes contemporains, Littré fut un travailleur hors ligne. Pour le prouver, il suffira de rappeler ici la méthode de travail grâce à laquelle il put mettre en œuvre son *Dictionnaire de la Langue française*, qui est son plus beau titre de gloire.

Il se levait à huit heures, et pendant qu'on faisait sa chambre à coucher, qui lui servait en même temps de cabinet de travail, il descendait au rez-de-chaussée, emportant quelque travail : c'est ainsi qu'il fit la Préface du Dictionnaire.

A neuf heures, il remontait et corrigeait jusqu'au déjeuner les épreuves venues dans l'intervalle. A une heure, il reprenait place à son bureau, et rédigeait, jusqu'à trois heures, des études pour le *Journal des Savants*. De trois à six heures, il travaillait au Dictionnaire, s'arrêtait une heure pour dîner, et reprenait le Dictionnaire jusqu'à trois heures du matin. « Plus d'une fois, durant les longs jours, j'ai éteint ma lampe, et continué à la lueur de l'aube, qui se levait... Ces veilles nocturnes n'étaient pas sans quelque dédommagement. Un rossignol avait établi sa demeure en une petite allée de tilleuls qui coupe transversalement mon jardin, et il emplissait le silence de la nuit et de la campagne de sa voix limpide et éclatante. O Virgile ! comment as-tu pu, toi, l'homme des *Géorgiques*, faire un chant de deuil, *miserabile carmen*, de ces sons si glorieux ? »

Savez-vous combien d'années Littré employa de la sorte ? Treize ans. Le manuscrit comptait près de *cinq cent mille* feuilles.

Dans une réunion célèbre, un de nos hommes d'État contemporains, se tournant vers Littré, s'écria : « Messieurs, saluons en Littré le plus grand travailleur de ce siècle. » Et de fait, depuis sa jeunesse jusqu'à quatre-vingts ans, sa vie fut une méditation continuelle, un travail constant, une lutte incessante pour le triomphe de la vérité.

Après les poètes et les philosophes, il nous reste à parler

des littérateurs qui ont brillé dans la presse, ou de ceux qui se sont fait un nom par les romans qu'ils ont écrit. Nous prendrons Émile de Girardin comme type des journalistes, et nous choisirons Honoré de Balzac parmi les romanciers.

Peu d'hommes ont contribué au développement de la presse plus qu'Emile de Girardin.

Ce maître journaliste débuta dans la vie sans autre appui que son énergie et sa volonté. « Il y aurait, a-t-il écrit, un caractère bien intéressant à développer dans un roman ; ce serait celui d'un jeune homme né, comme moi, sans famille, sans fortune, suffisant à tout ce qui lui manquerait par sa seule énergie, et dont les forces croîtraient avec les obstacles : un jeune homme qui se placerait au-dessus d'une telle position par un tel caractère ; qui, loin de se laisser abattre par les difficultés, ne penserait qu'à les vaincre, et aurait su parvenir à un poste assez élevé pour attirer sur lui les regards de la foule et se venger ainsi de l'abandon. »

Tel est le programme que se traçait, à vingt ans, Emile de Girardin, tel est le programme qu'il a rempli jusqu'au bout, grâce à une volonté opiniâtre et à un esprit fertile en conceptions. « Pour qui regarde au fond des choses, dit M. Scherer, il est avant tout le créateur d'une nouvelle industrie. Les actes les plus marquants de sa vie sont le journal à quarante francs, le journal à deux sous, puis, enfin, le journal à un sou. » Il est en effet bien certain qu'il a eu le mérite de mettre le journal à la portée de tout le monde, et que l'homme le plus pauvre peut maintenant se tenir au courant des grands événements qui se succèdent dans le monde.

Emile de Girardin fut un des esprits les plus *féconds* du siècle ; ses habitudes laborieuses n'ont été surpassées peut-être que par Balzac. Négligeant la connaissance des traditions, des mœurs, des institutions, des sociétés disparues, il tira de son cerveau les opinions et les principes qu'il a soutenus, et si ses vues ne semblent pas toujours justes, elles dénotent du moins une somme de travail considérable. Les articles qu'il a publiés, les principaux seulement, ne forment pas moins de vingt volumes.

Et, lorsque la roue de la fortune eut enrayé devant sa porte, il se souvint qu'il avait été petit : accueil cordial et facile, obligeance, impartialité, voilà les qualités qu'on se plait à reconnaitre chez ce grand travailleur.

L'illustre romancier Honoré de Balzac travailla sans cesse. Pendant toute sa vie, il ne goûta pas un moment de repos et eut à soutenir bien des luttes : car la *Comédie humaine* a soulevé autant de basses critiques que d'admirations élevées.

Balzac, né à Tours le 16 mai 1799, fit preuve d'une imagination très précoce ; il jouait rarement avec les autres enfants de son âge, et préférait se livrer à des lectures relativement sérieuses. A sept ans, il entra au collège des Oratoriens de Vendôme, où il passa pour un fort mauvais élève : on n'avait pas tout à fait tort, car on ignorait que, s'il cherchait à mériter le cachot, c'était dans le but de pouvoir lire et méditer plus à l'aise. Sa mémoire était grande ; aussi les idées qu'il s'appropria furent si nombreuses qu'elles se brouillèrent dans son cerveau et déterminèrent une espèce de *coma*. On le retira donc du collège ; de robuste, il était devenu maigre, chétif, rêveur ; « il ressemblait à ces somnambules qui dorment les yeux ouverts ». Cependant le grand air lui rendit ses forces ; le classement des idées se fit peu à peu, et il eut, dès cette époque, conscience de sa vocation : « Vous verrez, disait-il, qu'on parlera de moi un jour », — ce à quoi ses sœurs répondaient : « Salut au grand

Balzac ! [1] ». Et de fait, ses réflexions judicieuses, ses observations profondes, étonnaient beaucoup sa mère ou les amis de sa famille.

Venu à Paris en 1814, il termina ses études, se fit recevoir bachelier et licencié en droit ; puis, son père lui proposa d'être notaire. La perspective de passer son existence penché sur des contrats ou des inventaires séduisit peu un jeune homme qui ambitionnait de se faire un nom dans les lettres. Balzac déclara nettement qu'il voulait écrire, et ses parents, ne pouvant changer cette détermination, quittèrent Paris, laissant le jeune homme abandonné à ses propres ressources : la maigre pension qu'on lui fit ne pouvait suffire à ses besoins.

Nous extrayons, d'une lettre de Balzac à sa sœur, les passages suivants :

« Tu veux, ma chère sœur, des détails sur mon emménagement et ma manière de vivre ; en voici :

» J'ai répondu à maman elle-même sur les achats ; mais tu vas frémir, c'est bien pis qu'un achat : j'ai pris un domestique !

» Un domestique ! Y penses-tu, mon frère ?

» Oui, un domestique... Son maître a faim, a soif ; il n'a quelquefois ni pain ni vin à lui offrir ; il ne sait pas même le garantir contre le vent, qui souffle à travers la porte et la fenêtre comme Tulou dans sa flûte, mais moins agréablement. »

Il était d'usage, au temps de Balzac, que les *jeunes* fissent leur tragédie : c'était le résultat des souvenirs de collège, l'imitation des tirades apprises en rhétorique. Honoré se garda bien de faillir à cette règle de *droit coutumier*, et il composa un *Cromwell* en cinq actes qu'il vint lire à sa famille et à quelques

---

1. Mme Surville, *Balzac, sa vie et ses œuvres*.

invités, entre autres Stanislas Andrieux, professeur au Collège de France. A l'unanimité, on déclara que ce *Cromwell* ne dénotait pas le plus petit germe de talent.

Honoré, puisant des forces dans son amour-propre, dans son désir de donner un démenti à Andrieux, renonce à la littérature dramatique et il s'applique à écrire des romans : il avait trouvé sa véritable voie, mais ses premiers travaux ne lui donnaient pas de quoi vivre, aussi son père lui écrivait-il :

« Tu le vois, tes efforts sont infructueux. Un homme, qui arrive à l'âge de vingt-cinq ans sans pouvoir gagner par son travail l'argent nécessaire à sa propre subsistance, est dans une fausse route. »

Que fit Honoré ? Il emprunta des fonds à un de ses camarades, et devint éditeur. Il eut l'idée, le premier, des éditions compactes; il publia en un volume les œuvres complètes de Molière; mais les libraires, ayant en magasin des éditions antérieures, poussèrent celles-ci à la vente et négligèrent la nouvelle. Balzac, au lieu de s'enrichir, s'endetta ; il vendit au poids « ce beau papier qui avait coûté si cher à noircir ».

Le bailleur de fonds lui prêta de nouveau de l'argent pour qu'il pût se relever de sa chute; le père de Balzac, voyant Honoré abandonner la carrière aléatoire des lettres pour le commerce, vint à son secours et l'aida à établir une typographie rue des Marais-Saint-Germain; malheureusement, il lui manquait un roulement de fonds suffisant; le pauvre typographe dut céder à bas prix tout son matériel.

C'est alors qu'il revint à la littérature, désireux de payer ses dettes, soulevé par la foi de l'artiste, fortifié par le malheur. Dès ce moment, il semble que sa vie ne lui appartienne plus. Ses nuits et ses jours sont consacrés au travail. Il chasse le sommeil et se brûle le sang; mais aussi que de chefs-d'œuvre! que de conceptions admirables!... Et Balzac n'a jamais eu de collaborateur; ses plus grands ennemis n'osent pas soutenir qu'une ligne, une seule ligne étrangère, soit venue, à aucune époque, augmenter son œuvre. Et pourtant, « la *Comédie humaine* est une création gigantesque. On peut dire qu'à elle seule, c'est tout un monde .»

La vie du célèbre romancier devait, on le voit, trouver place ici : Littré, Emile de Girardin, Balzac, peuvent être cités parmi les grands travailleurs de notre siècle. Balzac se couchait tous les soirs à onze heures, se levait à cinq heures et demie, et travaillait jusqu'à neuf heures du matin; alors il déjeunait, corrigeait ses épreuves ou travaillait encore jusqu'à trois heures. Il faisait ensuite une promenade et recommençait régulièrement le même train de vie tous les jours.

Comment ne citerions-nous pas ici le nom du plus fécond des romanciers, d'Alexandre Dumas, auquel on doit tant d'œuvres diverses ?

A la fin de sa vie il se rendit au Puys, chez son fils, où il tomba très malade. Il se coucha et l'on mit ses vêtements sur une chaise à côté de lui.

« Alexandre, dit-il à son fils, fouille dans la poche de mon gilet; il y reste une pièce de vingt francs, je crois. — Oui, répondit le fils. — Eh bien! mon enfant, on ne dira plus que je suis prodigue, je suis arrivé à Paris avec un louis dans ma poche; je vais mourir, et le louis est toujours à sa place. »

C'est par ce souvenir d'Alexandre Dumas que nous terminerons ce chapitre, où nous avons encore une fois montré les efforts des ouvriers de la pensée qui acceptent fièrement le com-

LITTRÉ

Ces veilles nocturnes n'étaient pas sans quelque dédommagement... (Page 179.)

bat de la vie, la lutte pour les grands travaux, et qui se livrent sans jamais faiblir aux plus rudes labeurs.

« Ne vous plaignez jamais du travail, même ingrat, a dit George Sand, et acceptez-le comme une bonne chose ; les trois quarts de la vie sacrifiés à un devoir quelconque font le dernier quart très fort et très vivant. »

Nous ne saurions nous dispenser d'ajouter ici quelques lignes en faveur de Victor Hugo, le plus grand penseur et le plus fécond écrivain de notre siècle. Nous ne retracerons pas son existence si bien connue, nous ne rappellerons pas le nom de ses œuvres qui ont éveillé et éveilleront encore des échos dans toutes les consciences comme dans tous les cœurs : il nous suffira de dire que si Victor Hugo fut grand par le génie, il le fut aussi par le travail.

*Henri de Mesmes.* — « Nous allions à cinq heures aux études, nos gros livres sous les bras et nos chandeliers à la main... » (P. 193.)

## CHAPITRE SEPTIÈME

### MAGISTRATS ET JURISCONSULTES

> Je ne puis prendre de repos tant que je sais qu'il y a des hommes qui souffrent.
> D'AGUESSEAU.

Il est des hommes privilégiés qui, ayant reçu en partage les plus belles qualités de l'âme, comme la loyauté, la franchise et la bienveillance, les plus beaux dons de l'esprit, comme l'amour du travail et l'intelligence, savent en faire le plus digne usage. Ils offrent, pendant la durée de leur vie tout entière, les plus nobles exemples, qui leur valent l'estime, même de leurs ennemis.

Tel est le célèbre chancelier de France, Michel de l'Hospital[1], magistrat intègre, jurisconsulte éminent, homme honnête dans

1. Né en Auvergne, vers 1504.

la plus belle acception du mot, qui traversa les guerres civiles du xvi⁰ siècle, passa à côté des haines des partis, sans jamais tacher la pureté de sa conscience.

Il préférait, à la pratique des affaires et au jugement des procès la culture des lettres et de l'antique philosophie, mais il n'en fut pas moins un homme d'État remarquable, sous les règnes si tourmentés de Henri II, de Charles IX, et un légiste incomparable.

Nommé premier président de la Cour des comptes, en 1554, et promu à la fonction de surintendant des finances, il se fit beaucoup d'ennemis par la sévérité de ses principes. « Je me rends désagréable, écrivait-il au chancelier Olivier, par mon exactitude à veiller sur les deniers du roi ; les vols ne se font plus impunément ; j'établis de l'ordre dans la recette et la dépense ; je refuse de payer des dons trop légèrement accordés, ou j'en renvoie le payement à des temps plus heureux. »

C'est le chancelier de l'Hospital qui disait aux conseillers du parlement de Bordeaux :

« Il faut que la loi soit sur les juges, non pas les juges sur la loi. »

Quand l'Hospital avait fait rendre des édits utiles, préparé des réformes salutaires, il allait goûter le repos dans sa terre du Vignay. Il y employait ses loisirs à cultiver la poésie latine, et à s'occuper de l'éducation de ses petits-enfants.

Sans être protestant, le chancelier favorisait cette croyance, et pendant les massacres de la Saint-Barthélemy, il courut parfois de véritables dangers. Un jour que des hommes armés le menaçaient chez lui, Charles IX envoya des cavaliers pour le défendre :

« J'ignorais, dit l'illustre vieillard, que j'eusse jamais mérité ni la mort ni le pardon. »

Brantôme a pu dire de lui : « C'était un autre censeur Caton celuy-là, et qui sçavoit très-bien censurer et corriger le monde corrompu. Il en avait de tout l'apparence avec sa grande barbe blanche, son visage pâle, sa façon grave, qu'on eût dist à le voir que c'estoit un vray portraict de sainct Hierosme. »

Achille de Harlay commença à entrer dans les charges publiques à l'âge de vingt-deux ans. Son intelligence saine, son jugement droit, son excellente mémoire favorisèrent ses débuts. Il était né en 1536, et il employa si bien son adolescence qu'il obtint un siège de conseiller à vingt-deux ans, bien que l'usage exigeât de ces magistrats l'âge minimum de vingt-cinq ans. En 1572, son père, désireux de le voir « mettre au jour les vertus qu'il voyait germer en son âme », se dépouilla de sa charge de Président pour l'en investir.

A quelque temps de là le roi ordonna à Achille de Harlay de se rendre en Poitou et d'examiner quel remède il serait possible d'apporter aux ravages et aux tristes résultats causés dans cette province par la guerre civile : il s'acquitta de cette mission délicate avec beaucoup de tact, pacifia le pays, puis exécuta la même besogne en Auvergne. Sur ces entrefaites, Henri III, ayant à remplacer de Thou, jeta les yeux sur Achille de Harlay, le préféra aux autres solliciteurs, et le nomma premier Président. Depuis lors, il servit l'Etat avec le zèle, l'ardeur et la fidélité qui ne le quittèrent qu'à sa mort et dont il donna surtout des preuves pendant les troubles de la Ligue. Lors de la journée des Barricades, le duc de Guise, qui voulait se l'attacher, reçut cette réponse écrasante : « C'est grand'pitié quand le valet chasse le maître ! Au reste mon âme est à Dieu, mon cœur est à mon Roy, et mon corps est entre les mains des méchants et à la violence. Que l'on en fasse ce que l'on voudra ! »

Achille de Harlay, qui honora si bien la magistrature française, estimait que toutes les actions qu'il devait commettre en public étaient comme des batailles dont le gain ou la perte lui procureraient une « bien grande honte ou une bien grande gloire ». Aussi, pour n'être pas obligé de dire qu'il n'avait pas assez profondément réfléchi aux mesures qu'il prenait, il avait bien soin de ne rien faire sans s'être longuement consulté, sans avoir étudié la matière, sans s'être fait une opinion assise sur des fondements solides. Il travaillait à fond toutes les questions qui se présentaient : de là une certaine lenteur dans ses décisions, mais en pareil cas la lenteur n'est plus un défaut ; elle est une conséquence du travail [1].

Christophe de Thou, beau-père de Harlay, eut un fils non moins digne d'attirer notre attention : nous voulons parler de Jean-Jacques de Thou, dont l'amour pour le travail était, de son temps, proverbial.

Dès qu'il avait terminé ses affaires, auxquelles il s'appliquait avec une grande exactitude, il employait le reste du jour à l'étude et ne perdait pas un instant. Il avait chez lui un jeune lecteur qui lui lisait toujours quelque passage des jurisconsultes ou de Cicéron : il écoutait ces lectures avec tant d'attention qu'il en retenait généralement la substance, et discutait les théories émises pour se fortifier le jugement. Cette manière de procéder lui donnait, sur beaucoup de choses, des idées claires, précises, dont il tirait parti dans toute circonstance, grâce à sa présence d'esprit.

Il avait une grande inclination pour les sciences, aima les savants, les fréquenta, et s'instruisit autant par le commerce des maîtres, que par un travail assidu. Ses voyages ne lui

---

[1]. *Discours sur la vie, actions et mort de très illustre Seigneur, Messire Achille de Harlay*, par Jacques de la Valée. (Paris, 1626.)

furent pas inutiles : son esprit observateur remarquait tout ; il notait tout ce qui lui semblait digne de l'être et méditait déjà d'écrire l'histoire de son temps. Il comparait tout ce qu'il avait lu ou entendu, avec ce qu'il apprenait lui-même, et il tirait des conclusions. Les études de droit qu'il avait faites sous Cujas et Hotman furent loin de lui être inutiles, et les essais poétiques auxquels il se livrait lui permettaient de donner à son style une forme agréable, qualité qui manque à bien des érudits. Il avait d'autant plus de mérite à mener une vie laborieuse que sa santé était extrêmement faible : il ne savait pas ménager ses forces, et se fatiguait très vite.

Mais l'amour du travail était inné en lui ; son Histoire est un véritable monument ; elle est écrite en latin, et l'on aura une idée nette de ce qu'elle dut lui coûter de peine, lorsqu'on saura que la traduction ne comprend pas moins de seize gros volumes.

Vers la fin du xv° siècle, naquit à Paris celui qui devait un jour devenir un des plus grands magistrats de France : Henri de Mesmes. Les mémoires qu'il adressa dans la suite à son père contiennent d'instructifs détails sur ses études.

« Mon père me donna pour précepteur Jean Maludun, Limousin, disciple de Daurat, homme savant, choisi pour sa vie innocente, d'âge à instruire ma jeunesse jusqu'à temps que je me susse gouverner moi-même ; comme il fit, car il avança tellement ses études par veilles et travaux incroyables, qu'il alla toujours aussi avant devant moi comme il était requis pour m'enseigner, et ne sortit de sa charge, sinon lorsque j'entrai en office. Avec lui et mon puiné, Jean-Jacques de Mesmes, je fus mis au collège de Bourgogne dès l'an 1542, en la troisième

---

1. *Mémoires de la vie de J.-C. de Thou* (Amsterdam, 1713).

classe; puis, je fis un an un peu moins de la première. Je trouve
que ces dix-huit mois de collège me firent assez de bien ; j'appris à répéter, disputer et haranguer en public, pris connaissance
d'honnêtes enfants, dont aucuns vivant aujourd'hui ; appris
la vie frugale de la scholarité, et à régler mes heures, tellement
que, sortant de là, je récitai en public plusieurs vers latins et
deux mille vers grecs faits selon l'âge; récitai Homère par cœur
d'un bout à l'autre, qui fut cause après cela que j'étais bien vu
par les hommes du temps. L'an 1542, je fus envoyé à Toulouse
pour étudier en droit avec mon précepteur et mon frère, sous
la conduite d'un vieux gentilhomme qui avait longtemps voyagé
par le monde. Nous étions debout à quatre heures, et, ayant
prié Dieu, allions à cinq heures aux études, nos gros livres
sous le bras, nos écritoires et nos chandeliers à la main ; nous
entendions toutes les lectures jusqu'à dix heures sonnées
sans intermission ; puis venions dîner après avoir en hâte
conféré demi-heure ce qu'avions écrit des lectures ; après dîner,
nous lisions par forme de jeu Sophocle ou Aristophane ou
Euripide, et quelquefois Démosthènes, Cicéron, Virgile ou
Horace; à une heure, aux études ; à cinq heures, au logis ; à
répéter et à voir dans nos livres jusqu'à six; puis nous soupions, et lisions en grec, en latin. Les fêtes, à la grand'messe
et vêpres; au reste du jour, un peu de musique et de promenade; quelquefois nous allions dîner chez nos amis paternels,
qui nous invitaient plus souvent que l'on ne nous y voulait
mener ; le reste du jour aux livres. »

Une jeunesse aussi laborieuse devait porter ses fruits, et avant
sa vingtième année le jeune de Mesmes professait le droit à Toulouse. En 1552, il devint conseiller à la Cour des Aides, puis
Podestat dans la république de Sienne; en 1570, il fut envoyé

avec Armand de Byron à Saint-Germain pour traiter avec les Huguenots.

Au milieu de ces occupations, il ne négligeait pas de continuer à s'instruire : aussi lui donna-t-on la garde du « trésor des chartes »; enfin Louise de Lorraine, épouse de Henri III, le prit comme surintendant de son Conseil et de sa Maison. Dégoûté des intrigues de cour, il abandonna bientôt cette place éminente et vécut dans la retraite jusqu'à la fin de ses jours.

La vie publique de Mathieu Molé est une longue lutte politique; sa vie privée est toute pleine d'enseignements. Quand il avait accompli ses devoirs, il se plaisait à vivre au milieu de sa famille et de ses amis. Sa conversation n'avait rien d'affecté, de prétentieux, bien qu'elle ne roulât que sur des matières graves. « Sa figure était mâle et son expression sévère; il avait la longue barbe des magistrats de la génération précédente, et son geste habituel était d'y porter la main, quand une pensée le préoccupait. Le peuple de Paris l'avait surnommé la Grand'barbe et, même dans le tumulte des séditions, cette physionomie austère imposait le respect à la foule [1]. »

Sa plus grande joie était de montrer sa bibliothèque, riche collection amassée au prix des plus grands efforts. Pendant les vacances, dans son manoir de Champlatreux, il trompait l'ennui en réglant les différends survenus entre les paysans du voisinage. Telle fut la vie simple et vertueuse de Molé.

Le chancelier Séguier, si l'on en croit d'Alembert, se serait d'abord destiné à l'état ecclésiastique. Il appartenait à une famille de robe et était le petit-fils du président Pierre Séguier qui, en 1655, avait été chargé de faire à la Cour les remon-

1. De Barante, *Le Parlement et la Fronde*.

trances du Parlement, au sujet de l'édit royal rétablissant l'inquisition. Ce courageux magistrat, qui s'était acquitté avec une noble énergie de cette périlleuse mission, eut pour sixième fils Jean Séguier, père de celui qui nous occupe.

Les Séguier nous offrent un bel exemple de ces familles parlementaires qui perpétuaient, avec la pratique des austères vertus domestiques, le courage civique et les habitudes de travail. Pierre se garda bien de mentir à l'antique réputation de sa race; il étudia avec assiduité les lois, les lettres, les beaux-arts, vers lesquels le portaient ses dispositions naturelles. Il devint successivement conseiller au Parlement, maître des requêtes, intendant de Guyenne, président à mortier, garde des sceaux et chancelier. Richelieu, qui avait deviné la valeur d'un tel homme, lui avait fait conférer cette dernière dignité en 1635, c'est-à-dire lorsqu'il n'avait encore que quarante-sept ans.

S'il dut cette faveur au cardinal, il ne se crut pas pour cela obligé d'abjurer son indépendance. Ainsi, Anne d'Autriche ayant été soupçonnée d'entretenir avec son frère, le roi d'Espagne, une correspondance contraire à la sûreté de l'Etat, et Richelieu ayant chargé Séguier de faire une perquisition au Val-de-Grâce, le magistrat fit secrètement avertir la reine.

Ses grandes connaissances lui permirent de préparer des ordonnances dont l'utilité fut de suite reconnue et dans lesquelles il chercha à abréger la durée des procédures et des jugements, à diminuer les frais, à garantir les intérêts des transactions de commerce. Au milieu de ces travaux si absorbants, il ne cessait de cultiver les lettres ; c'est lui qui donna à Richelieu l'idée de fonder l'Académie française, dont il fut longtemps le protecteur et dont les séances se tinrent pendant plusieurs années en son propre hôtel. Sa bibliothèque fut d'un précieux secours aux savants, ses amis.

Quant à sa modestie, elle était proverbiale. « Je regarde, disait-il, l'excès des louanges qu'on me donne, comme un préjugé de l'injustice des demandes qu'on me va faire. Je ne suis ni aussi grand qu'un dieu pour mériter les parfums les plus exquis, ni aussi insensible qu'une idole pour soutenir la vapeur empoisonnée des fausses louanges[1] ! »

C'est avec le chancelier Séguier que travailla Michel Le Tellier[2] lorsqu'il fut nommé maître des requêtes, et que furent instruits les dossiers du procès des révoltés de Normandie. Son habileté, dans cette affaire, lui valut une double faveur: d'abord, il fut nommé à l'intendance de Piémont, puis il fut présenté par Mazarin à Louis XIV, qui le fit nommer secrétaire d'État au département de la guerre, lors de la révocation de Desnoyers. Toutes les négociations échangées pendant la Fronde passèrent sous ses yeux, car il était resté attaché à la personne du cardinal; puis, il fut un des plus fermes soutiens du pouvoir royal et continua ّexercer sa charge de secrétaire d'État après la mort de Mazarin. En 1677, il devint chancelier et garde des sceaux.

Dès lors, il s'occupa consciencieusement d'améliorer la situation de la magistrature. Il publia des règlements, demanda aux jeunes magistrats qui se destinaient au Conseil, plus d'instruction et moins d'irrégularité.

Le Tellier fut un grand travailleur, mais il ne suivit pas toujours les exemples que lui avaient légués ses devanciers. Trop zélé courtisan, il approuva la révocation de l'Édit de Nantes, et

---

1. *Oraisons funèbres* de Mascaron.
2. Né le 19 avril 1603.

eut le malheur d'oublier que le père des Séguier avait protesté contre le massacre de la Saint-Barthélemy.

Le premier président Guillaume de Lamoignon [1] appartenait à une famille de robe. Son père, président à mortier, se consacrait aux devoirs de sa charge et laissa le soin de son instruction à sa mère et à un précepteur très médiocre. Pendant que le Parlement était en vacances, le président recevait dans sa terre de Baville des hommes d'un grand mérite dont la conversation contribua puissamment à former l'esprit du jeune Guillaume. L'un d'eux, Jérôme Bignon, frappé des dispositions de l'enfant, l'encouragea et le guida dans ses études. « Enflammé d'une généreuse émulation, Guillaume aspirait ardemment au jour où il paraîtrait à son tour dans la lice. Il entendait avec des marques d'impatience les récits que son père lui répétait souvent des affaires où les grands magistrats de son temps avaient conquis l'estime publique : — « J'avais de l'inquiétude, a-t-il dit, de ce qu'il me semblait que je perdais de si grandes et de si belles occasions, craignant de n'en pas rencontrer de semblables dans le cours de ma vie [2]. »

Nommé, à dix-huit ans, conseiller au Parlement de Paris, il négligea tous les amusements de son âge, pour se consacrer désormais aux travaux de sa profession ; il apprit le droit avec ardeur ; il lut les orateurs antiques ; et, le jour où il devint maître des requêtes, il étonna tous ses collègues par son savoir. Louis XIV devait plus tard dire de lui : « Je n'entends bien que les affaires que M. de Lamoignon rapporte ».

A la mort de Pompone de Bellièvre, Mazarin fit nommer Lamoignon président à mortier, puis premier président. « Dieu

1. Né à Paris en 1647.
2. Chévrier, *Eloge de G. de Lamoignon.*

m'est témoin que si j'avais pu trouver un plus honnête homme que vous pour remplir cette place, je l'aurais choisi », dit le cardinal à Lamoignon. Cela nous dispense de nous étendre sur le caractère du magistrat qui nous occupe. Son intégrité brilla d'un vif éclat à l'occasion du procès de Fouquet, et ses talents, ses connaissances profondes lui permirent de jouer un grand rôle dans la réforme des lois décrétée par Louis XIV.

Lamoignon était un travailleur infatigable, il disait que pour être digne de présider la justice, il fallait savoir la réformer. Il entreprit avec Fourcroy et Auzanet une œuvre considérable, la création d'un recueil unique de lois qui pût servir de code à la France entière, et apporter l'unité de jugement à toutes les questions interprétées différemment par les parlements. Ses collaborateurs préparaient des mémoires ; il les étudiait avec un soin minutieux, et dressait lui-même les articles en un style plein de clarté et de concision. Quand l'ouvrage fut publié, il obtint un succès considérable ; jamais on n'aurait pu croire qu'un seul légiste fût capable de réussir une telle tentative. D'Aguesseau disait en parlant de ce livre : « C'est l'ouvrage le plus propre à ormer cette étendue et cette supériorité d'esprit avec laquelle on doit embrasser le droit français. »

Lamoignon a eu l'honneur de préparer ainsi cette grande codification de nos lois, achevée seulement dans les temps modernes.

C'est chez lui, dans des entretiens familiers, qu'il discutait souvent et qu'il éclaircissait les questions les plus difficiles. Lorsque ses travaux lui permettaient de se reposer à la campagne, il s'adonnait à l'agriculture, ou bien il réglait les différends survenus entre ses voisins, « plus content en lui-même, dit Fléchier, lorsque dans le fonds d'une sombre allée, et sur un tribunal de gazon, il avait assuré le repos d'une pauvre famille, que lorsqu'il décidait des fortunes les plus éclatantes sur le premier trône de la justice. » Parfois, seul, il se promenait à l'ombre des arbres, « méditant ces éloquents et graves discours qui enseignaient et qui inspiraient tous les ans la justice, et dans lesquels, formant l'idée d'un homme de bien, il se décrivait lui-même sans y penser¹. »

Le chancelier d'Aguesseau naquit en 1669, à Limoges. Les heureuses dispositions qu'il manifesta de bonne heure étonnèrent son père, qui entreprit de veiller lui-même à l'éducation de son fils. Il lui fit lire les principaux auteurs grecs et latins, ou bien réunissait chez lui quelques gens instruits dont la conversation contribuait à fortifier l'esprit de l'enfant; aussi, les progrès furent-ils rapides.

A l'étude des langues succéda celle des mathématiques, puis celle de la philosophie, puis celle de l'histoire, pour laquelle il conserva toujours une préférence marquée. A dix-sept ans, il fit ses études de droit, fut reçu avocat du roi au Châtelet, et obtint la charge d'avocat général au Parlement de Paris, grâce à l'influence de son père. Dès 1717, il était élevé à la dignité de chancelier de France.

D'Aguesseau a encouru de la part de Saint-Simon un seul reproche : celui d'avoir « trop d'attachement à bien faire ». Il corrigeait, il retouchait sans cesse ses règlements, ses déclarations, ses lettres d'affaires. Il aimait les langues, les mathématiques, la physique, la philosophie, et son plus grand bonheur était de se renfermer chez lui pour converser de ces sciences avec quelques savants connus. Il résulte de là que ses écrits

---

1. V. Fléchier, *Oraison funèbre de Lamoignon.* — *Vie de M. le Premier président de Lamoignon.*

seront toujours une source d'instruction pour ceux qui se destinent à l'étude des lois¹. Ses œuvres constituent un trésor de belles pensées, de bons conseils et d'excellente doctrine où les magistrats peuvent puiser à pleines mains ². « La science, disait-il, a ses couronnes aussi bien que l'éloquence. Si elles sont moins brillantes, elles ne sont pas moins solides; le temps, qui diminue l'éclat des unes, augmente le prix des autres. » A ses yeux on ne devait compter pour rien les travaux de l'enfance et commencer les études sérieuses à l'âge où l'on termine ses classes d'ordinaire; la jeunesse n'est qu'un temps « que la vertu consacre au travail et à l'application »; les biens, la fortune, la santé même doivent être sacrifiés à l'amour de la science; tout homme, s'il veut parvenir, est obligé de « devenir invisible pour un temps, de se réduire soi-même dans une captivité volontaire, et de s'ensevelir vivant dans une profonde retraite, pour y préparer de loin des armes toujours victorieuses : voilà ce qu'ont fait les Démosthène et les Cicéron. Ne soyons plus surpris de ce qu'ils ont été ³. »

Si vous demandez à d'Aguesseau ce que c'est qu'un magistrat, il vous répondra : « Un magistrat, c'est un homme toujours armé pour faire triompher la justice, protecteur intrépide de l'innocence, redoutable vengeur de l'iniquité; capable de forcer et de rompre avec un courage invincible ces murs d'airain et ces remparts impénétrables qui semblent mettre le vice à couvert de tous les efforts de la vertu; faible souvent en apparence, mais toujours grand et toujours puissant en effet; les orages et les tempêtes des intérêts humains viennent se briser vainement contre sa fermeté. »

---

1. Laharpe, *Cours de Littérature*.
2. Delamalle, *Essais d'institutions oratoires*.
3. D'Aguesseau, *Discours sur la décadence de l'éloquence*.

MATHIEU MOLÉ

Sa plus grande joie était de montrer sa bibliothèque... (Page 194.)

Lors de son dernier séjour à Fresnes, d'Aguesseau jeta les bases de ces belles ordonnances qui ont fait sa principale renommée et qui ont réalisé pour la législation un grand progrès. Il commença par avertir de son projet les Cours souveraines, auxquelles il demanda ensuite leur avis sur les diverses mesures qu'il jugeait utile de prendre. Les réponses de ces Cours furent soumises à l'examen d'avocats illustres et à la discussion des membres les plus instruits du Parlement de Paris. Le maître des requêtes examinait alors la matière, qui était définitivement rédigée par un bureau de conseillers d'Etat que présidait d'Aguesseau en personne. On devine quelle peine eut le chancelier à élever un monument législatif aussi considérable que celui qu'il nous a laissé. Il est vrai que l'étude était pour lui un véritable plaisir et qu'il ne restait pas une minute sans travailler.

Mme d'Aguesseau n'était pas l'exactitude même; il lui arrivait souvent de faire attendre son mari alors que le dîner était servi. Croirait-on que, dans ces courts moments de loisir qui s'écoulaient entre le signal du dîner et le dîner lui-même, le chancelier eut le temps de rédiger peu à peu un volume entier, dont il fit un soir hommage à sa femme étonnée?

Toutes ses économies étaient consacrées à l'achat de volumes utiles dont il ornait sa bibliothèque .

Son érudition était véritablement prodigieuse. Il ne connaissait pas seulement le droit, mais la philosophie, les mathématiques, l'histoire, le grec, l'hébreu, le latin, l'arabe, l'italien, l'espagnol, l'anglais et le portugais. Il se plaisait à la méditation approfondie des textes sacrés.

En même temps il dessinait, chantait, aimait la musique.

---

1. Boullée, *Histoire de la Vie et des ouvrages du chancelier d'Aguesseau.*

Enfin, la poésie elle-même était cultivée par d'Aguesseau, qui a laissé des vers latins et français.

Lorsqu'il voulait entreprendre l'étude d'une science, il en apprenait d'abord avec un soin minutieux les éléments fondamentaux, ne passait rien sans l'avoir bien compris.

Enfin, il réglait l'emploi de son temps avec une grande précision, ne prenait aucun amusement : il ne mit jamais les pieds dans un théâtre public, et le seul jeu qu'on lui ait vu jouer est le jeu d'échecs. Ces études continuelles développaient ses facultés ; sa mémoire acquit, en particulier, une fidélité et une promptitude qui étonnèrent souvent les gens de lettres avec lesquels il aimait à discuter. A l'âge de quatre-vingt-un ans, quelqu'un ayant cité inexactement une épigramme de Martial, il s'empressa de la réciter mot pour mot. Or, il n'avait pas lu Martial depuis l'âge de douze ans.

Après avoir signalé de grands magistrats, nous devons citer quelques jurisconsultes qui ont acquis la réputation par l'étude et le travail.

Robert-Joseph Pothier est né à Orléans le 9 janvier 1699. Son père, conseiller au Présidial, mourut avant d'avoir eu le temps de diriger son éducation, et l'enfant ne dut le succès de ses premiers débuts qu'à son application soutenue. La philosophie, les langues latine et italienne lui devinrent particulièrement chères ; il se complut toujours dans la lecture d'Horace et de Juvénal, dont il citait en souriant quelque vers lorsque l'occasion lui en semblait favorable. Il eut, paraît-il, l'intention d'entrer dans les ordres, mais il ne voulut pas abandonner sa mère et se décida à faire son droit. En 1720, il fut reçu conseiller au Châtelet d'Orléans, et consacra tout le temps que lui passaient ses fonctions à l'étude du droit romain, de la morale et de la théologie. Dès quatre heures du matin, il se livrait à des exercices de piété ; puis, il se mettait au travail, ne s'interrompant que pour tenir ses audiences ou pour prendre ses repas. Il prenait toujours en note le résultat de ses lectures et, lorsqu'il avait réuni un certain nombre de ces documents, il les classait par ordre de matières. Aussi, lorsque d'Aguesseau lui confia la chaire de droit français de l'Université d'Orléans, il éleva son enseignement à une étonnante hauteur de vues.

amais, peut-être, un professeur ne s'occupa si activement de ses élèves. Tous les mercredis, il faisait des conférences dans sa maison ; les émoluments de sa chaire étaient consacrés à des encouragements ou à des secours pour les étudiants nécessiteux. De même que Cujas, dont nous parlerons plus loin, Pothier, par une singularité que l'histoire nous a rapportée, lorsqu'il étudiait, se mettait à genoux ou à plat ventre dans son cabinet, au milieu de ses livres qui jonchaient le plancher.

Ce fameux cabinet ne lui servait pas seulement d'endroit pour travailler, mais encore de tribunal particulier. « Quantité d'affaires, dit M. de La Place, s'y terminaient ; un nombre considérable de procès étaient prévenus par les sages conseils de cet obligeant arbitre. Les premiers magistrats de toutes les parties de la France lui soumettaient les questions ardues qu'ils avaient à juger et s'empressaient de se conformer à ses décisions. Continuellement consulté, tant de vive voix que par écrit, Pothier ne refusa jamais ses conseils gratuits à qui les réclama ; aucune lettre ne resta sans réponse, aucune question sans solution ; et certes, c'était une grande complaisance de la part d'un savant qui ne trouvait d'emploi agréable du temps, que celui qu'il consacrait à l'étude des doctrines dont il s'était consacré l'apôtre si dévoué. » Une fois, il conseilla à une veuve d'entreprendre un procès qu'elle perdit. Sans vouloir chercher si les juges s'étaient conformés à la lettre de la loi, il remboursa de tous ses frais la plaignante, qui n'avait aucune fortune personnelle.

Jacques Cujas[1], le célèbre jurisconsulte, était fils d'un foulon. Ses dispositions naturelles, jointes à un travail assidu, triomphèrent des obstacles que son humble naissance lui opposa tout d'abord, et il apprit, sans maître, le grec et le latin. Arnoul Ferrier, professeur de droit à Toulouse, lui enseigna les premiers éléments de cette science, mais en même temps Cujas était le précepteur des enfants du président Dufaur. C'est à leur intention qu'il étudia le texte des *Institutes*, et, en 1547, il commença à donner des leçons de droit romain. Son premier cours fut un succès. « Chacun, dit Etienne Pasquier, lui trouva dès lors un esprit fort clair et qui ne promettait peu de chose de lui pour l'avenir. » Malgré toutes les qualités dont il fit preuve pendant sept années consécutives, il se vit refuser une chaire de droit devenue vacante à Toulouse. Ce furent Cahors, puis Bourges, qui eurent le bonheur de posséder Cujas, et, après bien des péripéties, il lui fut permis « de faire lecture et profession en droit civil en l'Université de Paris » ; il ne resta qu'un an dans la capitale et retourna à Bourges, qu'il ne quitta plus.

On peut dire, sans exagération, que toutes les villes importantes se disputèrent Cujas. Pour arriver à ce point d'érudition, il fallut, au savant interprète des lois, un travail opiniâtre : il consultait et les manuscrits, et les livres imprimés, corrigeait les textes altérés ou défectueux, rédigeait des commentaires, méditait ses leçons. Il avait l'habitude de travailler « couché par terre et sur le ventre », ses livres dispersés autour de lui.

1. Né à Toulouse, en 1522.

Sa bibliothèque était remarquable, et le catalogue en existe encore dans les Archives de Paris. Quand on parcourt la liste de ses livres, on voit que leurs titres sont très variés, et s'adressent aussi bien à un poète ou à un moraliste qu'à un jurisconsulte.

En 1573, Charles IX fit de Cujas un conseiller honoraire au Parlement de Grenoble, et, en 1574, Henri III lui attribua « 375 livres de gages ». Ce sont les seules récompenses qu'obtint l'homme remarquable qui contribua à moraliser la France, en faisant faire à la jurisprudence d'immenses progrès et en répandant partout les idées de justice et d'égalité [1].

Parmi les hommes éminents dont s'honore la magistrature française, il en est qui, grâce à une volonté ferme, surent mettre à profit pour l'étude les intervalles de repos que leur laissaient leurs devoirs de magistrats, et devinrent de grands savants. Tel fut le célèbre géomètre Fermat.

Fermat, né à Beaumont-de-Romagne, près de Montauban, en août 1601, passa son enfance près de ses parents, honnêtes marchands de cuirs. Il étudia le droit à Toulouse, brilla dans la carrière d'avocat et fut nommé, en 1631, conseiller à la chambre des requêtes du parlement de Toulouse. En guise de délassement il se livrait à la culture des lettres, et surtout des mathématiques.

De plus d'une découverte rapidement écrite dans une lettre, il ne gardait ni brouillon, ni copie. Mais ces découvertes avaient une trop haute portée pour ne pas attirer l'attention du monde savant sur leur auteur. Arracher à Pascal des cris d'admiration; ramener, à force de candeur, de modestie vraie et de génie, l'es-

---

1. Bernardi, *Eloge de Cujas* (1770, Avignon), et Berriat-Saint-Prix, *Histoire de Cujas*.

prit dominateur et orgueilleux de Descartes, n'était-ce pas un assez beau triomphe ?

Pascal, l'auteur du *Traité de la Roulette*, l'inventeur du *Calcul des Probabilités*, écrivait un jour à Fermat : « Cherchez ailleurs qui vous suive dans vos inventions numériques ; pour moi, je vous confesse que cela me dépasse de bien loin ; je ne suis capable que de les admirer. »

Le témoignage arraché à Descartes, comme par regret et par respect pour la vérité, semble plus glorieux encore pour ces deux grands génies, si dignes de se comprendre et de s'estimer ; en parlant à Marsenne d'objections faites par Fermat, qu'il ne connaissait pas bien encore, Descartes écrivait un jour avec dédain : « Comme il y en a qui refusent de se battre en duel contre ceux qui ne sont pas de leur qualité, je pense avoir quelque droit à ne pas m'arrêter à lui répondre. »

Mais Fermat, sans insister, se contente d'avoir raison et de le prouver d'une manière irréfutable ; juge irréprochable quand il voulait bien être attentif, Descartes daigne alors lui écrire : « Je pense être obligé de vous avouer franchement que je n'ai jamais connu personne qui m'ait fait paraître qu'il sût autant que vous en géométrie. »

Aux témoignages de Pascal et de Descartes, il est impossible d'en joindre de plus hauts ; Fermat, cependant, a cette bonne fortune que nous pouvons trouver à la même hauteur plus d'une citation aussi glorieuse.

D'Alembert a écrit : « On doit à Fermat la première invention du calcul aux quantités différentielles pour les tangentes ; la géométrie nouvelle n'est que cette méthode généralisée ».

« On peut regarder Fermat, a dit Lagrange, comme le premier inventeur des nouveaux calculs. »

Laplace, l'immortel auteur de la *Mécanique céleste*, écrivait à peu près dans les mêmes termes : « On doit regarder Fermat comme le véritable inventeur du calcul différentiel. »

Cauchy enfin a dit que Fermat a été un des plus grands génies qui aient illustré la France.

Fermat, on peut en croire de si grands juges, était un incomparable géomètre.

Comme magistrat et comme jurisconsulte il fut une des gloires du parlement de Toulouse. Cependant il ne permit jamais à ses profondes méditations, à la rédaction de ses plus brillants résultats, d'usurper une seule heure sur ses travaux de magistrat ; il savait sacrifier le plaisir au devoir.

« Ce n'est pas tout encore ; Fermat, élevé dans cette petite ville de Beaumont, y avait reçu la saine et forte éducation que les plus louables, les plus persévérants efforts ont grand'peine à donner aujourd'hui aux jeunes gens les mieux doués dans nos cités les plus florissantes. Les langues anciennes lui étaient familières, et, non content de lire les textes les plus obscurs en les éclairant de sa vive intelligence, son esprit judicieux et inventif restituait avec vraisemblance plus d'une page perdue d'un savant de l'antiquité [1]. »

Les poésies de Fermat étaient admirées dans une ville où des récompenses enviées, décernées en tous temps par de bons juges, ont été depuis des siècles et sont encore aujourd'hui glorieusement méritées. Ce n'est pas en français seulement, mais en latin, en grec, en espagnol, en italien, que Fermat s'était fait une réputation de poète. Aussi modeste pour ses vers que pour ses beaux théorèmes, mais malheureusement mieux

---

[1]. Paroles prononcées par M. l'amiral Mouchez à l'inauguration de la statue de Fermat, à Beaumont, en 1882.

obéi, il n'a laissé parvenir jusqu'à nous aucune de ses œuvres poétiques. »

L'Héritier de Brutelle[1], comme Fermat, fut tout à la fois un magistrat laborieux, intègre et un savant éminent. Reçu, en 1772, procureur du roi, à la maîtrise des Eaux-et-Forêts de la généralité de Paris, il devint, peu de temps après, Conseiller à la Cour des Aides. Il consacrait le temps de repos que lui laissait la pratique de ses devoirs, à étudier et à cultiver la Botanique. Les travaux de L'Héritier sont nombreux et très estimés, à cause de l'exactitude des descriptions, de la minutieuse recherche des caractères. Le premier livre qu'il publia sous le nom de *Stirpes novæ* est magnifique et devenu très rare; c'est un grand in-folio, décrivant les espèces nouvelles, et contenant des planches d'un fini parfait, dus au talent du célèbre peintre Redouté.

L'Héritier de Brutelle jouissait d'une belle fortune; l'étude était sa passion; lorsqu'il apprenait qu'une plante rare était en fleur dans un jardin, il s'y transportait aussitôt et en récompensait généreusement de jeunes botanistes qui visitaient pour lui tous les jardins.

En 1786, L'Héritier de Brutelle, ayant appris que le voyageur Dombey, revenu du Chili et du Pérou, sollicitait en vain du ministre de Calonne les avances nécessaires pour la publication de ses découvertes, s'offrit de publier à ses propres frais toute la partie botanique; il obtint que Dombey lui remettrait ses herbiers en échange d'une pension annuelle. L'Héritier se mit au travail avec une ardeur inouïe; en peu de jours tout fut mis en ordre; peintres, graveurs étaient à l'œuvre, lorsqu'une nouvelle inattendue vint le frapper comme d'un coup de foudre.

---

[1]. Né à Paris, en 1746.

Les Espagnols voulaient publier eux-mêmes les œuvres de Dombey; le gouvernement, sollicité par la Cour de Madrid, donna l'ordre à Buffon de lui faire remettre l'herbier de Dombey. L'Héritier apprit que cet ordre inique allait lui être signifié le lendemain; sans hésiter, aidé de sa femme, il fit ses caisses, partit avec son trésor pour Calais, et toucha le sol de l'Angleterre. Il resta quinze mois à Londres, vivant dans la retraite la plus absolue, et ne s'occupant que de la collection précieuse qu'il y avait portée. Les ressources de toute espèce lui furent prodiguées pour son travail, la bibliothèque de Banks lui fut ouverte, l'herbier de Linnée, acheté par le D$^r$ Smith, fut mis à sa disposition.

L'Héritier, qui avait fait venir Redouté à Londres, réussit à terminer son œuvre, qu'il publia sous le titre de *Flore du Pérou*.

Dans ses moments de relâche, le botaniste visitait les jardins des environs de Londres, et faisait peindre les plus belles plantes qui en font l'ornement. Ces figures, superbement gravées, furent publiées à son retour sous le nom de *Bouquet Anglais (Sertum Anglicum)*. Le livre fut dédié aux Anglais.

L'Héritier de Brutelle revint d'Angleterre, et reprit très activement ses fonctions publiques. Cependant l'amour des plantes le possédait toujours ; ayant à entreprendre un travail régulier au ministère de la justice, il ne pouvait s'empêcher de recueillir, en entrant et en sortant de son bureau, les mousses, les lichens, les byssus et les petites herbes qui se présentaient sur les murs ou entre les pavés, et « c'est un fait assez remarquable d'histoire naturelle, dit Cuvier, auquel nous empruntons ces détails, qu'en une année, il en observa, seulement dans les environs de la maison du ministre, plusieurs centaines d'espèces dont il proposait de publier le catalogue sous le titre, qui aurait semblé un peu singulier en botanique, de *Flore de la place Vendôme.* »

L'Héritier joignait l'amour des livres à l'amour des plantes. Les soins qu'il se donna pour former une bibliothèque sont inimaginables. Ce qui lui restait de superflu sur ses dépenses était employé à rendre sa collection de livres plus complète, et il en fit en son genre une des plus belles de l'Europe. Elle comprenait, dans quelque langue que ce fût, tous les ouvrages traitant de matière relative à la botanique.

Son ardeur, pour acquérir des livres, était dégénérée en passion, et il avait fini par les estimer, comme font les bibliophiles, d'après leur rareté ; mais ce qu'il eut de plus singulier et peut-être d'unique, c'est qu'il voulut donner aussi ce mérite à quelques-uns des siens. Il y a de lui des dissertations qu'il a fait imprimer seulement à cinq exemplaires et qu'il a distribuées à des personnes différentes, de manière que nul autre que lui n'en possédait la collection complète.

Comme magistrat, L'Héritier de Brutelle n'est pas moins remarquable que comme savant. Voici comment l'apprécie Cuvier dans l'*Éloge*, qu'il consacre à sa mémoire. « L'Héritier de Brutelle obtint le respect et la confiance de tous ceux qui le connaissaient, beaucoup d'autorité dans tous les corps dont il fut membre. Avant d'être admis à la Cour des Aides, il jouissait déjà de l'intimité du chef de cette compagnie, ce grand et malheureux Malesherbes dont il partagea la philanthropie, l'austère vertu, t'oubli de soi-même, et jusqu'au genre favori d'occupation scientifique... Jamais le moindre nuage ne vint obscurcir la pureté de sa belle âme, jamais la moindre idée un peu douteuse n'altéra son imperturbable droiture. Il fit arrêter, le tribunal du deuxième arrondissement, qu'aucun de ses membres ne recevrait de solliciteurs. Selon lui, cet usage d'entretenir son juge hors de l'audience, est une insulte, et suppose, ou qu'il ne prête pas aux parties l'attention qu'il leur doit, ou qu'il peut céder à des motifs qu'on n'oserait pas lui alléguer en public... La seule vengeance qu'il se soit jamais permise a été de choisir une plante de mauvaise odeur, pour lui donner le nom d'un botaniste dont il avait à se plaindre. »

L'Héritier de Brutelle fut arraché à ses devoirs, à ses travaux, à sa famille, à ses fleurs et à ses herbiers, de la manière la plus funeste. Dans la soirée du 16 avril 1800, étant sorti fort tard de l'Académie des Sciences dont il faisait partie, il fut assassiné à coups de sabre non loin de son domicile, par un criminel resté inconnu [1].

1. Nous ajouterons que l'auteur de ce livre est l'arrière petit-fils de l'Héritier de Brutelle et qu'il est heureux d'adresser ici un hommage de respect à la mémoire de son aïeul.

*Duperré.* — Il dit adieu à sa mère... (Page 22..)

## CHAPITRE HUITIÈME

### NAVIGATEURS ET MARINS

Où sont-ils les marins sombrés dans les nuits noires ?
VICTOR HUGO.

Saluons les navigateurs qui, au prix de mille périls, ouvrent à l'industrie, des pays nouveaux, accroissent le domaine des travaux féconds, et augmentent sans cesse le cercle de l'activité humaine. Saluons les marins qui portent sur les mers le drapeau de la patrie.

Tout en étant de grands modèles de vaillance, ceux-là sont bien aussi des héros du travail.

Citons quelques exemples de l'énergie, qui accompagne toujours l'œuvre du navigateur.

Au XIV° siècle, de hardis marins dieppois allèrent jusqu'au

golfe de Guinée, d'où ils rapportèrent de l'ivoire et de la poudre d'or. Jean de Béthencourt, chambellan de Charles VI, avait entendu parler de ces expéditions dieppoises, et par suite des îles Canaries, appelées alors îles Fortunées. Abandonnant la carrière des armes, où il avait noblement tenu sa place durant les guerres des Anglais, il résolut de conquérir des terres nouvelles pour la gloire de son pays. Dans ce but, il s'aboucha avec un capitaine espagnol expérimenté dans l'art de la navigation. Ils armèrent à la Rochelle une véritable escadre, et gagnèrent La Corogne, puis Cadix. Au moment d'engager leurs navires sur une mer inconnue, les équipages, pris de terreur, craignant de ne point revenir de ce périlleux voyage, se révoltèrent contre l'autorité du chef d'escadre. A force de prières, Béthencourt les décida à mettre à la voile.

Tout d'abord, les calmes contrarièrent la traversée. Bientôt, pourtant, une brise favorable poussa rapidement la flotte vers le Sud, et en cinq jours on atteignit l'île de Lancerote, à l'extrémité Nord-Est de l'archipel des Canaries. La conquête de cette île fut rapide ; une colonie put y être fondée, qui ne tarda pas à prospérer, et dans une seconde expédition tout l'archipel fut acquis à la France. Jean de Béthencourt ne réussit que par des miracles de persévérance et de volonté. Il est admirable d'avoir terminé une entreprise aussi difficile avec des moyens aussi imparfaits.

La seconde moitié du xv$^e$ siècle vit se produire le plus magnifique ensemble de découvertes qui se puisse imaginer.

C'est le Portugal qui fut l'initiateur des grandes explorations maritimes, et par suite garda pendant plus d'un siècle le sceptre de la mer. Il dut en grande partie cette gloire au prince Henri qui, par ses études géographiques, par les encouragements qu'i ne cessa de prodiguer aux marins, par les plans hardis et bien conçus qu'il leur traça, par un désir constant d'agrandir le champ des découvertes maritimes, lança ses compatriotes dans la voie qu'ils suivirent si brillamment. Son influence persista après sa mort, et le souvenir de Henri le Navigateur accompagnait sans cesse Vasco de Gama dans ses lointains voyages. Ce prince, fils et frère de roi, ne monta jamais sur le trône, mais qui oserait dire qu'il ne rendit pas autant ou plus de services à son pays que Jean I$^{er}$, son père, et que son frère Jean II. Il s'était fait construire un observatoire au bord de la mer, non loin du cap de Saint-Vincent : c'est là, qu'il étudiait la géographie, qu'il cherchait à perfectionner les nouveaux instruments de navigation, qu'il écoutait les récits merveilleux des marchands juifs et des marchands arabes, qu'il coordonnait des renseignements venus de toutes les parties du monde. Pendant cinquante ans, il prépara avec ardeur de nouvelles expéditions, et ses compatriotes reconnaissants lui décernèrent le surnom glorieux de « Navigateur », bien qu'il n'eût jamais pris la mer.

En 1492, Martin Behain construisit une sphère très remarquable où sont inscrites, avec des annotations historiques, les découvertes de cette grande époque. Rien de plus curieux que cet important travail géographique.

Le premier capitaine qui trouva la route des Indes fut Barthélemy Diaz. Le Portugal n'a pas rendu à ce hardi marin, si courageux et si enthousiaste, les honneurs qu'il méritait, et la gloire de Gama a injustement obscurci la sienne. Au mois d'août 1487, trois caravelles sortirent du Tage, sous le commandement de Barthélemy Diaz. Après avoir navigué sur les traces de Diego Diaz, en avançant davantage vers le Sud, il trouva un abaissement notable de température, ce qui ne laissa pas de surprendre

## DUQUESNE

Voilà les reste d'un grand homme... (Page 222.)

les hommes de l'escadre. Comme les calmes régnaient sur la côte, Diaz mit le cap au large et y fut surpris par de fortes tempêtes, qui se prolongèrent plusieurs jours. On se trouva en présence de lames monstrueuses, telles qu'on n'en avait jamais vu encore. Ce fait, alors inexpliqué, effraya l'équipage, qui attendit que le vent diminuât pour faire route vers l'Est et toucher terre. Surpris de ne point avoir de terres en vue, il tourna au nord et vint jeter l'ancre dans la baie d'Algoa, où il s'aperçut que la côte avait changé de direction. Il avait donc passé le fameux promontoire qui termine l'Afrique? Il voulut revenir sur ses pas pour s'en assurer, mais le mauvais vouloir de son équipage ne lui en donna pas le temps, et l'escadre rentra à Lisbonne.

Nous avons consacré, dans les *Martyrs de la Science*, un long chapitre à la *Découverte de la Terre*; nous ne répéterons donc pas ici ce que nous avons dit de Christophe Colomb, de Vasco de Gama, de Magellan et de bien d'autres. Nous dirons quelques mots cependant d'un homme admirable de courage et de ténacité, du capitaine anglais Back, qui accomplit dans les régions arctiques un périlleux voyage à la recherche de son compatriote Ross, en 1834 et en 1835, et qui reconnut la rivière à laquelle on a donné son nom.

George Back avait accompagné déjà sir John Franklin dans ses expéditions au nord de l'Amérique[1]. En 1832, il se trouvait en Italie, lorsqu'il apprit la disparition du capitaine Ross, parti trois ans plutôt pour les régions polaires et dont on n'avait pas eu de nouvelles depuis. Immédiatement, il revint en Angleterre, dans l'intention de se proposer au gouvernement pour guider une expédition par terre jusqu'aux parages où de-

1. En 1819-22 et en 1825-27.

vaient se trouver Ross et son équipage. Après bien des tergiversations, le brave marin eut gain de cause et reçut l'ordre de s'embarquer.

Il faut avoir lu le journal du voyage, pour savoir quelle persévérance et quelle sagesse il a fallu au capitaine Back pour mener à bien une pareille entreprise. Tout d'abord, il eut une peine inouïe à se procurer des hommes pour le service, puis, à Norway-House, il fut retenu par un coup de vent, après quoi il fallut diriger des bateaux dans les Rapides : tantôt ces frêles esquifs étaient impuissants à résister à l'impétuosité du courant qui les entraînait en dérive, tantôt ils étaient lancés au milieu de l'eau écumante et des rochers à fleur d'eau. Enfin, on dut vaincre le mauvais vouloir ou la cruauté des Indiens, disséminés çà et là sur la route, et ce ne fut qu'après bien des tâtonnements, bien des dangers, qu'on parvint à découvrir le Tlewce-cloa, ou Grande rivière du Poisson. En donnant à cette rivière le nom de Back, les géographes ont rendu, à cet officier, la justice que méritaient son dévouement, sa patience, et son habileté.

Laissons maintenant les navigateurs proprement dits, pour nous occuper des marins, c'est-à-dire de ceux qui combattirent pour leur patrie.

Abraham Duquesne, né à Dieppe, en 1610, est une des plus nobles figures que nous puissions choisir parmi les marins français. Né au milieu des navigateurs, bien instruit par son père qui poussa si loin ses études, qu'il lui fit apprendre la construction des vaisseaux, à vingt ans Duquesne commandait déjà une galère française et combattit les Espagnols. A cette époque, son père, qui était à bord de son vaisseau, fut tué pendant une action ; cette perte cruelle enflamma le jeune capitaine d'une haine ardente contre les Espagnols.

En 1643, Duquesne aborda les Espagnols devant Barcelone et leur livra plusieurs combats opiniâtres; il coula plusieurs vaisseaux ennemis, et continuait ses prouesses quand la mort de Richelieu vint interrompre les entreprises hardies, dont il était l'âme.

Sans suivre Duquesne dans tous ses triomphes, nous dirons qu'il dut ses succès non seulement à son audace, mais à son sang-froid, à son aptitude à tout surveiller par lui-même. C'est lui qui, sûr de sa force et de celle de ses hommes, disait fièrement : « Le pavillon français, tant qu'il sera sous ma garde, ne subira pas d'affront. »

Sous le ministère de Colbert, Duquesne, nommé lieutenant général des armées navales, organisa la guerre contre la Hollande, et dut bientôt avoir la Méditerranée comme champ d'action.

Duquesne eut à se mesurer avec Ruyter, l'illustre marin hollandais, qui, fils d'un ouvrier brasseur, s'était peu à peu élevé par ses aptitudes et son travail au rang d'amiral. L'amiral hollandais venait de passer le détroit de Gibraltar à la tête d'une flotte puissante. Duquesne partit de Toulon avec vingt vaisseaux; la flotte de Ruyter, qui en comptait vingt-quatre, attendait son adversaire dans le voisinage des îles de Lipari. Après un combat acharné, l'amiral hollandais, malgré son intrépidité et la vaillance de ses marins, ne put empêcher Duquesne d'opérer sa jonction avec les vaisseaux français restés à Messine. Une rencontre plus terrible et plus décisive mit bientôt Duquesne et Ruyter en présence l'un de l'autre ; elle eut lieu non loin du rivage, en vue du mont Etna. Les Français comptaient trente vaisseaux, les Hollandais, assistés d'une flotte espagnole, en avaient vingt-neuf avec une dizaine de galères. Les deux amiraux combattirent de près, et un véritable duel s'engagea entre leurs navires, mais, tout en se foudroyant bord à bord, les deux chefs n'en veillaient pas moins à tous les mouvements de leur escadre. Ce combat terrible eut pour dénouement la mort de Ruyter ; Duquesne rentra victorieux dans Messine, et, dans une nouvelle lutte acharnée, il écrasa la flotte espagnole et hollandaise que n'animait plus l'âme de Ruyter.

Louis XIV félicita Duquesne de ses victoires, mais il ne l'éleva pas au grade de vice-amiral parce que Duquesne était protestant : ferme dans sa foi, le grand marin avait toujours été insensible à toutes les amorces de l'ambition.

On rapporte qu'un jour Duquesne raconta à sa famille que le roi lui avait fait entendre qu'il l'eût fait amiral s'il n'avait été protestant. « Eh! s'écria sa femme, il fallait lui dire : Oui, sire, je suis protestant, mais mes services sont catholiques. »

Le nom de Duquesne est devenu célèbre chez les marins de toutes les nations : un beau trait de lui montrera sa grandeur d'âme.

Après le combat de Palerme, on rapporte qu'il poursuivit et captura une frégate hollandaise. Il vit que ce bâtiment était peint en noir et couvert de crêpes funèbres. Il apprit qu'il portait en Hollande le cœur de Ruyter. Duquesne voulut visiter la chambre où était déposé le vase d'argent qui le renfermait. Il salua cette urne avec respect : « Voilà les restes d'un grand homme, dit-il, qui a trouvé la mort au milieu des périls qu'il a bravés tant de fois. » Puis, se tournant vers le capitaine, il lui donna un sauf-conduit.

Duquesne, à la fin de sa carrière, à soixante-quinze ans, fut atteint par la révocation de l'édit de Nantes. Tous ses parents allaient être chassés du pays qu'ils avaient si bien servi ; cet événement accabla sa vieillesse et abrégea ses jours ; mais, avant de mourir, il fit jurer, à son fils banni, de ne jamais porter les armes contre la France.

Jean Bart, le légendaire Jean Bart, dont le nom si populaire est dû à son mérite, à son courage, à sa constance dans le devoir et l'action, offre l'exemple d'une de ces existences qui seraient traitées de fables, si des documents certains ne nous en démontraient l'authenticité.

Jean Bart appartient à une famille de marins connus dans les mers du Nord-Ouest de l'Europe, pour leur intrépidité et leur haine de l'Angleterre. Il naquit le 21 octobre 1650, à Dunkerque, et, comme après la bataille des Dunes, Dunkerque fut vendu à Louis XIV par Charles II, le futur marin devint par droit de conquête pacifique sujet du monarque français. Comment s'écoulèrent ses premières années? L'histoire est muette à ce sujet. Il est probable, qu'à l'exemple de tous les enfants des villes maritimes, il vécut au milieu des marins du port, s'initiant par une pratique de tous les jours à la connaissance de leur métier, partageant sans doute leurs aventures de pêche, habituant son corps à toutes les fatigues et son âme à tous les dangers. Ce qu'il y a de certain, c'est que son éducation intellectuelle fut complètement négligée, et que, s'il devint habile dans l'art de prendre un ris ou de ferler une voile, il ne parvint jamais au-delà de cette instruction rudimentaire qui consiste à savoir signer son nom. Mais chez lui l'application à son art suppléait à tout.

Il est permis de supposer qu'à l'âge de seize ans il visita la Hollande, qui possédait, ainsi que l'Angleterre, une importante marine; les grades, dans l'armée navale de ce pays, se donnaient au mérite, et, poussé par l'ambition, par le désir d'*arriver*, Jean Bart qui, en 1664, avait remporté le prix du canon au tir de Calais, partit pour la terre « où de simples tordeurs de chanvre devenaient chefs suprêmes des armées navales d'une puissante république ». Nous ne rappellerons pas ici tous les services qu'il rendit à la France.

Nous ajouterons qu'à l'apogée de sa gloire, il garda la simplicité de son origine et ne se dépouilla jamais de cette brusquerie de manières qui lui était particulière. « Comment fîtes-vous pour sortir de Dunkerque à travers les vaisseaux ennemis ? » lui disaient un jour à la cour les courtisans qui avaient l'habitude de se moquer ouvertement de lui.

« Rien de plus simple », répondit-il. Et, serrant ses interlocuteurs les uns contre les autres, il se précipita au milieu d'eux et les sépara à coups de coude. — « Voilà comment je fis. »

Les courtisans étaient furieux, mais Louis XIV riait de leur mésaventure.

Le 22 mai 1692, la France éprouvait la défaite de la Hogue. Tourville forma une flotte de 71 vaisseaux et sur sa demande, le *Glorieux*, de 62 canons, fut confié à Jean Bart. La belle victoire qu'il remporta dans cette campagne suffirait à l'immortaliser, si à ce titre de gloire ne s'en ajoutaient tant d'autres. Grâce à lui, la France était sauvée de la famine, et la princesse de Conti, la dame la plus fière de cette cour superbe, lui envoyait une fleur, « pour qu'il la conservât au milieu de ses lauriers. » Des lettres de noblesse lui furent accordées, personne ne murmura. Et pourtant le préjugé aristocratique était bien enraciné en France sous Louis XIV.

Que dire de plus ? Aux qualités du marin, Jean Bart joignait la sobriété, la vigilance, la présence d'esprit. « Il savait parfaitement son métier, dit un contemporain, et il l'a fait avec tant de désintéressement, d'application et de gloire, qu'il n'a dû sa fortune et son élévation qu'à sa capacité et à sa valeur. »

Parmi les marins illustres, nous choisirons principalement ceux qui doivent leurs succès, non seulement au courage, mais à la science, à l'application, à l'étude. Ici comme partout ailleurs, nous allons voir que le travail est le plus sûr auxiliaire du mérite.

Après Jean Bart, nous parlerons de Tourville, dont le nom a déjà passé sous les yeux du lecteur. Né à Paris le 26 novembre 1642, il était le plus jeune des trois fils de César, baron de Tourville et de Lucie de la Rochefoucauld. Sa qualité de cadet le fit destiner à l'ordre de Malte dans lequel il entra à l'âge de quinze ans. Le jeune Tourville était très ardent à l'étude ; sa figure était fine et gracieuse, et on ne pouvait croire que sous une telle apparence de douceur et de timidité, il cachait une indomptable énergie Dans une première expédition à laquelle il prit part contre les corsaires barbaresques, Tourville se battit comme un lion et reçut trois blessures. Dix années de courses dans la Méditerranée lui valurent une grande réputation, on l'appelait déjà le *marin invincible*, quand il arriva à la Cour en 1667. Le roi le nomma capitaine de vaisseau, et ne tarda pas à lui donner l'occasion de faire son apprentissage dans la grande guerre maritime, où il devait briller avec tant d'éclat.

Tourville ne connut jamais le repos. Après la paix de Nimègue, il présida à Versailles, sous les yeux du roi, à la construction d'un nouveau modèle de frégate qui surpassait de beaucoup, par ses qualités nautiques, tout ce que l'on avait exécuté avant lui. Quand Duquesne mourut, il prit le premier rang dans notre marine, et les hostilités qui recommencèrent entre la France et l'Angleterre après le renversement de Jacques II, lui fournirent une nouvelle occasion de faire valoir ses talents, son activité, son patriotisme. Nommé vice-amiral en 1689, il devait écraser la flotte des Hollandais dans ce mémorable combat naval, livré en face de l'île de Wight. Cette grande victoire était due à la science de Tourville, à l'habileté qu'il avait su déployer dans l'art des signaux, dont il fut un des créateurs. Les alliés, après avoir perdu quinze navires et cinq brûlots, se réfugièrent dans la Tamise, n'échappant à une destruction complète que grâce au sang-froid de leur commandant l'amiral Herbert.

Trois années plus tard, les alliés, par des efforts héroïques, se présentaient devant Tourville, avec des forces imposantes. L'amiral français se trouvait avoir un nombre de vaisseaux bien inférieur à celui de ses ennemis. C'est encore dans la science, qu'il trouva les moyens du salut. Il exécuta, dans la Manche, cette belle campagne dite *du large*, où il évita toute bataille avec une habileté merveilleuse. Il tint cependant la mer, arrêtant les bâtiments qui s'aventuraient dans le détroit, et contraignant enfin l'amiral anglais à rentrer dans ses ports.

Tourville était un modèle de générosité et de désintéressement. En 1689, il avait refusé noblement d'accepter la main d'une jeune fille qu'il aimait, parce que l'immense fortune de celle-ci était en trop grande disproportion avec la modicité de la sienne. « Il possédait en perfection, a dit Saint-Simon, toutes les parties de la marine, depuis celles du charpentier jusqu'à celles d'un excellent amiral. Son équité, sa douceur, son flegme, sa politesse, la netteté de ses ordres, les signaux et beaucoup d'autres détails particuliers très utiles qu'il avait imaginés, son arrangement, sa justesse, sa prévoyance, une grande sagesse, aiguisée de la plus naturelle et de la plus tranquille valeur, tout contribuait à faire désirer de servir sous lui et d'y apprendre [1]. »

---

1. *Mémoires* de Saint-Simon. — Guérin. *Histoire de la marine*.

Tourville est en effet l'un des marins français auquel la science navale doit les plus grands progrès.

Le célèbre amiral La Touche-Tréville, est encore un bel exemple d'un homme qui eut la passion du travail et du devoir. A l'âge de douze ans, il servait déjà dans les gardes de la marine où il se faisait remarquer par son zèle et son assiduité. Après avoir exécuté des voyages lointains, après avoir livré des combats glorieux, il fut appelé dans l'administration des ports, et il contribua pour une grande part à la rédaction du code maritime de 1786. La Touche-Tréville eut une magnifique carrière, il repoussa deux fois les attaques du grand Nelson, et mourut au champ d'honneur, sur le *Bucentaure* qu'il commandait. A la suite d'une pénible campagne, il était tombé malade, en vue des côtes de France; on voulut le porter à terre, mais il s'y opposa: « Un officier de mer, dit-il, doit s'estimer heureux de mourir sous son pavillon. » Trois jours après, il s'éteignit doucement en présence de ses officiers.

Suffren[2] n'atteignit les hauts grades dans sa belle carrière de marin, qu'à la suite de travaux assidus, et d'une persévérance à toute épreuve. Il ne devint capitaine qu'à l'âge de trente-six ans, après s'être signalé cependant dans bien des campagnes glorieuses. Personne n'était plus affable et plus simple que lui; il aimait à s'entretenir familièrement avec ses matelots, et la confiance qu'il savait leur inspirer en donnant lui même l'exemple de l'assiduité au devoir, allait jusqu'à l'enthousiasme. A un sang-froid imperturbable, il joignait une activité et une ardeur extrêmes.

Villaret de Joyeuse, l'intrépide commandant du *Vengeur*, de ce glorieux navire, qui, refusant de rendre son pavillon à l'en-

1. Né à Rochefort le 3 juin 1745.
2. Né en Provence le 13 juillet 1726.

nemi, s'enfonça dans les flots[1], Dupetit-Thouars, le grand marin, qui fut aussi un navigateur et un savant, seraient dignes d'attirer notre attention, mais nous devons nous borner à quelques choix dans une glorieuse pléiade de marins illustres. Arrêtons-nous principalement sur la vie de ceux qui ont le plus travaillé.

L'amiral Decrès[2] contribua, plus que tout autre peut-être, à la puissance de notre marine. Nommé ministre de la marine en 1801, à une époque où les arsenaux étaient vides, où les ressources étaient nulles, il réorganisa tout, non par de vaines paroles, mais par le travail et l'action. Il s'occupa de tous les services, fit peu à peu affluer les munitions dans tous les ports, construisit des chantiers, des vaisseaux, seconda tous ses chefs de service par sa persévérante activité, et restaura notre marine. On peut apprécier le travail considérable qui lui est dû en se reportant à sa correspondance, dans laquelle il se montra toujours animé du désir d'accroître la prospérité de son pays et de défendre son honneur.

L'amiral Hamelin[3] a été non seulement un marin illustre, mais un savant laborieux. Le voyage qu'il fit, à bord du *Naturaliste*, est une véritable expédition de découvertes ; l'ardeur avec laquelle il étudia plus tard la construction de chaloupes canonnières, lui permit d'apporter de nombreux perfectionnements aux procédés usités dans notre marine. Nommé capitaine de vaisseau en 1803, il brilla toujours par l'habileté et la hardiesse de ses manœuvres en présence de l'ennemi. Il s'éleva peu à peu par l'amour du devoir et la passion du travail, aux plus hauts rangs; créé baron en 1811, il devint contre-amiral, et fut chargé à la fin

---

1. Contrairement à ce que l'on croit généralement, Villaret de Joyeuse ne périt pas avec *le Vengeur*.
2. Né à Chaumont (Haute-Marne) le 18 juin 1761.
3. Né à Honfleur le 13 octobre 1768.

de sa carrière de la direction générale du dépôt des cartes et plans.

Il suffit de retracer la biographie de certains hommes pour les rendre dignes de l'admiration et de l'estime universelles : Duperré va nous en offrir une nouvelle preuve.

Victor-Guy Duperré naquit à la Rochelle le 20 février 1775. Son père, Jean-Augustin Duperré, écuyer, conseiller du roi, mourut quelques jours après. L'orphelin resta avec sa mère jusqu'à l'âge de huit ans, puis il entra au collège des Oratoriens de Juilly ; mais il n'y put rester que fort peu de temps, car sa mère, ruinée tout à coup, se trouva dans l'impossibilité de payer désormais le prix de sa pension. Il accepta ces revers sans murmurer et résolut d'aller rejoindre un de ses frères établi à Saint-Domingue. Pour épargner les frais d'un si long voyage, il se fit inscrire comme mousse au rôle d'un navire de commerce qui allait dans les colonies. Il dit adieu à sa mère et partit.

Son apprentissage fut rude, mais il ne se découragea pas, et à peine était-il revenu de Saint-Domingue qu'il s'embarqua pour les Indes, en qualité de pilotin et à raison de douze francs par mois ; ce second voyage lui permit de compléter son instruction navale et de donner des preuves de ses qualités de marin.

Les connaissances qu'il avait acquises ne tardèrent pas à lui servir. Trois mois après Valmy, la guerre maritime commença en effet entre la France d'une part, l'Angleterre et la Hollande coalisées de l'autre. Duperré n'hésita pas à abandonner la marine marchande pour celle de l'Etat. D'abord aide-timonier sur la corvette le *Marin-Guiton*, puis sur la frégate le *Tartu*, il reçut bientôt une commission d'enseigne auxiliaire à bord de la frégate la *Virginie*, qui fut prise par les Anglais après un combat meurtrier ; il resta deux ans prisonnier, mais son courage lui avait valu le brevet d'enseigne.

Une fois libre, il fut placé dans le service des ports, s'instruisit dans l'art des constructions navales, et reçut plus tard le commandement de la corvette la *Pélagie*. Il y exerça si bien l'autorité qui lui avait était donnée, qu'il obtint le grade de lieutenant de vaisseau et les félicitations des amiraux Decrès, Thévenard, et Villaret-Joyeuse. Enfin, le 23 septembre 1809, il reçut sa nomination de capitaine de frégate et vogua vers la Martinique à bord de la *Sirène*. Au retour de ce voyage, il rencontra aux atterrissages de Groix deux vaisseaux, trois frégates et un aviso anglais, avec lesquels un engagement eut lieu. Un marin ennemi lui crie : « Amène ou te coule ; » lui, répond fièrement : « Coule, si tu peux, je n'amène pas. Feu partout! » Le combat dure plus d'une heure, et, lorsqu'il voit que la *Sirène* va être submergée, il la dégage par une habile manœuvre, et l'échoue sous le fort de l'île de Groix. Les Anglais, redoutant la côte, n'osent approcher et abandonnent leur proie. Le matin, la *Sirène* est remise à flot et fait voile vers Lorient, où elle arrive trois jours après.

Napoléon, qui, on ne sait trop pourquoi, s'était jusque-là presque refusé à l'avancement de Duperré, ouvrit tout à coup les yeux, le nomma capitaine de vaisseau et l'envoya à l'Ile de France. Pendant deux ans, Duperré combattit l'Angleterre, chassant, prenant ou détruisant ses bâtiments : il parvint à former une division navale avec les seuls navires pris à ses adversaires et fut vainqueur au combat du Grand-Port. Lorsqu'il revint en France, il fut fait chevalier, puis commandeur de la Légion d'honneur, et baron de l'Empire. Un an plus tard, il devenait contre-amiral (1811).

Dès lors, toutes les distinctions dont il se trouva l'objet furent la récompense de quelque action d'éclat ; vice-amiral, pair de

France, amiral, vice-président du conseil d'amirauté, ministre de la marine et des colonies, voilà les principales fonctions qu'il eut l'honneur d'exercer. « Mousse, capitaine, amiral ! » tels sont les trois mots, grands par leur simplicité même, que les Rochelais ont fait inscrire sur le socle de la statue qu'ils ont élevée à leur illustre concitoyen[1].

En 1854, la marine française perdit un de ceux qui, comme Duperré, l'avaient le plus illustrée, dans la personne de l'amiral Roussin. Né à Dijon le 21 avril 1781, il fut admis à douze ans en qualité de mousse sur la batterie flottante *la République*, chargée de la défense de la rade de Dunkerque. Puis, il fut embarqué comme matelot timonier sur le *Tartu* et fit diverses campagnes ou croisières dans les mers d'Europe.

Lorsqu'il atteignit sa dix-huitième année, il comprit que, pour réussir, il lui fallait les connaissances théoriques de la profession qu'il avait embrassée. Il prit un congé, revint dans sa famille, se livra à l'étude avec ardeur, et subit avec succès l'examen des candidats au grade d'aspirant de première classe (1801). Après une campagne à la Martinique, il passa comme enseigne de vaisseau sur la frégate la *Sémillante*, soutint cinq combats dans les mers de l'Inde, donna des preuves de sa bravoure, et fut promu au grade de lieutenant de vaisseau. D'autres campagnes non moins glorieuses suivirent les précédentes.

En 1816, il fut chargé de l'exploration hydrographique des côtes occidentales d'Afrique. Il s'agissait de rectifier le tracé de ces côtes, et surtout celui du banc d'Arguin, sur lequel la frégate *la Méduse* avait fait un effroyable naufrage au

---

1. *Eloge de Duperré*, par H. Viault, et *Vie de Duperré*, par P. Chassériau.

mois de juillet précédent. On mit à cet effet deux bâtiments à ses ordres; pendant seize mois que dura cette importante mission, il explora environ quatre cent vingt lieues de côtes, et établit d'une façon complète les cartes de cette partie du littoral de l'Afrique, accompagnées d'instructions qui permettent aujourd'hui de la fréquenter avec sécurité. Au commencement de l'année 1819, le capitaine Roussin reçut la mission d'explorer les côtes du Brésil. Cette nouvelle campagne hydrographique, non moins brillante que la précédente, dura dix-neuf mois [1].

Roussin fut nommé contre-amiral le 17 avril 1822; Louis XVIII, quelque temps auparavant, lui avait donné le titre de baron. Il entra peu après dans la première composition du conseil d'amirauté nouvellement créé. Entre autres services qu'il rendit à la marine dans ce haut emploi, on doit citer la création du vaisseau-école de Brest qui fut adoptée d'après ses conclusions, pour favoriser l'éducation des jeunes gens qui se destinent à la marine.

L'amiral Roussin cultiva toute sa vie les sciences et les lettres; il avait d'heureuses facultés servies par une prodigieuse mémoire; travailleur pendant la paix, courageux pendant la guerre, le jeune mousse de 1793 à la fin de sa carrière, était grand amiral, sénateur, membre de l'Académie des sciences et du Bureau des longitudes, ancien pair de France, ex-ministre de la marine et ancien ambassadeur. Ces postes éminents, ces positions élevées, il les dut à son mérite, à son travail.

« Il est parti mousse. Il s'est embarqué seul, sans appui, sans protection, sans aucune instruction. Il a puisé des forces dans

1. Discours prononcé aux funérailles de M. l'amiral Roussin, par M. Duperrey (1854).

LATOUR D'AUVERGNE

Périsse le lâche qui abandonne son pays... (Page 213.)

son courage. Il a inspiré l'intérêt par sa résignation et ses penchants pour le travail. Il a suppléé au défaut d'instruction et d'éducation par l'étude, la soumission et la plus inébranlable constance. »

Et après toutes ces actions d'éclat qui le firent arriver au rang suprême, lorsque la vieillesse, en glaçant ses sens, l'obligea au repos et au calme, l'amiral Roussin rentra dans la vie privée, « riche seulement de ses souvenirs, glorieux de son beau nom et de sa réputation d'homme de bien ». »

Oui, Duperré et Roussin sont bien, dans la marine française contemporaine, les héros du travail par excellence !

Si nous avons spécialement signalé nos compatriotes, nous n'oublions pas cependant que l'Angleterre, la Hollande, l'Espagne, le Portugal et les grands pays maritimes offrent, parmi les marins qui en ont été la gloire, d'aussi beaux exemples que ceux que la France peut offrir.

1. Notice biographique de l'amiral baron Roussin (Paris, 1848).

*Lazare Hoche.* — Il se mit à faire des travaux de jardinage afin de pouvoir acheter des livres... (Page 237.)

# CHAPITRE NEUVIÈME

## LES GRANDS GÉNÉRAUX

> Un jour sans servir ma patrie, est un jour retranché de ma vie.
> Desaix.

Les guerres de la Révolution française et du premier Empire offrent à l'historien de nombreux exemples d'hommes qui, sortis des rangs les plus humbles, arrivèrent, par leur énergie, par leur application, par leur courage, par leur propre mérite, aux fonctions militaires les plus élevées.

Un des plus dignes d'admiration est Lazare Hoche, né le 24 juin 1768 à Versailles. Son père était garde-chenil dans la vénerie du roi Louis XV. Une de ses tantes, marchande de légumes, prit soin de l'envoyer à l'école, où il se distingua par son désir de savoir. Après avoir reçu du curé de Saint-

Germain-en-Laye un complément d'instruction, il entra dans les écuries de Versailles en qualité de palefrenier surnuméraire [1].

A dix-sept ans, il abandonna ce métier pour la carrière des armes et fut incorporé dans le régiment des gardes françaises. Le jeune soldat se livra avec ardeur à l'étude; il s'enthousiasma pour les grands hommes de la République romaine, dont les écrits de l'époque vantaient sans cesse le désintéressement et la valeur. En même temps, il prenait ces habitudes d'ordre, d'activité, d'énergie, de justice qui contribuèrent pour une si large part à le placer au premier rang. Aussi, passa-t-il promptement du dépôt du régiment à la compagnie colonelle. Là, sa belle tenue, sa haute taille, son air martial, le font distinguer non seulement des chefs, mais encore des passants; et les grenadiers de la rue de Babylone, le remarquant à la parade, sollicitent et obtiennent de leurs officiers la faveur d'avoir dans leurs rangs un si fier compagnon.

Reconnaissant toute l'imperfection de son éducation, il se mit à broder des bonnets de police ou à faire des travaux de jardinage, afin d'avoir quelque argent et de pouvoir acheter les livres dont il avait besoin pour s'instruire. Son respect de la discipline était si grand que, malgré ses convictions républicaines, il ne suivit pas à la Bastille ses compagnons d'armes. On lui avait confié la surveillance des canons de sa caserne; rien ne put le décider à violer la consigne.

Après le licenciement des gardes fançaises, il devint caporal, puis sergent dans la garde nationale. Le 1er septembre 1792, il fut nommé capitaine dans le 104e régiment de ligne, et

[1]. On a consulté pour la vie de Hoche *les Généraux de la République*, par A. Barbou, et *Lazare Hoche*, par M. de Bonnechose.

l'année suivante, une action d'éclat lui valut d'être choisi comme aide de camp par le comte Leveneur, son général. Il n'avait que vingt-quatre ans, mais sa bravoure était incomparable.

Son cheval est tué sous lui : « Les brigands veulent donc me faire servir dans la ligne », dit-il en souriant.

Plus tard, lorsqu'il est arrêté par ordre du Comité de salut public, il écrit à Couthon : « Quel que soit mon sort, que la patrie soit sauvée, et je demeure content. » Dans son cachot, il ne cesse de travailler, il ne songe qu'à chasser les coalisés du territoire de la République. Dès qu'on a reconnu son innocence et son patriotisme, il est mis en liberté et il court s'enfermer dans Dunkerque entourée par deux armées ennemies.

Hoche, à peine arrivé, organise vigoureusement la défense, jure que la ville sera brûlée avant d'être rendue. Il n'a, dit-il, à offrir à son pays que sa vie qui, du moins, sera chèrement vendue. Il rappelle chacun au devoir, anime de son ardeur les troupes désorganisées et harassées de fatigue. A peine prend-il le temps de dormir tout habillé sur un lit de camp. En quelques jours, il a rendu confiance à tous; l'ardeur de son patriotisme enflamme les cœurs. Il vient à bout de toutes les résistances.

Administrateur et tribun, il rétablit la discipline, exhorte, et électrise ses soldats. Aussi, est-il victorieux sur toute la ligne, et il ne demande d'autre récompense que de travailler encore, « parce que le repos est une peine pour lui ».

Hoche ne se repose que deux jours, et le Comité de salut public le nomme successivement général de brigade, général de division, et général en chef de l'armée de la Moselle. Il remplit ces nouvelles et glorieuses fonctions avec la même activité, convaincu que « le repos est la rouille du courage [1] ».

Mais de nouvelles accusations sont portées contre lui; on l'emprisonne encore; il va peut-être mourir sur l'échafaud, lorsque Couthon, qui l'accuse, tombe à son tour. Alors, on le rend à la liberté, et il a la gloire de pacifier la Vendée. Nommé général en chef de l'armée de Sambre-et-Meuse, en 1794, il déploie la même énergie, que couronne le même succès, puis il passe en Hollande pour organiser une descente en Irlande. Rappelé brusquement, après le coup d'État de fructidor, on veut l'envoyer à la tête des armées du Rhin et de Sambre-et-Meuse; accablé de fatigue, il meurt à vingt-neuf ans.

Voilà ce que fut Lazare Hoche, voilà ce que fit pendant sa vie si courte et si belle, ce héros du travail et du patriotisme.

Arrivons maintenant à Desaix, un des plus grands travailleurs de son époque. Dans sa courte vie, dont chaque jour fut un combat, il a eu le temps d'écrire sur toute matière, sur la guerre, sur l'histoire, sur les pays où il combattait [2]. Il naquit, en Auvergne, en 1768, d'une famille de petite noblesse et fut élevé au collège d'Effiat. A quinze ans, il était entré comme sous-lieutenant au régiment de Bretagne.

Dès qu'éclata la Révolution, ou du moins dès que se levèrent les armées révolutionnaires, au lieu de prendre les armes, il demanda et obtint la place administrative de commissaire des guerres, convaincu « que le poste du citoyen était là où l'on pouvait aider efficacement à rétablir l'ordre et à réformer l'armée ». Malgré les reproches de la noblesse, à laquelle il appartenait par sa naissance, il garda fidèlement le serment qu'il avait prêté à la Cons-

1. Barbou.
2. Michelet, *les Soldats de la Révolution.*

titution, et, en 92, rentra dans son régiment et passa à l'armée du Rhin. Le soldat conserva les vertus du citoyen ; sa justice devint proverbiale, même dans le camp ennemi, et lorsqu'il arrivait dans quelque village d'Allemagne, les habitants, pleins de confiance, se disaient : « Pour aujourd'hui, nous n'avons rien à craindre, c'est le corps de M. Desaix. »

Comme bien des généraux [1] de l'époque, il fut emprisonné pendant quelques semaines. Au lieu de sortir de prison avec des idées de vengeance, il courut aux armes et combattit à Nothweiller, où il eut les deux joues percées d'une balle, ce qui ne l'empêcha pas de continuer à commander du geste. « Les représentants du peuple, témoins du fait, lui donnèrent dès lors l'avant-garde et le firent général de division. C'étaient les temps de la famine. Ils révélèrent en lui le héros de la patience et de l'humanité. Ses soldats, le voyant manger comme eux, jeûner comme eux, n'avaient plus le courage de se plaindre. Sobre enfant de l'Auvergne, il mangeait son pain noir, quand on avait du pain, et il buvait de l'eau. Le jour, la nuit, il allait aux bivouacs, causait avec ses hommes du mauvais temps et des privations communes. Il leur donnait ce qu'il avait. Bon pour tous, il avait quelque faible pour ses Auvergnats, leur prêtait parfois de l'argent, à ne rendre jamais [2]. »

Pendant deux ans, de 1794 à 1795, il combatit sans paix ni trève. Vigueur d'exécution, précision des manœuvres, calme dans les batailles, voilà ses qualités dominantes. Lors de la paix de Léoben, il ne voulut pas prendre de repos et partit pour l'Italie, afin d'étudier sur les lieux les campagnes de Bonaparte. Il n'y resta pas longtemps et alla faire campagne en Egypte. Puis

[1]. Desaix fut général de brigade en 1793.
[2]. Michelet *cit.*

il vint « s'offrir à Bonaparte », au-delà des Alpes. C'est là qu'il fut frappé d'une balle en pleine poitrine, à la journée de Marengo. Le dévouement à la patrie fut l'éternelle pensée de Desaix, dont l'activité ne se démentit en aucune circonstance.

Jamais, on doit le reconnaitre, il n'y eut tant de dévouement, tant d'enthousiasme qu'à cette époque douloureuse, mais glorieuse, où le principe de la liberté fut acquis au monde. Tous ont à cœur de défendre le territoire, et le nombre des grands soldats fut si considérable, que l'oubli enveloppe la mémoire de beaucoup d'entre eux.

Avez-vous vu, sur une des places de Chartres, près de la butte des Charbonniers, cette statue de bronze, au pied de laquelle des mains pieusement patriotiques viennent parfois déposer des couronnes?

Ce général de la République, que Préault a représenté, est le général Marceau [1], dont le désintéressement, l'humanité, le courage, le patriotisme, éblouirent, chose rare, ses contemporains eux-mêmes, et qui fut pleuré par deux armées, par ses amis et par ses adversaires.

Marceau eut le malheur de ne pas connaitre les joies de l'enfance, et sa mère ne lui témoigna que de l'aversion. Désireux de fuir une maison où il était haï, il s'engagea dès l'âge de seize ans (1785), dans le régiment d'Angoulême, afin de n'être plus à charge à ses parents.

Jusqu'en 1789 il travailla assidûment, compléta son instruction nécessairement fort imparfaite, et, le 14 juillet, il prit rang parmi les gardes-françaises qui participèrent à la prise de la Bastille.

1. *Marceau*, par Gustave Isambert, dans le *Livre d'Or*.

Lors des engagements volontaires, il se fit inscrire un des premiers. On l'envoya à l'armée des Ardennes où la discipline était fort relâchée, et bientôt après, il eut la douleur d'assister à la capitulation de Verdun. Pendant le siège de cette ville, il avait perdu toutes ses économies en argent, et le représentant du peuple voulut l'indemniser.

— « Que voulez-vous qu'on vous rende ? »

— « Un sabre, pour venger notre défaite », répondit Marceau.

Le 1er décembre 1792, il fut nommé adjudant-major ; le 25 mars 1793, lieutenant-colonel en second ; au mois de mai, lieutenant-colonel en premier ; puis il se rendit en Vendée. Sa conduite y fut exemplaire : à vingt-quatre ans, il était général de division.

Marceau mourut à l'âge de vingt-six ans, après avoir été blessé au champ d'honneur ; il y eut un armistice de vingt-quatre heures, et les deux armées belligérantes ont accompagné son cercueil.

« Non loin de Coblentz, dit lord Byron, une simple pyramide couronne un tertre de gazon ; sous sa base reposent les cendres d'un héros. Il fut un de nos ennemis, mais n'en rendons pas moins hommage à la mémoire de Marceau. Sur la tombe de ce jeune guerrier les farouches soldats répandirent des larmes, de grosses larmes, déplorant et enviant la destinée de celui qui vécut pour la France et combattit pour défendre ses droits. Hélas ! sa carrière fut courte et glorieuse. On vit deux armées suivre ses funérailles ; on y vit pleurer ses amis et ses ennemis. Que l'étranger s'arrête auprès de son monument et y prie pour le repos de cette âme valeureuse : Marceau fut le champion de la liberté, et du petit nombre de ceux qui n'abusent pas du pouvoir terrible qu'elle donne aux hommes qui prennent les armes en son nom. Marceau avait conservé la pureté de son âme, et il fut pleuré. »

A côté de Hoche, de Desaix, de Marceau, viennent se ranger les noms de Kléber, de Kellermann, de Joubert, d'Augereau, de Pichegru, et de tant d'autres qui parvinrent à la gloire.

Qui ne connaît le modeste et vaillant Latour-d'Auvergne, le premier grenadier de France ?

Il naquit en Bretagne, le 24 décembre 1743. Son père lui donna une éducation soignée et l'envoya au collège de Quimper, où il se fit remarquer par son application. De là, il entra à l'école royale militaire de la Flèche, y gagna la première place, et obtint, en 1771, un poste de lieutenant dans le régiment d'Angoumois. « Son esprit grave le portait aux études sérieuses ; son assiduité au travail, la méthode avec laquelle il se conduisit dans ses savantes recherches firent de lui un homme sachant tenir une plume aussi bien qu'une épée. Après avoir fouillé l'histoire des grands capitaines de l'antiquité, médité les campagnes et les faits d'armes par eux racontés, il se consacra à l'étude de nos origines et acquit la connaissance de presque tous les idiomes connus [1]. »

Quand l'émigration fit des progrès dans l'armée, quelques officiers vinrent le voir un matin, alors qu'il sortait de son lit, et cherchèrent à le décider à quitter la France ; il répondit à ceux qui le pressaient de combattre la République : « Périsse le lâche qui abandonne son pays au moment du danger ! j'appartiens à la patrie ; jusqu'à mon dernier soupir, je servirai sa cause. »

Il était capitaine en 1789 : il conserva ce grade et fit, en 1792, la campagne à l'armée des Alpes ; après quoi on l'envoya à l'armée des Pyrénées-Occidentales. Là, on lui proposa de l'avancement, qu'il refusa, et on dut se contenter de lui donner

---

1. A. Barbou. *Ouv. cit.*

la garde de toutes les compagnies de grenadiers de France, environ huit mille hommes; mais il ne voulut jamais accepter les appointements et les honneurs inhérents à sa haute situation. Il partit avec ses grenadiers, franchit la Bidassoa, s'empara du fort d'Irun, du fort Saint-Sébastien. Dans toutes ces affaires périlleuses, il était au premier rang, son épée à la main, étonnant ses soldats par sa bravoure. Lorsque parut le décret qui excluait de l'armée les aristocrates, une exception fut faite en sa faveur.

Après la paix de Bâle, Latour-d'Auvergne séjourna en Bretagne, et s'embarqua bientôt sur un navire qui fut pris par les Anglais. Ceux-ci désarmèrent les prisonniers et leur enlevèrent la cocarde tricolore. Quand vint le tour du grenadier, il passa son épée au travers de sa cocarde et s'écria : « Que celui qui veut la prendre vienne la chercher ! »

Après dix-huit mois de captivité, il revint en France ; c'était en 1797, à l'époque du Directoire, il fut mis à la réforme avec une modeste pension. Alors, il se retira à Passy, étudiant toute la journée, vivant heureux et travaillant à son livre sur les *Origines gauloises*, véritable monument historique.

A quelque temps de là, l'avocat Le Brigant, son ami, qui avait quatre fils aux armées, eut la douleur de voir la réquisition lui enlever le cinquième. Latour-d'Auvergne n'hésita pas ; il demanda et obtint l'autorisation de remplacer le jeune homme, assista avec les grenadiers à la prise de Zurich et revint victorieux. Pour le récompenser, on lui offrit un siège au Sénat : « Je ne puis servir la République plus utilement qu'à la frontière », répondit-il, et il retourna à l'armée du Rhin.

Carnot, ministre de la guerre, lui écrivit aussitôt une lettre par laquelle il lui disait que le premier Consul avait entendu avec émotion le récit de sa vie si simple et si grande, et qu'il avait voulu lui donner une récompense simple et grande comme sa vie même : « Le premier Consul vous a nommé sur-le-champ *premier grenadier des armées de la République,* et vous décerne un sabre d'honneur. » Il accepta le sabre, il refusa le titre pour ne pas blesser ses chers grenadiers, et parce qu'il appartenait « à un corps où l'on ne connut jamais ni premier ni dernier ».

Latour-d'Auvergne fut percé au cœur d'un coup de lance, lors de la bataille d'Oberhausen. Depuis, jusqu'en 1814, toutes les fois qu'avait lieu l'appel dans la compagnie des grenadiers, l'officier disait : « Latour-d'Auvergne », et le porte-drapeau répondait : « Mort au champ d'honneur ! »

La première fois qu'on lit la biographie de Latour-d'Auvergne, il est impossible de n'être pas ému. Une existence si belle de simplicité, d'héroïsme, une vie de soldat et de savant si bien remplie par le travail et l'étude, porte en elle d'admirables enseignements.

Après les combats de la Révolution sous le premier Empire, la guerre était en quelque sorte devenue une habitude chez nous ; les enfants, selon la belle expression de Musset, se trouvaient élevés dans les collèges au roulement des tambours ; tous les hommes valides vivaient — et souvent mouraient — sur le champ de bataille. De là, la grande quantité d'actes héroïques que l'histoire enregistre pendant cette période ; de là, le nombre considérable de ces parvenus de la fortune et de la gloire, arrivés aux plus hauts rangs, par le courage, par le dévouement à la patrie, et par le travail réel qui s'attache aux choses d'une bonne organisation militaire.

C'est Lannes[1], qui, fils d'un garçon d'écurie, est fait maréchal

1. Né le 11 avril 1769.

de France et duc de Montebello, c'est Murat[1], fils d'un aubergiste, que l'on voit plus tard général et roi de Naples, c'est Michel Ney[2], duc d'Elchingen, prince de la Moskowa, maréchal de France, qui était venu au monde dans la boutique d'un pauvre tonnelier.

C'est Daumesnil[3], qui, simple engagé volontaire, devient général et baron de l'Empire.

Daumesnil à Waterloo, frappé d'un boulet qui lui emporte la jambe, a l'énergie de commander encore à ses troupes et de leur crier : « Chargez ! »

Nommé gouverneur de Vincennes en 1812, il refusa en 1815 de rendre la place aux généraux ennemis, et répondit fièrement : « Je vous rendrai Vincennes quand vous m'aurez rendu ma jambe. » — Blücker lui écrivit alors pour lui proposer trois millions, s'il voulait livrer Vincennes. « Je ne vous rendrai pas la place que je commande, répondit Daumesnil, mais je ne vous rendrai pas non plus votre lettre ; à défaut d'autre richesse, elle servira de dot à mes enfants. »

Les autres soldats que nous avons cités, ne cédaient en rien, comme héroïsme, à celui que le peuple appelait familièrement « jambe de bois ».

Le général Drouot peut être considéré comme l'un des plus beaux caractères de l'histoire. Antoine Drouot naquit à Nancy, le 11 janvier 1774. Son père, pauvre boulanger, suffisait à peine, en travaillant nuit et jour, à nourrir sa nombreuse famille. A l'âge où les enfants songent généralement à jouer, le petit Antoine ne pensait, lui, qu'à s'instruire, et ses précoces dispositions déci-

1. Né le 25 mars 1772.
2. Né le 10 janvier 1769.
3. Né à Périgueux, en 1777.

dèrent son père à l'envoyer au collège. Outre le travail que lui donnait à faire son professeur, il devait, en revenant de la classe, courir porter le pain chez les clients de la boulangerie. On devine quelle peine il fallait qu'il se donnât, pour concilier deux choses si opposées. Le pauvre écolier était obligé de fatiguer ses yeux, à la douteuse clarté d'un rayon de lune, pénétrant jusque dans sa chambre, ou de se lever à deux heures du matin pour continuer, devant la bouche ardente et enflammée du four que l'on chauffait, l'étude inachevée de la veille. Son inclination le portait vers les mathématiques, mais il ne négligeait pas pour cela les autres facultés, et il termina son éducation malgré tous les obstacles.

A l'âge de dix-huit ans, il comprit que la patrie était en danger, qu'elle réclamait des défenseurs énergiques, et bien que la vie calme, la vie d'intérieur lui convînt mieux que toute autre, il n'hésita pas à marcher là où le devoir l'appelait. Précisément l'école d'Application de Metz avait besoin d'élèves et venait d'ouvrir un concours; Drouot part, « emportant pour tout patrimoine six francs, un bâton et une paire de souliers neufs ».

Après avoir franchi à pied les treize lieues qui séparent Nancy et Metz, il marche droit à la salle d'examen; son entrée fit sensation. La grossièreté de sa mise contrastait avec la foule beaucoup plus brillante qui lui livrait passage en riant. Il fut pris pour un hibou qui venait étourdiment s'égarer dans les rayons de la science. L'examinateur était le célèbre Laplace. Partageant l'erreur générale : « Savez-vous pourquoi vous êtes ici ? » lui dit-il avec bonté. « Je voudrais passer l'examen, » répondit simplement Drouot. Son tour vint. Il résolut toutes les questions qui lui furent posées avec une précision et une netteté qui charmèrent Laplace.

Il demanda ensuite à être interrogé sur des matières qui ne faisaient point partie du programme. Le savant semblait se complaire à prolonger l'épreuve : l'examen dura deux heures, pendant lesquelles l'humble élève, si raillé, ne cessa de montrer la sûreté ferme et calme de son instruction. Laplace le félicita et l'embrassa publiquement. Drouot fut le premier de sa promotion. Passant du rire à la surprise, puis à l'enthousiasme, ses jeunes et loyaux émules l'entourèrent. Il fut porté en triomphe. Vingt ans plus tard, Laplace disait à Napoléon : « Un des plus beaux examens que j'aie vus, c'est celui de votre aide de camp, le général Drouot[1] ».

Nommé sous-lieutenant après un mois d'école, il fit ses preuves à Hondschoote, à Fleurus, à la Trebbia, à Hohinlenden, etc. Jusqu'en 1808, il se distingua, tant par son courage sur les champs de bataille, que par son habileté à accomplir les missions pacifiques qui lui furent confiées.

Dans la retraite de Moscou, Drouot se montra d'une intrépidité inébranlable. On le vit une fois accrocher un miroir à l'affût d'un canon, et se faire la barbe en plein air, par un froid de 28 degrés !

Sa modestie égalait son courage, et personne ne fut plus généreux que lui. Sur la fin de sa vie, il eut le malheur de devenir aveugle ; il trouvait une consolation dans la charité, et venait en aide aux pauvres, avec une bonté inépuisable. Un de ses biographes raconte qu'il fit un jour découdre les galons de son grand uniforme, et les vendit, pour en envoyer le prix à quelque famille nécessiteuse. Et comme son neveu lui exprimait ses regrets en disant . « J'espérais faire de cet uniforme

1. Biographie Michaud.

Il lui fallut s'habituer à parler debout... (Page 269.)

l'héritage de mes enfants, » le vieux soldat répondit gravement :
« Je ne l'ai pas voulu. En voyant l'habit de leur oncle, ils auraient oublié qu'ils étaient les petits-fils d'un boulanger. »

La France, dans toute son histoire, a toujours été féconde en généraux illustres ; bien des noms, dans le moyen-âge et sous la Royauté, éveillent en nous les idées de courage ou d'héroïsme. Or, qu'est-ce que le travail pour un soldat, sinon cette énergie constante, cette étude continuelle, qu'aucun obstacle ne rebute, qu'une défaite ne fait qu'augmenter ?

Nous pourrions montrer ici que, s'ils n'ont pas eu d'origine obscure, les grands généraux des temps passés savaient aussi développer leur intelligence par le travail sans lequel il ne se fait point de grandes choses. Turenne[1], par exemple, montra dès son enfance un goût prononcé pour l'étude. De même que le roi de Suède Charles XII, il lisait sans cesse Quinte-Curce et admirait surtout les exploits d'Alexandre. Dès son enfance, il savait montrer aussi une énergie peu commune. Un vieil officier ayant traité de roman le livre de Quinte-Curce, Turenne, présent à la conversation et âgé de dix ans, proposa à ce blasphémateur un cartel en règle.

Un autre jour, son père disant que sa constitution trop faible l'empêcherait de faire un bon soldat, il s'échappa et vint passer une nuit d'hiver sur les remparts de Sedan : c'est là qu'on le trouva le lendemain matin, transi de froid, mais couché sur l'affût d'un canon.

Turenne fut un de nos plus grands généraux ; il méditait beaucoup, ne laissait rien au hasard, et calculait d'avance tous les mouvements de ses troupes.

1. Né à Sedan, le 11 septembre 1611.

Le grand Condé [1], dont le nom a toujours été placé à côté de celui de Turenne, s'était dès sa jeunesse préparé au métier de la guerre par les plus solides études. Ce grand capitaine qui s'appela d'abord le duc d'Enghien, avait reçu l'éducation la plus brillante, et ses heureuses dispositions naturelles furent cultivées par le travail; pendant tout le temps de ses classes, il n'écrivait à son père qu'en latin. A douze ans, il s'était signalé déjà, comme un brillant élève, et passait ses moments de loisir à composer un traité de rhétorique. Un peu plus tard, il soutint des thèses publiques de philosophie. C'est ainsi que se forma peu à peu l'intelligence de celui dont les « soudaines illuminations », suivant la belle expression de Bossuet, devaient si bien servir les destinées de sa Patrie.

Si nous remontions encore plus loin dans le passé, nous y verrions au XVI<sup>e</sup> siècle, le plus noble des grands militaires français, le seigneur de Bayard, *le chevalier sans peur et sans reproches* donner pendant toute sa carrière les preuves constantes d'une étonnante aptitude au travail. Son oncle l'évêque de Grenoble, qui fit son éducation, lui disait souvent : « Mon enfant, sois noble comme tes ancêtres, comme ton trisaïeul qui fut tué aux pieds du roi Jean, à la bataille de Poitiers; comme ton bisaïeul et ton aïeul qui eurent le même sort, l'un à Azincourt, l'autre à Montlhéry; et enfin comme ton père qui fut couvert d'honorables blessures en défendant la patrie. »

Bayard avait toutes les vertus, toutes les qualités qui font les grands capitaines ; la force, la valeur, la vaillance, le sang-froid, l'amour de l'étude. Après le désastre de Pavie, François I<sup>er</sup>, prisonnier, pensait à son valeureux compagnon qui était mort

---

1. Fils de Henri II, prince de Condé, et de Charlotte de Montmorency, né en 1621.

sur le champ de bataille en faisant face à l'ennemi. « Ah ! Bayard, disait le roi, que vous me faites faute ! je ne serais pas ici si vous viviez ! »

Quelqu'un demandait un jour, au chevalier Bayard, quel bien un gentilhomme devait laisser à ses enfants ; il répondit : « Ce qui ne craint ni la pluie, ni la tempête, ni la force des hommes, ni la justice humaine : la sagesse et la vertu. »

La plupart des grands généraux ont cultivé leur intelligence par le travail : ici comme partout ailleurs, le goût de l'étude est le plus sûr élément du succès. Les pays étrangers pourraient nous en fournir aussi de nombreux exemples. Nous en emprunterons un à la Prusse en signalant le grand Frédéric [1].

Né sur le trône, Frédéric II, fils de roi, eût pu régner dans l'oisiveté. Il travailla et devint, non seulement un grand capitaine, mais un grand homme.

« Pour ce qui me regarde, écrivit-il en 1737, j'étudie de toutes mes forces, je fais tout ce que je puis pour acquérir les connaissances qui me sont nécessaires, pour m'acquitter dignement de toutes les choses qui peuvent devenir de mon ressort ; enfin, je travaille à me rendre meilleur, à me remplir l'esprit de tout ce que l'antiquité et les modernes nous fournissent de plus illustres exemples. »

« Quant à mon esprit, dit-il, dans une autre lettre du 21 mars 1738, je voudrais, s'il se peut, en faire une terre bien fertile et ensemencée de toutes sortes de bonnes choses, afin qu'elles puissent germer à temps et porter les fruits qu'on en peut attendre. »

1. Né à Berlin, le 24 janvier 1712.

*Richelieu.* — Il s'enfermait avec ses ministres... (Page 259.)

## CHAPITRE DIXIÈME

### HOMMES POLITIQUES

> Je prends l'univers comme Dieu l'a fait, et soyez-en sûr, il en a fait une grande et sublime chose, laborieuse pour ceux qui l'habitent, mais où le prix est pour ceux qui ont le courage de travailler et de marcher jusqu'au bout.
>
> THIERS.

La politique est une science multiple, qui se rattache à l'économie, au droit, à l'histoire, à la philosophie ; elle exige un travail de toutes les heures, joint à beaucoup de tact et de jugement. Aussi, les hommes politiques dignes de ce nom, sont-ils extrêmement rares ; l'histoire les compte, et les noms de Sully, de Richelieu, de Mazarin, dans les siècles passés, ceux de Cavour, de Thiers, de Robert Peel, de Metternich et de William Pitt, dans les temps modernes, éveillent en nous les idées de travail, de génie et de conception grandiose.

Nous n'avons pas l'intention de raconter ici la vie *politique* de ces hommes. Nous voulons seulement choisir dans leur vie *privée* quelques traits destinés à faire voir quelle énergie ils ont déployée, non seulement pour arriver, mais pour se maintenir honorablement au pouvoir.

Reportons-nous au xvi° siècle, en 1540. Cette année-là naquit à Autun un jeune homme dont le nom est devenu synonyme de « persévérance de travail » : cet enfant devait devenir le président Jeannin qui par son mérite et ses labeurs arriva, non seulement aux premières charges de la magistrature, mais encore aux plus hautes fonctions politiques. Un grand seigneur voulant un jour l'humilier lui demanda de qui il était le fils : « De mes vertus ! » répondit-il.

Il était né de parents qui possédaient « plus de vertus que de biens de fortune » et, après avoir étudié le droit sous Cujas, il fut reçu avocat en 1569 et choisi en 1571 pour être conseil aux Etats de Bourgogne. Un riche bourgeois ayant entendu un de ses discours, fut enchanté de son éloquence et lui offrit sa fille en mariage, mais lorsque le bonhomme arriva à la question d'argent : « Voilà, dit Jeannin, en montrant son front et ses livres, tout mon bien et toute ma fortune. »

A l'époque du massacre de la Saint-Barthélemy, il assista aux conseils tenu chez le comte de Charny pour délibérer sur les lettres du roi, et sur la « créance » du comte de Commartin, qui apportait un commandement ordonnant la mort des huguenots. Il s'opposa courageusement à la rigueur de cette ordonnance : « Le prince, dit-il, est père commun des bons et des mauvais sujets ; comme père, il faut espérer que la pitié le touchera bientôt, et qu'elle adoucira pour le moins son esprit justement irrité, pourvu qu'on lui donne loisir de faire son effet. Le comte de Charny en référa au roi, qui défendit d'abord expressément de rien entreprendre sur la vie ni sur les biens des huguenots.

Cette bonne action lui valut la charge de gouverneur de la chancellerie de Bourgogne, et, bientôt après, celle de conseiller au parlement de Dijon. Là, il se montra savant, judicieux, incorruptible, sachant bien que le « principal instrument de justice pour voir de près la raison, c'est de fermer les deux yeux, et ne connaître personne ». De conseiller, il devint président en la même compagnie [1].

Pendant la Ligue, il servit le duc de Mayenne et déploya ses talents remarquables de négociateur. Bien que catholique zélé, il se montra constamment ennemi de toute exagération. Aussi fut-il généralement estimé, et lorsque Henri IV l'eut nommé intendant des finances, il étonna chacun par son désintéressement: la dilapidation était chose commune, comme on sait, sous l'ancien régime, et ce sera toujours un bel exemple à citer qu'un homme pauvre, maniant à son gré les revenus d'un Etat et demeurant honnête. Le président Jeannin aurait pu prendre pour devise les deux mots : « Travail et Conscience », car son éternel honneur sera d'avoir accompli laborieusement et loyalement les hautes fonctions qui lui furent confiées.

Maximilien de Béthune, duc de Sully, fut un des hommes d'Etat les plus illustres de l'ancien régime. Sa première enfance nous est peu connue; on sait seulement qu'il eut pour précepteur un savant homme, mais que ses études furent de courte durée, car, à onze ans, il fut attaché à la personne du roi de Navarre, qui fut roi de France sous le nom d'Henri IV. Cependant, il suivit les cours du collège de Bourgogne, à Paris, et se fit

---

1. Pierre Saumaise, *Eloge de Jeannin*.

remarquer par son étonnante application. Il servit le roi de Navarre avec un dévouement à toute épreuve jusqu'en 1589, date de l'avènement de Henri au trône de France ; pendant la guerre civile, il fit preuve d'un véritable héroïsme et il fallut souvent l'intervention de son maître pour l'empêcher d'exposer sa vie. Le roi le nomma membre du conseil des finances, ce qui lui permit de déployer toute l'énergie dont il était capable.

Sully débuta par un coup de maître. Il demanda au roi la permission d'aller faire un voyage dans cinq ou six généralités, pour y examiner les comptes des receveurs. Il promit de faire merveilles si le roi lui donnait le pouvoir de suspendre les officiers suspects et d'en instituer d'autres à leur place. Le roi approuva l'idée, et peu de jours après, la présenta au conseil, comme si elle lui était venue à lui-même. Sully eut pour sa part quatre généralités à visiter ; les autres conseillers n'en eurent que deux au plus. Il part incontinent, tombe à l'improviste sur tous ces receveurs qui ne l'attendent pas, destitue ceux qui refusent de lui montrer leurs comptes, se fait livrer les registres, ouvre les caisses et recueille plus de cinq cent mille écus qu'on y cachait ; il charge cette somme sur soixante-dix charrettes, car il avait été obligé de prendre beaucoup de menue monnaie, et revient triomphalement, à la tête d'une escorte qui garde ce trésor.

Bientôt une complète métamorphose se produisit chez celui qui avait été d'abord homme d'épée : Sully travailla et le désir de bien connaître les sciences financières le rendit homme de cabinet. Il consultait les registres du Conseil d'Etat, des Parlements, de la Chambre des comptes, les vieilles ordonnances, les anciennes instructions. Pendant la nuit, sans se reposer, il se tenait souvent devant sa table de travail, et le roi, le voyant si dévoué, le consultait en toute circonstance. Toute sa vie, ou du moins jusqu'à l'avènement de Louis XIII, Sully poursuivit trois buts essentiels : 1° la perception des impôts et la possession des domaines aliénés ; 2° l'augmentation des recettes ; 3° la diminution des dépenses.

« L'énergie et la constance dans le travail, deux rares vertus, ont été des vertus de Sully. Quand il se levait à trois heures du matin, il aimait qu'on le sût, et, pour cela, le disait très haut. Il avait de ces petites faiblesses ; mais l'important est qu'il se soit levé pour travailler au bien de l'État, si longtemps avant l'aube. La netteté, la régularité, voilà les qualités principales de son esprit. Dans les affaires embrouillées, il voulait voir et voyait clair [1]. »

Un biographe du XVIIe siècle nous a fourni de curieux détails sur les habitudes intimes de Richelieu, ministre de Louis XIII, ancien évêque de Luçon ; nous détachons ce qui suit de son ouvrage [2] :

« Il se couchait ordinairement sur les onze heures, et ne dormait que trois ou quatre heures. Son premier somme passé, il se faisait apporter de la lumière et son portefeuille, pour écrire lui-même, ou pour dicter à une personne qui couchait exprès en sa chambre ; puis, il se rendormait sur les six heures, et ne se levait ainsi qu'entre sept et huit. La première chose qu'il faisait, après avoir prié Dieu, était de faire entrer ses secrétaires pour leur donner à transcrire les dépêches qu'il avait minutées la nuit ; et l'on a remarqué que quand c'était quelque dépêche considérable, ou quelque autre pièce d'importance, il ne leur

1. *Sully*, par E. Lavisse.
2. Auberi, *Histoire du cardinal de Richelieu* (1660).

donnait que le temps juste pour une seule copie, de crainte que la curiosité ne les portât à en faire deux, et après avoir, en leur présence, collationné la copie sur la minute, il retenait l'une et l'autre par devant lui.

» Il s'habillait ensuite, et faisait entrer ses ministres, avec lesquels il s'enfermait pour travailler jusqu'à dix ou onze heures. Puis, il entendait la messe, et faisait, avant le dîner, un tour ou deux de jardin, pour donner audience à ceux qui l'attendaient.

» Après le dîner, il se donnait quelques heures d'entretien avec ses familiers ou avec ceux qui avaient dîné à sa table ; puis, il employait le reste de la journée aux affaires d'État et aux audiences pour les ambassadeurs de princes étrangers et les autres personnes publiques. Sur le soir, il faisait une seconde promenade, tant pour se délasser l'esprit, que pour donner audience à ceux qui ne l'auraient pu avoir le matin. »

A son lit de mort, Richelieu recommanda Mazarin à Louis XIII, comme l'homme le plus capable de continuer sa politique, et Mazarin entra au conseil. Mazarin, qui a rendu de grands services à la France, s'efforça de remplir sa tâche jusqu'au bout, à travers bien des vicissitudes, et, en tant que travailleur, il ne se montra pas au-dessous de celui auquel il devait sa fortune.

Il avait fait de brillantes études à Rome où il s'était signalé par ses succès. On le vit plus d'une fois soutenir des thèses de physique en présence d'un concours extraordinaire d'auditeurs; son aptitude à tout apprendre, à tout examiner, à tout approfondir, était remarquable. De là, des connaissances nombreuses laborieusement acquises, et dont il sut tirer profit en arrivant au ministère. L'état des finances était déplorable, et c'est peut-être le surcroît de travail qu'il dépensa pour le relever, qui lui valut la maladie dont il souffrit jusqu'à sa mort. Son zèle n'avait pas de bornes, dès qu'il s'agissait du salut de l'Etat.

Il publiait des articles dans la *Gazette* du sieur Renaudot et cherchait ainsi à diriger l'opinion ; ces articles étaient fort sensés, et dénotaient une étude approfondie de la langue française, que le cardinal parvint à écrire aussi correctement que l'italien.

Si nous nous rapprochons des temps modernes, nous trouverons encore de nombreux exemples des labeurs auxquels ont dû s'astreindre les hommes politiques.

Il ne sera pas hors de propos de retracer ici la vie du plus grand orateur de l'Assemblée constituante, le célèbre Mirabeau. Cet homme, qui contribua si largement à la fermeté des représentants du tiers-état, lorsqu'il était en butte aux tracasseries de la cour, naquit dans le Gâtinais en 1749. Il donna de bonne heure des marques de son intelligence précoce et son père, qui ne l'aimait guère et le châtiait souvent, ne pouvait méconnaître ses qualités. « C'est une intelligence, une mémoire, une sagacité, qui saisissent, ébahissent, épouvantent. » Envoyé à Paris, dans une pension militaire qui avait la réputation de ne pas ménager les punitions à ses élèves, il déploya ses aptitudes multiples et étudia à fond les mathématiques, le chant, la musique, l'escrime, sans négliger les langues de l'antiquité. A dix-huit ans, il en savait assez pour être incorporé dans le régiment du colonel Lambert, mais là, il se laissa aller à commettre quelques folies de jeunesse, et son père obtint contre lui une lettre de cachet grâce à laquelle il fut incarcéré à l'île de Ré. Quand il put sortir de prison, il s'embarqua pour la Corse, en qualité d'enseigne. Son goût pour les études sérieuses le conduisit à rédiger une histoire de la Corse, où se manifestait déjà sa haine contre toute tyrannie. Il s'occupa ensuite de travaux d'économie politique, mais sa conduite exemplaire ne put lui attirer l'affection de son père, le marquis de Mirabeau. Présenté à la cour en 1771, il se fit aimer de tout le monde : le marquis, flatté dans son amour-propre, sembla se relâcher un peu de sa sévérité.

Mirabeau dut aller en Provence, il revint fiancé avec Mlle de Covet, fille du marquis de Marignan.

Cette union ne fut pas approuvée par le marquis, qui ne donna au jeune marié qu'une rente relativement insuffisante, et comme Mlle de Covet recevait une pension exiguë, Mirabeau, toujours actif, entreprit des travaux agricoles dans l'espoir de diminuer ses embarras pécuniaires : il ne réussit qu'à se ruiner, puis à s'endetter, et la paix de son foyer fut à jamais troublée. Son père obtint une seconde lettre de cachet et le fit enfermer à Manosque. Sa captivité lui inspira l'*Essai sur le Despotisme*, étude remplie d'idées originales. A peine était-il rendu à la liberté qu'un duel, qu'il provoqua pour soutenir l'honneur de la marquise de Cabris, sa sœur, excita l'indignation du marquis qui, pour la troisième fois, le fit incarcérer. On voit que pour travailler, avec une existence pareille, il lui fallut une énergie dont peu d'hommes seraient capables.

A la suite d'une aventure qui fit grand bruit à l'époque, il parvint à s'enfuir et à se réfugier à Amsterdam. Là, il s'adonna à des travaux de librairie, fit des livres qui n'ajoutent rien à sa gloire, et ne réussit qu'à mener une existence misérable ; il fut enfin arrêté par ordre de l'ambassadeur français. On le ramena à Paris, et on l'enferma au donjon de Vincennes, où il resta jusqu'en 1780. Il y apprit l'anglais, l'italien, l'espagnol, et commenta les historiens anciens, surtout Tive-Live.

Malgré ces aventures extraordinaires, malgré les agitations

d'une existence si troublée, Mirabeau ne cessa jamais de cultiver son esprit par l'étude et les méditations ; il acquit par lui-même le fonds, où il puisa sans cesse les ressources d'un homme politique.

Quand il fut nommé député du tiers-état par la ville d'Aix en Provence, sa véritable carrière commença.

En arrivant à Paris, ses opinions étaient toutes faites ; il avait profondément médité sur la situation de la France ; il avait touché la plaie du doigt. Aussi, fut-il précédé à l'Assemblée par une réputation de libéralisme qui lui valut la haine des nobles et des clercs. Cela ne l'empêcha pas de demander la vérification en commun, de faire déclarer l'inviolabilité des représentants de la nation, d'encourager le tiers-état à remplir dignement le mandat qu'on lui avait confié, et de préparer ainsi le triomphe du peuple.

Sa vie au sein de l'assemblée « fut une lutte de tous les jours, lutte ardente et passionnée. Assailli à la fois par les royalistes et par l'extrême gauche, il est toujours sur la brèche, toujours profond politique et orateur sans égal. Son idéal, c'est évidemment la liberté [1]. » Ses collègues l'en récompensèrent en le nommant président de l'Assemblée au mois de janvier 1791.

Le travail, l'inquiétude, la lutte de partis usèrent sa vie et ne lui permirent pas de jouir longtemps de ses succès. A son lit de mort, il dit à ceux qui l'entouraient : « Si j'eusse vécu, je crois que j'aurais donné du chagrin à Pitt. » Il prévoyait le rôle de l'Angleterre pendant la Révolution, et il regrettait de mourir pour ne pas déjouer les projets de l'homme d'Etat d'outre-Manche.

Mirabeau fut véritablement usé par l'excès du travail.

---

1. A. Desonnaz, *Mirabeau*.

Un des hommes politiques contemporains les plus remarquables par son indomptable ténacité et par son jugement droit et solide, fut Dufaure.

Dufaure naquit en 1798, au logis de Vizelle, en Saintonge, non loin de la route qui conduit de Cozes à Saujon. C'est là qu'il fut élevé, c'est là qu'il venait passer les loisirs que lui laissait la vie politique, « vivant, disait-il, dans le commerce le plus intime avec les fleurs de son jardin, ayant toujours à la main la serpette et l'arrosoir ».

Son père voulait faire de lui un grand homme, et pour atteindre ce but, il s'imposa les plus dures privations. Il envoya l'enfant au collège de Vendôme : pendant les vacances, Dufaure, revenu au logis paternel, passait des journées entières dans le grenier, au milieu de vieux comptes de douane, « qu'il déchirait et dévorait de grand appétit. » Ses classes terminées, il vint à Paris : tout en faisant son droit, il suivait les cours de Villemain, à la faculté des lettres ; il lisait Racine et madame de Sévigné ; il « se nourrissait » de Montesquieu.

Quand on étudie de près ses discours, à la pureté toujours châtiée de son langage, à la sobriété de l'expression, à la passion mâle et serrée du tour, il est aisé de reconnaître qu'il avait dans sa jeunesse beaucoup lu et relu les classiques, ce qui ne l'empêchait pas d'employer des demi-journées à arpenter la terrasse du Bord-de-l'Eau, son Code à la main, de fréquenter assidûment une conférence où il faisait merveille, de suivre avec une attention passionnée les débats des Chambres, sans négliger le théâtre et les premières représentations. Il trouvait même du temps pour faire un doigt de cour à la Muse ; elle lui dictait de petits vers dont il émaillait la prose de ses lettres... « Dès ce temps-là, il s'était fait une loi de se lever à quatre heures du matin, estimant que c'est gagner beaucoup d'avance sur les autres hommes que d'avoir fourni le travail d'une journée à l'instant où ils commencent la leur. Jusqu'à la fin, il a prêché cette morale à ses secrétaires, à ses chefs de cabinet, à tout venant, aux imberbes comme aux barbes grises; mais il a fait peu de conversions, et c'était un de ses griefs contre son siècle que de le voir se coucher à l'heure où lui-même se levait[1]. »

Dès qu'il eut obtenu sa licence en droit; il se fit inscrire au barreau de Bordeaux, où il occupa vite une place distinguée. Sa position était encore très précaire, car il se privait du nécessaire pour acheter des livres. Cependant, en 1834, l'arrondissement de Saintes le députa à la Chambre, et les connaissances qu'il acquit en travaillant sans cesse le rangèrent au nombre des Représentants les plus distingués. Il fut six fois ministre, et servit divers régimes sans changer d'opinion : c'est qu'il s'était tracé une ligne de conduite dont il ne se départit jamais.

La mort des hommes utiles frappe le peuple tout entier, car il sent qu'il perd un bienfaiteur. On le vit bien lorsque mourut Garnier-Pagès : la démocratie sentit qu'elle faisait une perte irréparable, et qu'un de ses fidèles défenseurs venait de disparaitre. Son beau-père, inspecteur d'académie sous l'Empire, prit sa retraite en 1815, et sa retraite ne fut pas assez forte pour suffire à l'entretien de sa famille; dès qu'il eut terminé ses études, Garnier-Pagès, ne voulant pas rester à la charge de son beau-père, vint à Paris où il entra dans une maison de commerce. De là, il fut employé chez un agent de change de Marseille, puis dans une compagnie d'assurances maritimes siégeant à Paris. Tout en accomplissant avec conscience le labeur

---

1. V. Cherbuliez, *Discours de réception à l'Académie française.*

ABRAHAM LINCOLN

Et la hache à la main... (Page 273.)

qui le faisait vivre et lui permettait de soutenir sa famille, il s'occupait activement de philosophie et étudiait le droit. Il obtint, le 10 juillet 1828, son diplôme de licencié, et laissant le commerce pour le barreau, il débuta au palais par une remarquable plaidoirie.

La révolution de 1830 arriva. Connu par ses opinions libérales, il fut élu président du conseil de revision des récompenses nationales et devint secrétaire de la Société « Aide-toi, le ciel t'aidera ». Au bout d'un an, le département de l'Isère le choisit pour député.

« Garnier-Pagès, entrant à la Chambre au nom des principes très avancés que professait le département patriotique qui le nommait, était une sorte d'épouvantail pour une partie de ses collègues. On fut tout étonné de ne lui trouver aucun de ces emportements d'idées ou de langage auxquels on s'attendait. De l'assurance avec de la modestie, du courage avec de la douceur, de l'esprit avec de la science, voilà ce que ses collègues, quoique prévenus, découvrirent bientôt en lui. Il compta très vite des amis sur tous les bancs, et même parmi ses adversaires politiques les plus déclarés. Sa parfaite loyauté, sa franchise aussi complète dans ses relations personnelles qu'à la tribune, lui gagnèrent l'estime et l'affection de tous ses collègues. Ce n'est pas là un mérite ordinaire, et l'on peut citer Garnier-Pagès en exemple à la plupart des hommes politiques[1]. »

Parmi les diplomates et les hommes politiques de l'étranger, le nom du prince de Metternich doit être cité comme celui d'un des plus célèbres hommes d'Etat de l'Autriche et de l'Europe. Né à Coblentz le 15 mai 1773, il fut envoyé à quinze ans à

---

1. Barthélemy Saint-Hilaire, *Garnier-Pagès, sa vie et ses œuvres.*

l'Université de Strasbourg où il suivit avec assiduité les cours du droit public.

On ne saurait soupçonner jusqu'à quel point le prince de Metternich aimait à se délasser des préoccupations politiques par le travail et l'étude. Il cultivait les lettres, les arts, les sciences, il dessinait et gravait à l'eau-forte.

En 1846, il écrivait à Humboldt : « J'ai, dans l'âge où la vie prend une direction, éprouvé un penchant que je me permettrais de qualifier d'irrésistible pour les sciences exactes et naturelles, et un dégoût que j'appellerais absolu pour la vie d'affaires proprement dite, si je n'avais vaincu mon dégoût et résisté à mon penchant. C'est le sort qui dispose des hommes, et leurs qualités comme leurs défauts décident de leurs carrières. Le sort m'a éloigné de ce que j'aurais voulu, et il m'a engagé dans la voie que je n'ai point choisie. »

Il n'en est pas moins vrai que le prince de Metternich était un homme très laborieux.

Le célèbre politique anglais, lord Beaconsfield, parvint à la haute position qu'il occupait avant sa mort, après des difficultés sans nombre et des échecs de toute nature. « Né de parents juifs, et juif lui-même jusqu'à son baptême furtif à l'âge de treize ans ; n'ayant point passé par les grandes écoles de l'université de son pays ; sans fortune et sans profession capable de lui en tenir lieu ; ayant vécu longtemps d'expédients et de dettes, il finit, à force de talent et de volonté, par triompher de tant de circonstances adverses. Il avait commencé par la littérature ; son premier roman parut lorsqu'il avait vingt et un ans, mais les succès littéraires ne pouvaient satisfaire une ambition comme la sienne, et à vingt-sept ans, il convoitait déjà un siège au Parlement. » Il avait pour principe de dire que l'on fait ce qui plaît pourvu qu'on le veuille bien, et la preuve, c'est qu'il n'arriva à la Chambre des communes qu'après quatre échecs. Lorsqu'il prononça son premier discours, ses collègues ne cachèrent pas leurs rires et ne lui ménagèrent pas leurs applaudissements ironiques ; mais lui, sans s'émouvoir : « J'ai commencé à diverses reprises bien des choses, s'écria-t-il, et j'ai fini en général par réussir. Oui, Messieurs, et bien que vous me forciez actuellement à me rasseoir, un temps viendra où vous m'écouterez ».

Et de fait, on l'écouta. Il parvint à exercer dans la politique anglaise une influence prépondérante. Pour se délasser des travaux ministériels, il cultivait la littérature et ses romans sont estimés.

A la fin du siècle dernier, un autre Anglais, Pitt[1], l'ennemi de la Révolution française, passa, comme dit un biographe, des bancs de l'école au ministère qu'il ne devait plus quitter, et n'eut pour ainsi dire pas de jeunesse. Toute sa vie fut consacrée aux affaires et la seule distraction à laquelle il se soit livré, c'est la surveillance des travaux d'embellissement de ses domaines. Jamais il ne fréquenta le monde, pour n'être pas distrait de ses travaux parlementaires et diplomatiques.

Sir Robert Peel[2] était encore un travailleur acharné. Son père, riche filateur, le destina de bonne heure à la vie politique. Tout jeune, « il lui fallut, pour complaire aux désirs de son père, s'habituer à parler debout, à table et devant tout le monde, sans préparation aucune[3] ». Lorsqu'il revenait du sermon le dimanche, il s'exerçait à répéter ce qu'il en avait pu retenir : cela l'obligeait à écouter avec beaucoup de soin les paroles du prédicateur, et son attention acquit une force incomparable.

1. Né dans le Kent en 1759.
2. Né le 25 avril 1750.
3. Smiles, *Self-help*.

Aussi, quand il fut admis à la Chambre des Communes, il retenait indistinctement tous les arguments de ses contradicteurs et les réfutait ensuite un à un.

Camille Bensa, comte de Cavour, né à Turin, en 1810, a été la gloire de la diplomatie italienne. Sa première éducation fut négligée, il ne voulait absolument pas apprendre à lire. Il montrait en toutes choses un caractère indomptable; à l'âge de six ans, sa mère l'emmena à Genève et, les chevaux du maître de poste se trouvant fort mauvais, le gamin voulait à toute force *casser* le voiturier.

— Mais, lui disait-on, on ne peut pas casser le maître de poste. Il n'y a que le premier syndic qui ait ce pouvoir.

— Eh bien ! je veux une audience du premier syndic.

— Tu l'auras demain, reprit-on. Et le syndic, ami de la famille, fut prévenu de la visite qu'il allait recevoir. Camille fut reçu avec une pompe imposante, mais sans se montrer le moins du monde impressionné, il développa sa requête, salua et se retira. En revenant, il s'écriait :

— Eh bien, eh bien, il sera cassé.

Avec l'âge vint le goût du travail. A dix ans, il entra à l'Ecole militaire, fut nommé page, et subit à seize ans ses examens d'officier d'une façon si brillante que le jury demanda en sa faveur une dispense d'âge, qui lui fut accordée. Pendant son séjour à Vintimille et à Gênes, en qualité de sous-lieutenant du génie, il se fit remarquer par ses opinions démocratiques. Puis il donna sa démission et devint agriculteur; il fallait voir avec quel goût il s'attelait à la charrue et cultivait les légumes de son jardin !

Cette existence rustique se prolongea pendant sept ans. Alors, n'ayant rien perdu de son esprit, mais endurci aux fatigues physiques, qui devaient le préparer à mieux supporter les grands travaux intellectuels, il sortit brusquement de sa retraite et publia des articles nombreux dans divers journaux italiens ou étrangers; il prononça des discours éloquents dans les comices agricoles et prépara son élection. « Hélas! disait-il, nous autres pauvres diables de cadets, il nous faut suer sang et eau avant d'avoir acquis un peu d'indépendance[1]! »

L'agriculture, qu'il avait aimée, lui donna la fortune qui lui manquait; il se déclara homme politique, ennemi du gouvernement despotique qui régnait alors sur le Piémont. Son activité fut extrême; il arriva peu à peu à la gloire, à la grandeur, et ouvrit à son pays des destinées nouvelles.

Cavour est devenu le Washington de l'Italie.

1. Biographie de Cavour, par H. Castille, et *Le comte de Cavour*, par M. de La Rive.

*Pierre le Grand.* — « Travaillant dans les forges... » (Page 287.)

## CHAPITRE ONZIÈME

### CHEFS D'ÉTAT ET SOUVERAINS

> L'histoire est un témoin et non un flatteur ; le seul moyen d'obliger les hommes à dire du bien de nous, c'est d'en faire.
> VOLTAIRE.

Nous avons déjà vu que l'obscurité de l'origine n'est pas un obstacle aux plus grandes destinées. L'humilité de la naissance, pour les existences bien remplies, loin d'être une tache, est une gloire. C'est un titre de noblesse pour les travailleurs.

Un sot reprochait à un lord chancelier d'Angleterre d'avoir été l'apprenti d'un barbier. Le grand chancelier lui répondit :

— La différence qu'il y a entre vous et moi, c'est que si vous aviez été apprenti barbier, vous le seriez encore.

C'est aux États-Unis que nous rencontrerons la meilleure preuve de cette vérité, dans la personne d'Abraham Lincoln.

Lincoln appartenait à une pauvre famille de pionniers, établie au milieu des forêts et des solitudes du Kentucky. Son père, homme honnête mais illettré, était peu capable de l'instruire. Il se contentait de lui raconter les rudes labeurs de ses ancêtres, les luttes que ces vaillants pionniers avaient soutenues contre les Indiens, et, malgré sa situation précaire, il l'envoya chez un vieillard qui apprenait l'alphabet aux enfants du pays. Le pasteur Elkis, qui parcourait le Kentucky pour y répandre l'Evangile, donna d'autre part à Lincoln une éducation chrétienne.

En 1813, le père de Lincoln vendit sa ferme et descendit l'Ohio à la recherche d'un endroit nouveau où il pourrait s'établir. Il se décida pour un établissement commode dans l'Indiana, retourna chercher sa famille, et alors commença pour Abraham Lincoln, le futur président des Etats-Unis, la rude vie des pionniers et des chasseurs. Dans le jour, il se livrait aux plus rudes travaux, et, la hache à la main, il abattait des arbres pour y tailler des palissades. Le soir, à la lueur du foyer, le jeune homme continuait à apprendre à lire. Les fables d'Esope, qu'il parvint par miracle à se procurer, devinrent son livre favori, et un jeune homme nommé Hanks, ayant ouvert une école, Abraham y prit ses premières leçons d'écriture. L'étude l'absorbait tellement que ses travaux manuels en souffrirent, au grand mécontentement de son père. Enfin, à quelque temps de là, arriva dans le pays un immigrant nommé Crawford, qui enseigna à Lincoln l'arithmétique jusqu'à la règle de trois.

La façon dont le futur président devint propriétaire de la *Vie de Washington* mérite d'être racontée. Il possédait la Vie des grands hommes de Plutarque et celle de Franklin; mais le livre qui racontait l'histoire du père de la patrie, du fondateur de la République, appartenait à son professeur Crawford, qui le lui avait prêté. Abraham avait fait de ce livre une sorte de bréviaire qu'il mettait dans sa poche le jour, à son chevet la nuit, et dont il ne pouvait se séparer. Mais voilà qu'un orage imprévu fond sur la cabane, pénètre dans les fissures du toit et mouille complètement le volume.

Comment le rendre à M. Crawford en pareil état? se demandait Abraham les larmes aux yeux. Il le fit sécher tant bien que mal, et un matin le rapporta tout penaud à son maître en lui demandant du temps pour en payer le prix quand il aurait du travail.

« Vois-tu cette pièce de terre? lui répondit Crawford; si tu veux me la faucher, le livre est à toi. »

Le marché fut vite conclu, et dès le lendemain, à l'aube, Lincoln était à la besogne.

Trois jours suffirent pour la moisson, et l'heureux moissonneur emporta son livre, plus fier de sa conquête qu'Alexandre de ses victoires [1].

Ce fut en 1830 qu'Abraham Lincoln quitta son père pour chercher fortune au loin. Il vint d'abord dans le comté de Ménard, y passa l'hiver, donnant des leçons chez un habitant dont il instruisait le fils en échange de l'hospitalité qu'il recevait; la nuit, il travaillait et lisait.

Plus tard, il devint commis meunier : toutes les fois que les chalands ne l'occupaient pas, il s'asseyait dans un coin et étudiait la grammaire. Lorsqu'éclata la guerre du Faucon-Noir en 1832, il savait, grâce à sa persévérance, lire, écrire et avait déjà de solides notions littéraires. Il s'engagea comme volontaire dans la compagnie de New-Salem, dont il fut nommé capitaine. Ces engage-

---

[1] A. Jouault, *Abraham Lincoln*.

ments ne devaient pas excéder trente jours, au bout desquels on licencia la compagnie; mais Lincoln s'engagea trois fois de suite, prit part à la victoire de Bad-Axe, revint à Salem, et ses amis voulurent l'envoyer à la législature de l'Etat. Il échoua à une forte minorité, reprit du travail, exerça la profession d'arpenteur et se perfectionna dans les mathématiques. Sa réputation de brave soldat, d'arpenteur habile, d'homme intègre, se répandit de plus en plus dans le pays, et, aux élections de 1832, il fut nommé à une majorité imposante. Alors il étudia le droit avec une ardeur incessante et se fit recevoir avocat, au bout de trois ans.

La vie politique de Lincoln date réellement de cette époque; la lutte qu'il entreprit contre l'esclavage fut longue et méritoire; mais la cause qu'il soutint était grande, juste et bien digne d'enflammer son ardeur.

Lincoln, depuis longtemps déjà connu sous le surnom de *l'honnête Ab*, devint peu à peu populaire; il fut élu député, son rôle politique grandit sans cesse, jusqu'au moment où il devint Président des États-Unis.

Nous avons retracé la vie laborieuse de l'ancien pionnier, examinons les détails de la vie intime du chef d'Etat, alors qu'il habitait la *Maison-Blanche*, exerçant la première magistrature de l'Union:

« Il se levait à cinq heures du matin en été, à six heures en hiver, et consacrait deux ou trois heures à dépouiller sa volumineuse correspondance particulière et à parcourir les journaux. A neuf heures il déjeunait et se rendait ensuite au bureau de la guerre, pour connaître les nouvelles apportées par le télégraphe et causer de la situation militaire avec le général Halleck. De retour à la Maison-Blanche, il appelait son secrétaire auquel il dictait les réponses à faire à certaines lettres, retenant les autres pour y répondre lui-même. Le mardi et le vendredi étaient les jours de conseil des ministres. Tout le reste de la semaine, à partir de midi, les portes étaient ouvertes à tous les visiteurs, pour la plupart des curieux ou des solliciteurs.

» Vers quatre heures, le Président cessait de recevoir et allait souvent faire une promenade en voiture avec sa femme et ses enfants. D'autres fois, il montait à cheval, exercice qu'il aimait beaucoup. Le dîner avait lieu à six heures, et il était rare que Lincoln n'eût pas à sa table quelques amis personnels, d'anciens camarades du Kentucky, avec lesquels il oubliait les pesants soucis de sa charge.

» Il partait seul, la nuit, pour aller prendre des nouvelles sur place, si les dépêches ne l'avaient point satisfait ; puis, après, il s'asseyait sous la tente entre quelques officiers, au coin du feu, écoutant les récits des anciens soldats du Mexique, ou répétant aux plus jeunes, avec sa bonhomie habituelle, une de ses anecdotes favorites [1]. »

L'homme que Lincoln avait pris pour modèle, George Washington, n'eut pas une existence moins active ni moins glorieuse : à l'un, les États-Unis doivent l'indépendance, à l'autre l'Humanité doit l'abolition de l'esclavage. Ces deux buts si élevés, Washington et Lincoln n'y parvinrent qu'à force de travail ; tous deux méritent de figurer au premier rang parmi les hommes qui se sont fait eux-mêmes.

George Washington, né en 1732, était le fils d'un riche planteur américain d'origine anglaise. Il eut une enfance laborieuse, toujours active, et cultiva aussi bien les exercices du

---

[1]. Jouault, *Vie de Lincoln*.

corps que ceux de l'esprit. Toutefois, son éducation littéraire et scientifique fut élémentaire. A onze ans il s'était trouvé chef de famille par suite de la mort de son père; une aussi grave circonstance n'avait pas peu contribué à le rendre sérieux et réfléchi. Il connaissait assez bien la géométrie; et il se servit des applications de cette science pour arpenter les monts Alleghanys.

Washington était un profond observateur et un travailleur patient. Son esprit multiple, même au milieu des soucis de la lutte, se portait à la fois sur tout ce qui l'intéressait : on a pu dire, avec raison, qu'il savait dans la même journée tracer un plan de bataille et faire un projet d'exploitation agricole.

Tout en correspondant activement avec le Congrès, avec les États, avec leurs gouverneurs, avec les officiers placés sous ses ordres, et même avec l'ennemi pour l'échange de prisonniers, il trouvait le moyen d'entretenir des rapports très suivis avec son intendant comme avec ses fermiers. Il se faisait rendre compte de l'état de ses terres, des plantations, des produits, des rendements, de la situation de ses ouvriers, et il suivait presque jour par jour ce qui se passait dans ses domaines comme s'il ne les eût pas quittés [1].

Il se levait dès l'aube, même pendant l'hiver, allumait son feu lui-même, travaillait à la lueur d'une chandelle jusqu'à ce qu'il fît jour. Alors, il montait à cheval et visitait ses domaines. Le goût des exercices du corps ne l'abandonna jamais : il pêchait, chassait, ne restait pas un seul instant inactif. Sa vie à Mount-Vernon était celle d'un grand planteur virginien, vie à la fois aventureuse et laborieuse.

---

1. *Washington*, par Pierre Lefranc, dans le *Livre d'or*, et A. Jouault : *Washington*.

L'Angleterre fut, pendant un temps, gouvernée par un des plus grands politiques dont l'histoire ait enregistré le nom. Olivier Cromwell, dont Bossuet a donné un portrait impérissable, entendit de bonne heure son père lui parler des « abominables papistes », de Ravaillac, de Laud, du roi d'Espagne, et toutes ces matières occupèrent de bonne heure son esprit. En 1616, il vint à l'Université de Cambridge pour y faire ses études ; mais, son père étant mort l'année suivante, il rentra dans son village et s'occupa de veiller sur sa mère et sur ses sœurs.

Après s'être marié, Cromwell vécut de la vie des fermiers, à Huntington, vie calme, qui porte à la rêverie et aux méditations.

C'est en 1641 qu'éclata réellement cette crise religieuse qui partagea l'Angleterre en deux camps et aboutit à la mort de Charles I$^{er}$. A ce moment, Cromwell a déjà fait partie du Parlement et il est le défenseur du calvinisme le moins modéré ; il a mené une vie économe, rangée; il excellait à vendre ses grains, à conclure ses affaires de fermages; il s'entendait à merveille à élever ses enfants. On le voit tout à coup devenir homme de guerre et chef de parti, et organiser, sous l'influence du fanatisme, des troupes inexpérimentées avec lesquelles il arrive à renverser l'ancienne chevalerie anglaise.

Aux débats du Parlement il active les solutions. Pas de phrases, des actes : voilà quelle aurait pu être sa devise. Aussi, combien lui fallut-il de temps pour devenir Protecteur de la République d'Angleterre? Douze ans à peine! Et lorsqu'il mourut, en 1658, il laissa l'Angleterre florissante et grosse des germes qui la firent peu à peu ce qu'elle est aujourd'hui.

Un des chefs d'Etat que l'on ne saurait oublier parmi les héros du travail, c'est M. Thiers, né à Marseille, en 1797. Parti d'un rang social extrêmement humble, il arriva par sa volonté aux plus hautes destinées.

Louis-Adolphe Thiers, ayant obtenu une bourse au collège de Marseille, se fit remarquer de ses maîtres par l'ardeur curieuse avec laquelle il étudiait. Dès qu'il eut terminé ses classes, il prit ses inscriptions à l'école de droit d'Aix et devint avocat. « A l'âge où les aspirants aux grades universitaires ne s'occupent que du travail qui leur est imposé pour l'obtention de leur diplôme, et parfois ne poursuivent que très indolemment cette tâche obligée, M. Thiers, sorti du lycée de Marseille, élève à l'école de droit d'Aix, étonnait ses condisciples et ses maîtres, par l'élan de son esprit et l'extension de ses études [1]. » Il ne se contentait pas en effet d'interpréter le Code : les mathématiques, l'histoire, la philosophie, les beaux-arts, l'attiraient aussi et avaient pour lui des charmes incomparables.

C'est à ce moment qu'il se lia d'amitié avec un étudiant, appelé, lui aussi, à devenir célèbre, et qui avait nom Mignet. Cette amitié, contractée sur les bancs de l'école, ne s'est jamais démentie, et, jusqu'à la fin, la plus inaltérable sympathie unit les deux historiens de la Révolution.

L'Académie d'Aix ayant mis au concours l'*Éloge de Vauvenargues*, le jeune Marseillais se mit à l'œuvre et présenta une étude clairement écrite et habilement conçue ; mais l'auteur, qui s'était fait remarquer par l'animation avec laquelle il discutait la Charte, et qui comptait par suite des ennemis dans l'Académie, se vit refuser le suffrage de ses juges. Le concours fut ajourné à l'année suivante.

Cette année-là, l'Académie décerna le prix à un manuscrit

---

1. *Éloge de M. Thiers*, par M. Marmier.

venu de Paris. Quand l'auteur dut se nommer, l'Académie ne fut pas médiocrement surprise d'apprendre qu'il se nommait Adolphe Thiers.

Dans ce travail, le futur homme d'Etat expliquait tout au long ce qui, à son sens, constituait le but et la règle de l'humanité. « La vie, disait-il, est une action ; et quel qu'en soit le prix, l'exercice de notre énergie suffit pour nous satisfaire, parce qu'il est l'accomplissement des lois de notre être. »

En 1820, il fut reçu avocat, et l'année suivante son fidèle Mignet quitta Aix pour venir à Paris. Resté seul, il prit en dégoût la vie monotone de province, et, n'y tenant bientôt plus, il accourut dans la capitale des idées, plein de confiance dans son avenir, mais la bourse presque vide. Il entra au *Constitutionnel* et ses premiers articles furent remarqués. Aussi arriva-t-il promptement au renom, à la fortune, et put-il entreprendre sa belle *Histoire de la Révolution :* il consulta pour exécuter ce grand travail les actes officiels et les discours de l'époque révolutionnaire, les lois et les décrets, les livres, les journaux, et les pamphlets ; il allait trouver les survivants de cette grande époque, demandant aux financiers, des détails sur les finances ; aux représentants des anciennes assemblées, des renseignements sur les grandes décisions prises par ces assemblées; aux soldats, le récit des combats auxquels ils avaient pris part. En même temps, il étudiait la stratégie et l'art de la fortification, ce qui lui permit de raconter *militairement* les grandes batailles et les grands sièges de l'Empire.

Ce travail immense ne l'empêchait pas de collaborer à des recueils littéraires, de diriger un journal quotidien, de fréquenter assidûment les salons, et on s'est souvent demandé comment il pouvait mener de front tant de choses différentes. Dès la pointe du jour il était à l'œuvre ; il avait l'habitude de dire en plai-

CHARLES XII

Sa grand'mère lui adressa des remontrances... (Page 285.)

santant : « Mes vacances à moi, c'est dix-huit heures de travail par jour. » Sa principale distraction consistait à collectionner des objets d'art, des antiquités, et à faire de son cabinet un véritable musée, ou bien, lorsqu'il était à la campagne, à courir les champs, causant partout avec tout le monde : c'était le plus grand questionneur de son siècle. Jusqu'à sa mort, il conserva ses laborieuses habitudes : vers ses quatre-vingts ans il allait journellement passer de longues heures, tantôt dans les galeries du Musée d'histoire naturelle, tantôt à l'Observatoire ou à l'Ecole normale. Il étudiait, avec Le Verrier, le mouvement des astres ; il faisait, avec M. Pasteur, des expériences de chimie, et, souvent, comme un élève zélé, mettait la main à l'alambic et à la cornue.

Adolphe Thiers, ce fils d'une pauvre famille marseillaise, a toujours eu la ferme conscience de l'avenir qui l'attendait. A la porte de l'école d'Aix, il y avait une marchande de pommes très pauvre et même misérable ; souvent, l'étudiant s'arrêtait, causait avec elle, et lui disait très sérieusement : « Les temps sont durs, ma pauvre vieille. Prenez patience. Quand je serai ministre, je viendrai vous chercher en voiture à quatre chevaux pour vous conduire dans mon hôtel. » Thiers arriva en effet, et, lorsqu'il fut au pouvoir, il se montra plus modeste que jamais. Pendant qu'il était Président, on eut l'intention de lui élever une statue, mais il fit répondre, aux promoteurs de cette idée, que de pareils honneurs ne relèvent que de la postérité ; que les contemporains ne peuvent jamais être de bons juges ; que la France lui a déjà décerné la plus belle récompense qu'il pût recevoir de son vivant en lui confiant le devoir de la gouverner ; et qu'il convient de laisser au tribunal de l'histoire le soin de le juger.

Si, des chefs d'Etat, nous passons aux souverains, nous aurons aussi à signaler parmi eux de véritables héros du travail.

Le roi le plus remarquable des Etats du nord de l'Europe fut sans contredit Charles XII. On lui apprit tout d'abord à connaître la Suède et la situation politique des puissances voisines, surtout de l'Allemagne, dont il parla la langue avec une correction surprenante.

Dès sept ans il savait monter à cheval.

Son goût naturel pour le travail fut augmenté par une sorte de fierté, qui le portait à savoir tout ce que les autres princes savaient. Pour lui faire apprendre le latin et le français, on n'eut qu'à lui dire que tel ou tel prince connaissait ces langues. Il se sentit pris d'une véritable admiration pour Alexandre, dont il lisait les exploits dans Quinte-Curce, et son précepteur lui ayant demandé ce qu'il pensait du conquérant macédonien : « Je pense, dit-il, que je voudrais lui ressembler. » — « Mais, il n'a vécu que trente-deux ans. » — « Ah ! reprit-il, n'est-ce pas assez quand on a conquis des royaumes ! [1] »

A quinze ans Charles XII monta sur le trône ; il fut couronné peu de temps après.

Rien n'avait jusque-là fait prévoir la grandeur à laquelle atteindrait ce monarque, mais, à partir du jour où il fit la guerre à ses voisins, on comprit ce qu'il allait devenir. Lorsqu'il eut résolu de soutenir les droits du duc de Holstein, son beau-frère, « on le vit renoncer tout à coup, dit Voltaire, aux amusements les plus innocents de la jeunesse. Du moment qu'il se prépara à la guerre, il commença une vie toute nouvelle, dont il ne s'est jamais depuis écarté un seul moment. Plein de l'idée d'Alexandre et de César, il se proposa d'imiter tout de ces conquérants, hors leurs vices. Il ne connut plus ni

---

1. *Vie de Charles XII*, de Voltaire.

magnificences, ni jeux, ni délassements; il réduisit sa table à la frugalité la plus grande. Il avait aimé le faste dans les habits, il ne fut vêtu depuis que comme un simple soldat[1]. » On l'avait soupçonné d'avoir eu une passion pour une dame de sa cour : soit que cette intrigue fût vraie ou non, il est certain qu'il renonça alors aux plaisirs pour jamais, non-seulement de peur d'en être gouverné, mais pour donner l'exemple à ses soldats qu'il voulait contenir dans la discipline la plus rigoureuse.

La façon par laquelle il fut amené à s'abstenir de vin mérite d'être racontée comme un trait de volonté ferme. Il revenait un jour de la chasse et avait bu plus de vin qu'à l'ordinaire; il se présenta à la reine « tout crotté et ensanglanté des bêtes qu'il avait tuées. » La reine lui fit des reproches qu'il ne voulut pas écouter; quand il s'agit de se mettre à table, il renversa ce qui lui tombait sous la main, et sa grand'mère, à son tour, lui adressa des remontrances. Le lendemain, à la même heure, Charles XII se leva, pendant qu'il était à table, il remplit un verre de vin, le but à la santé de la reine, et jura de ne plus jamais boire que de l'eau. Il tint parole toute sa vie.

Vainqueur des Russes tout d'abord, Charles XII se laissa entraîner à les combattre dans l'Ukraine, malgré les conseils de ses généraux; cette opiniâtreté aboutit à la terrible défaite de Pultawa.

Charles XII avait pour adversaire Pierre le Grand.

Pierre le Grand, lui aussi, était ferme, mais d'une fermeté qui ne dégénéra jamais en entêtement, d'une fermeté qui ne lui faisait pas oublier la prudence: ses défaites avaient été pour lui des leçons dont il avait su tenir compte, et à force

---

1. Poniatowski, *Remarques sur l'histoire de Charles XII*.

d'être vaincu, il avait appris à vaincre. Charles XII ne se doutait pas, le 30 novembre 1700, lorsqu'il gagnait la bataille de Narva, que neuf ans plus tard les Russes seraient assez aguerris pour le vaincre. Narva! Huit mille Suédois y avaient détruit quatre-vingt-mille Moscovites!

Pierre avait un sentiment de frayeur naturel qui lui faisait redouter le moindre danger; il hésitait à franchir un ruisseau.

A mesure qu'il grandit, il eut honte de ses frayeurs et résolut de les dissiper. Il s'exerça d'abord aux jeux corporels : on le vit se jeter à la mer, afin de vaincre la crainte qu'il avait de se noyer. Durant son enfance, il avait été abandonné à lui-même. Il eut raison de son ignorance par sa volonté. Il étudia l'allemand ainsi que le hollandais, et il apprit sans maître ces deux langues assez bien pour les parler et les écrire couramment. Il s'embarqua sur la mer Glaciale qu'aucun roi n'avait vue avant lui, et s'exerça à la manœuvre comme un simple matelot. Il forma dans sa maison de campagne une troupe de cinquante hommes composée de ses domestiques, il en confia le commandement à des fils de boyards ; il fit passer ceux-ci par tous les grades, et lui-même donna l'exemple, servant d'abord comme tambour, puis comme soldat, sergent et lieutenant. D'autres compagnies furent formées sur le même modèle, et il les faisait battre entre elles pour s'habituer à la guerre. Aussi, lorsqu'il monta sur le trône, les gens clairvoyants devinèrent en lui un réformateur.

En 1677, il envoya soixante jeunes Russes en Italie pour y apprendre la construction des galères, quarante en Hollande pour s'instruire dans la fabrication et la manœuvre des grands navires, d'autres en Allemagne pour servir dans l'armée et apprendre la discipline. Puis, voulant s'instruire par lui-même, il forma le dessein de parcourir l'Europe en simple particulier, il visita les fortifications des citadelles de la Prusse brandebourgeoise, de la Poméranie, de la Westphalie, et arriva à Amsterdam.

Le Czar se rendit dans cette ville quinze jours avant l'ambassade[1]. Il logea d'abord dans la maison de la compagnie des Indes; mais bientôt il choisit un petit logement dans les chantiers de l'Amirauté. Il prit un habit de pilote et alla dans cet équipage au village de Sardam, où l'on construisait alors beaucoup plus de vaisseaux encore qu'aujourd'hui. Le Czar admira cette multitude d'hommes toujours occupés; l'ordre, l'exactitude des travaux, la célérité prodigieuse à construire un vaisseau et à le munir de tous ses agrès, et cette quantité incroyable de magasins et de machines qui rendent le travail plus facile et plus sûr. Le Czar commença par acheter une barque, à laquelle il fit de ses mains un mât brisé; ensuite il travailla à toutes les parties de la construction d'un vaisseau, menant la même vie que les artisans de Sardam, s'habillant, se nourrissant comme eux, travaillant dans les forges, dans les corderies, dans ces moulins dont la quantité prodigieuse borde le village, et dans lesquels on scie le sapin et le chêne, on tire l'huile, on fabrique le papier, on file les métaux ductiles. Il se fit inscrire dans le nombre des charpentiers sous le nom de Pierre Michæloff: on l'appelait communément maître Pierre; et les ouvriers, d'abord interdits d'avoir un souverain pour compagnon, s'y accoutument familièrement[2]. Par intervalles, il abandonnait ces durs travaux et venait à Amsterdam faire des opérations de chirurgie chez le célèbre anatomiste Ruysch. Il s'occupait de la construc-

---

1. Pierre était accompagné de trois ambassadeurs.
2. Voltaire. *Ouv. cit.*

tion des cartes géographiques, et projetait dès cette époque la communication de la mer Noire et de la Caspienne. Ainsi, pendant son séjour en Hollande, la marine, la science des ingénieurs, la géographie, la chirurgie, la physique appliquée occupèrent tous ses instants. Alors, il vint en Angleterre, où il étudia les mathématiques, la fonte des canons, la filerie des cordes et l'horlogerie. Avant de revenir dans ses États, il engagea à son service une foule d'artisans, de marins, de soldats qu'il employa dans la suite à la grande réforme de la Russie.

Les longues guerres qu'il eut à soutenir ne l'empêchèrent pas de continuer ses travaux. En 1718, à la mort de Charles XII, roi de Suède, il dota ses sujets d'utiles avantages ; c'est ainsi qu'il établit une police générale, l'uniformité des poids et mesures, un tribunal de commerce, des manufactures et des fabriques de toutes sortes, des canaux « qui joignirent les fleuves, les mers et les peuples que la nature a séparés ». En même temps, il fit renaître le commerce extérieur, organisa la justice, diminua l'influence du clergé russe en l'asservissant. Grâce à lui, la Russie devint et resta une puissance européenne, prépondérante dans le Nord par suite de l'abaissement de la Suède.

Après Charles XII et Pierre le Grand, nous parlerons de Napoléon Ier. Sans nous occuper du rôle politique du premier empereur, nous devons le signaler comme un des plus curieux exemples qu'offre l'histoire, d'un homme élevé à la puissance suprême par ses seuls efforts. Malgré les reproches que l'on peut adresser à Napoléon Ier, on ne saurait méconnaître qu'il fut un travailleur de premier ordre.

Son histoire est présente à tous les esprits ; on sait que le premier empereur des Français fit constamment preuve d'une activité sans pareille et d'une remarquable aptitude à tout embrasser dans une vue d'ensemble. Il ne fut pas seulement un général hors ligne, il se montra aussi un administrateur incomparable. Qu'il se trouvât hors de France ou à Paris, il ne cessait de veiller à l'organisation intérieure de notre pays, et, comme il ne voulait pas que des mesures pouvant porter atteinte à son despotisme fussent prises par des fonctionnaires, il ne laissait rien passer d'important sans l'examiner. Une institution qui attira surtout ses soins fut le Code civil. Il ne fut pas le créateur de ce monument législatif, puisque l'assemblée Constituante, la Législative et la Convention avaient décrété l'uniformité des lois pour toute la France, puisqu'aussi le Code avait été soumis à une longue élaboration au moment où Bonaparte s'empara du pouvoir, mais il s'en préoccupa sans cesse. Ce qu'il eut la gloire de faire, ce fut d'instituer une commission pour rédiger un nouveau projet, de donner aux travaux une remarquable impulsion, de prendre une part active aux discussions du conseil d'État, d'étudier les lois intérieures[1].

Lorsque rien ne s'y opposait, voici la vie que menait Napoléon : Chaque matin à neuf heures très précises, il sortait de l'intérieur de ses appartements, recevant les officiers de service, puis les personnages haut placés, saluant tout le monde, disant quelques mots à l'un ou à l'autre ; après quoi chacun se retirait. Son déjeuner achevé, il ouvrait sa porte aux ministres et aux directeurs généraux, et ces audiences se prolongeaient jusqu'à six heures au moins. Il lui arrivait de se lever la nuit et de travailler dans son cabinet, jusqu'à ce que le jour vînt le surprendre.

De bonne heure, il avait montré les qualités extraordinaires qui, en se développant, auraient fait sa gloire s'il ne les avait

---

1. Barni, *Napoléon I*[er].

employées à asservir son pays. La lecture était pour lui une sorte de passion, surtout la lecture de la vie des grands hommes; assis sur les bancs du collège, il cherchait déjà les moyens de faire comme eux Il ne se contentait pas d'admirer leur courage ou leurs actions d'éclat; il enviait leur sort, et l'amour-propre, doublé d'une ambition démesurée, contribua plus que tout le reste à lui inculquer le goût de l'étude et du travail.

Dès son plus jeune âge, il avait compris que le travail est l'arme la plus favorable aux plus grands desseins.

Napoléon I*r* a dû ses succès à son génie, mais aussi à un certain nombre « de vertus d'état » qui dépendaient de sa volonté. « Il était sobre et ne donnait presque rien aux satisfactions des sens, ne passait que peu d'instants à table, couchait sur la dure; avec un corps plutôt débile que fort, supportait sans s'en apercevoir des fatigues auxquelles auraient succombé les plus vigoureux, devenait capable de tout quand son âme était excitée par la poursuite des grandes choses, faisait mieux que de braver le péril, n'y pensait pas, et sans le rechercher ni l'éviter, se trouvait partout où sa présence était nécessaire, pour voir, diriger, commander enfin. Si tel était chez lui le caractère du soldat, celui du général en chef n'était pas moins rare. Jamais on ne supporta les anxiétés d'un immense commandement avec plus de sang-froid, de vigueur, de présence d'esprit. Si quelquefois il était bouillant, colère même, c'est qu'alors *tout allait bien*, comme disaient les officiers habitués à son humeur. Dès que le danger paraissait sérieux, il devenait calme, doux, encourageant, ne voulant pas ajouter, au trouble qui naissait des circonstances, celui qui serait résulté de ses emportements, se montrait d'une sérénité parfaite, par habitude de se dominer dans les situations graves, de calculer la portée des périls, de trouver le moyen d'en sortir, et de dompter ainsi la fortune. Né pour les grandes extrémités, et en ayant pris une habitude sans égale, lorsqu'il s'était mis par la faute de son ambition dans des positions affreuses, on le voyait assister, en 1814, par exemple, au suicide de sa propre grandeur, avec un incroyable sang-froid, espérant encore quand personne n'espérait plus, parce qu'il découvrait des ressources où personne n'en soupçonnait, et, en tous cas, s'élevant sur les ailes du génie au-dessus de toutes les situations qui pouvaient lui échoir, avec la résignation d'un esprit qui se rend justice et accepte le prix mérité de ses fautes [1]. »

1. A. Thiers, *Histoire du Consulat et de l'Empire*.

*Pinel.* — Plus d'un malheureux fut sauvé par ses soins... (Page 303.)

## CHAPITRE DOUZIÈME

### L'AMOUR DE L'HUMANITÉ

> Si l'on me demande quel est le plus grand des hommes : celui-là, dirai-je, qui est le meilleur.
> WILLIAM JONES.

Au-dessus des savants et des ingénieurs à qui l'on doit les découvertes fécondes, des peintres et des sculpteurs qui créent les chefs-d'œuvre, des marins et des soldats qui défendent la patrie, au-dessus de tous les ouvriers de la science, de l'art, de la pensée, du patriotisme, au-dessus des souverains eux-mêmes qui président à la destinée des peuples, nous placerons les hommes de dévouement qui prodiguent leurs forces pour venir en aide à ceux qui souffrent, et qui travaillent au bien de l'humanité.

Nous choisirons saint Vincent de Paul, comme l'expression vivante du véritable esprit de charité.

Vincent de Paul, fils d'un cultivateur, est un héros du travail ; mais ses labeurs, ses efforts, ses méditations, son énergie, sa volonté furent uniquement consacrés à améliorer le sort des malheureux ; sa véritable passion fut l'amour de l'humanité ; c'est aussi un héros de philanthropie.

Né en 1576, dans les Landes, Vincent de Paul avait pour père un brave cultivateur qui comprit les merveilleuses dispositions de son fils et s'imposa de grands sacrifices pour le faire instruire au collège des Cordeliers à Dax. Le jeune Vincent ne tarda pas à être capable de donner lui-même des leçons et de diminuer ainsi les charges de sa famille.

Sa jeunesse fut remplie d'aventures ; il dut aller à Marseille, pour toucher un héritage de 1 500 livres que lui avait laissé un de ses amis, et il retournait par mer à Narbonne, lorsque le navire qui le portait fut pris par des pirates. Vincent de Paul, vendu comme esclave, servit successivement trois maîtres différents ; il convertit le dernier, et revint en France avec lui en 1607.

C'est à partir de cette époque que se décida sa vocation de philanthrope ; aumônier de Marguerite de Valois, il s'occupa déjà de soigner les pauvres.

Marie de Médicis, devenue régente après la mort d'Henri IV, le pourvut d'un bénéfice, qui, le dégageant des soucis matériels de l'existence, lui permit de se donner tout entier au soulagement des malheureux.

Il devint précepteur chez les Gondi, où il resta jusqu'en 1617. Nommé, bientôt après, curé de Châtillon, il fonda immédiatement une société d'assistance des pauvres et des malades, qui s'appela la *Confrérie de la charité*.

Plus tard, nommé aumônier des galériens, Vincent de Paul fut frappé de commisération à la vue du sort de ces malheureux ; au lieu de voir leurs crimes, il contemplait leur infirmité morale, et s'efforçait d'y remédier par les exhortations et les exemples.

Avec ses propres ressources, sans aide d'aucune sorte, il loua une maison à Paris, y fit venir une partie de ces galériens ; il leur prodigua des soins. Vincent de Paul finit par gagner leur cœur ; à force de patience et de dévouement, il parvint à ramener à des sentiments honnêtes des hommes que tout le monde considérait comme définitivement voués au mal. En présence de tels résultats, il se transporta à Marseille, dans le but de poursuivre l'amélioration du sort matériel et moral des forçats. Les historiens rapportent que, pour délivrer un prisonnier injustement détenu, il se serait chargé de ses chaînes.

Il se préoccupa ensuite de guérir la France des horribles plaies qui la rongeaient, la misère et la mendicité. Il créa une société de secours et élabora un projet de règlement. Il divisait les pauvres en deux classes : aux uns, il faisait distribuer, à jour fixe, des vêtements et des vivres ; quant aux autres, les pauvres honteux, il les recommandait aux membres de la Société. Grâce à lui, ces malheureux purent désormais suffire à leurs besoins. Vincent de Paul poursuivit ses utiles fondations avec une persévérance et une ardeur que rien ne saurait décrire.

Un soir, il aperçut un mendiant maltraitant un enfant : saisi de pitié, il emporta le pauvre petit, et, depuis lors, il eut l'idée de recueillir les enfants abandonnés.

Vincent de Paul est le premier homme qui se soit vraiment occupé des intérêts de l'enfant jusque là à peu près sacrifiés.

Après le pauvre, après le prisonnier, après l'enfant, il ne voulut pas oublier les vieillards sans ressources, et fonda les Incurables.

Quand les troubles de la Fronde eurent causé en France tant de misères, la famine éclata partout. Vincent de Paul multiplia ses actes de charité inépuisable. C'est alors qu'on le surnomma le *Père de la patrie*, titre justement mérité, qui lui fut donné par les populations dont il avait secouru les souffrances.

Vincent de Paul est le créateur de l'assistance publique ; il est le premier inspirateur des *Filles de charité*, et des *Servantes de pauvres* dont les sœurs de charité actuelles savent si souvent imiter l'admirable dévouement.

Quand les Parisiens eurent été pillés par l'armée de Condé, Vincent de Paul vint à leur secours avec une petite armée de sœurs grises qui soignaient les malades ; plus tard, à la suite du combat de Saint-Étienne, il alla soulager les misères de la guerre dans les provinces de Lorraine et de Champagne.

Jusqu'à l'âge de quatre-vingt-cinq ans, Vincent de Paul ne s'arrêta pas de faire le bien. Accablé d'infirmités à la fin de sa vie, il trouvait encore assez d'énergie quand il fallait combattre quelque infortune. Il mourut sur le champ de bataille de la charité.

Les temps modernes offrent l'exemple d'un grand philanthrope, le baron de Montyon [1], que l'on peut placer à côté de saint Vincent de Paul.

Montyon était le fils d'un maître des comptes qui jouissait d'une fortune considérable ; après de brillants succès universitaires, il fut nommé, à vingt-deux ans, avocat du roi au Châtelet ; et bientôt son équité inflexible le fit surnommer le *grenadier de la robe*. — En 1767 il entra comme maître des requêtes au conseil d'*Auvergne*, et se fit remarquer dans son administration

---

1. Né à Paris, le 23 décembre 1733.

par une bienfaisance inépuisable. Il prélevait sur ses revenus 20 000 livres par an, pour distribuer des secours aux indigents.

Le baron de Montyon était un travailleur acharné, mais il ne travailla que par esprit de charité, En 1792, retiré à Genève, il obtint un prix de l'Académie Française pour un travail anonyme qu'il avait fait sur la découverte de l'Amérique. Il déclara, sans se nommer, qu'il consacrait les 3 000 francs, montant du prix, à l'écrivain qui indiquerait les meilleurs moyens d'améliorer le sort des nègres.

Revenu en France en 1815, Montyon ne s'occupa plus que des œuvres de bienfaisance qui ont rendu son nom si populaire. Il fonda le prix de vertu, et le prix destiné à couronner, au jugement de l'Académie Française, le meilleur ouvrage paru dans l'année. Ce grand philanthrope, homme de beaucoup d'esprit et d'une étonnante érudition, était un conteur plein de charme. Il mourut à l'âge de quatre-vingt-sept ans, et laissa une partie de sa grande fortune aux hospices de Paris, et aux nombreuses fondations de prix qui ont immortalisé son nom.

L'amour de l'humanité, qui fait la gloire des philanthropes, est parfois aussi la passion qui inspire les médecins dévoués à leur art; nous rappellerons ici les noms de quelques praticiens, qui, à différentes époques, ont été de véritables bienfaiteurs.

Ambroise Paré, le fondateur de la chirurgie, était le fils d'un barbier de Laval, il fut tout d'abord le domestique d'un prêtre qui ne lui laissait jamais un instant de répit. Un jour que le chirurgien Cotot était venu à Laval pour y opérer de la pierre un ecclésiastique de cette ville, Ambroise, présent à l'opération, sentit s'éveiller en lui cet amour infatigable de la science, qui devait le conduire à de si grands résultats. Il abandonna son premier maître et devint l'apprenti d'un certain Vialat, chirur-

PEREIRE

Il réussissait à faire parler les sourds-muets... (Page 303.)

gien-barbier, qui lui apprit à arracher les dents, à faire des saignées, à pratiquer quelques opérations extrêmement simples. Quatre ans après, il vint à Paris et donna de son savoir assez de preuves pour être admis comme aide-chirurgien à l'Hôtel-Dieu. Sa bonne conduite et son amour de l'étude lui valurent l'estime et l'amitié de ses supérieurs. Le professeur Goupil n'hésita pas à le choisir comme suppléant. Reçu bientôt maître chirurgien, il suivit en Piémont l'armée de Montmorency. Là, il ne se contenta pas d'appliquer sans réflexion les principes ordinaires de la chirurgie, il les améliora et les transforma complètement.

Jusqu'au temps de Paré, les soldats blessés avaient eu bien plus à souffrir de l'ignorance de leurs chirurgiens que de l'habileté de leurs ennemis. Pour arrêter l'hémorrhagie, dans les cas de blessures faites par les armes à feu, les chirurgiens avaient recours à l'expédient barbare de panser les blessures avec de l'huile bouillante, de les cautériser au fer rouge, et, quand il fallait en venir à l'amputation, de la faire aussi avec un couteau rougi au feu. Paré, tout d'abord, ne put faire autrement que de traiter les blessures selon la méthode accoutumée ; mais un jour, l'huile bouillante étant venue fort heureusement à manquer, il y substitua une application plus douce et plus émolliente. Toute la nuit il fut en proie à la crainte d'avoir mal fait ; et l'on peut se figurer le soulagement qu'il éprouva, lorsque, au matin, il vit que les blessés qui avaient été ainsi traités étaient comparativement à l'aise et rafraîchis par le sommeil, tandis que ceux qu'on avait traités à l'huile bouillante étaient, comme de coutume, torturés par les plus cruelles souffrances. Telle fut l'origine accidentelle de l'une des plus grandes améliorations introduites par Paré dans le traitement des blessures. On ne manqua pas, naturellement, de regarder d'abord les nouvelles méthodes de Paré comme des innovations dangereuses, et les vieux chirurgiens se liguèrent pour en empêcher l'adoption. Ils reprochèrent à Paré son manque d'éducation et plus particulièrement son ignorance du grec et du latin, et le poursuivirent de citations empruntées aux anciens auteurs, citations qu'il ne pouvait en effet ni vérifier ni réfuter. Mais sa meilleure réponse aux attaques de ses adversaires consistait dans l'humanité, l'habileté et le succès de sa pratique ; à cor et à cri et de tous côtés, les soldats blessés demandaient Paré, qui, du reste, était toujours à leur service et qui les traitait non seulement avec soin, mais avec affection, leur disant d'ordinaire en les quittant : « Je t'ai pansé, Dieu te guérisse »[1].

La réputation qu'il acquit dans les camps fut bientôt connue du roi Henri II, qui le nomma son chirurgien. Mais Ambroise Paré n'en continua pas moins à suivre les armées. Pendant le siège de Metz, il parvint à entrer dans la ville, où il reçut l'accueil le plus enthousiaste. *Nous ne craignons plus de mourir*, s'écriaient les assiégés ; *notre ami est au milieu de nous.*

Jenner[2], qui découvrit la vaccine, eut, comme Ambroise Paré, beaucoup à lutter et à travailler pour délivrer ses semblables d'un véritable fléau. On ne saurait croire combien de vexations dut subir ce véritable bienfaiteur, lorsqu'il eut annoncé publiquement au moyen de quel procédé il pouvait préserver ses semblables de la petite vérole. Le bruit courut que les enfants vaccinés prenaient peu à peu une *face de vache*, que leur front portait des cornes rudimentaires, que leur voix ressemblait à un mugissement. Il ne fallut pas moins de vingt ans de persé-

1. Samuel Smiles, *Self-Help*.
2. Né en 1749, à Berkeley, en Angleterre.

vérance et de travaux pour avoir raison de ces absurdités. Mais Jenner eut le bonheur d'assister au triomphe de sa découverte.

Desgenettes ne saurait être oublié parmi les hommes dévoués qui sont la gloire de la médecine. Chirurgien ordinaire de l'armée d'Italie en 1793, Bonaparte l'attacha plus tard comme médecin en chef de l'armée d'Orient. Arrivée en Égypte, l'armée éprouva les effets d'un climat brûlant; des symptômes de peste se déclarèrent. Il importait d'arrêter à tout prix la panique qui allait semer la terreur. Desgenettes donna la preuve d'un dévouement dont on ne trouve que de rares exemples dans l'histoire ; en présence des soldats réunis autour de lui, il se fit une double piqûre dans l'aine et dans le voisinage de l'aisselle, et s'inocula le pus d'un bubon pestilentiel. Cet acte de témérité généreuse rassura les malades, et un grand nombre d'entre eux furent sauvés. « Un jour, Berthollet venait d'exposer à Desgenettes ses spéculations sur les voies que prend le miasme pestilentiel pour pénétrer dans l'économie. Selon Berthollet, la salive est le premier véhicule. Ce même jour, un pestiféré que traitait Desgenettes, et qui allait mourir, le conjura de partager avec lui un reste de la potion qui lui avait été prescrite. Sans hésiter, Desgenettes prend le verre du malade, le remplit et le vide : action qui donna une lueur d'espoir au pestiféré, mais qui fit pâlir et reculer d'horreur tous les assistants : seconde inoculation, plus redoutable que la première, de laquelle Desgenettes semblait lui-même tenir si peu de compte[2]. »

En 1805, le grand médecin fut envoyé en Espagne, pour observer l'épidémie qui avait ravagé Cadix, Malaga et Alicante. Il suivit les armées françaises en Prusse, en Pologne, en Espa-

1. Né à Alençon (Orne), le 23 mai 1062.
2. Parisel. *Eloge des membres de l'Académie de médecine.*

gne, et prit part à la malheureuse campagne de 1812. Pris par l'ennemi lors de la retraite de Russie, il demanda sa liberté à l'empereur Alexandre, en lui rappelant qu'il avait toujours prodigué ses soins aux soldats russes. Un ukase lui rendit la liberté, et une escorte d'honneur le conduisit jusqu'aux avant-postes français.

Après la révolution de 1830, le baron Desgenettes fut nommé médecin en chef des Invalides; il mourut à l'âge de soixante-quinze ans.

Dans les siècles qui ont précédé le nôtre, les malades étaient loin de recevoir dans les hôpitaux les soins intelligents qu'on leur prodigue aujourd'hui, les aliénés étaient de beaucoup les plus mal partagés : on les considérait comme des bêtes dont on ne pouvait rien attendre et qu'il était plus simple de réduire par la violence. C'est à Pinel que revient l'honneur d'avoir transformé en maisons de santé, en hôpitaux, les geôles où étaient détenus tant d'infortunés.

Pinel est né à Lavaur, en 1755. De Montpellier, où il avait fait ses études, il vint à Paris vers 1777. Les commencements de sa carrière furent pénibles : en même temps qu'il préparait son doctorat, il donnait pour vivre des leçons de mathématiques. En quittant ses élèves, il redevenait élève lui-même et étudiait avec un soin tout spécial les maladies mentales. Devenu médecin de Bicêtre, il jugea bon de substituer à la conduite absurde et barbare en usage jusqu'alors vis-à-vis des aliénés, la méthode de la douceur, de la bonté et de la patience. Il commença par supprimer les chaînes dont on chargeait indistinctement tous les malades, et ses procédés si humains eurent les plus heureux résultats; il ne tarda pas à être nommé médecin en chef de la Salpêtrière et professeur à l'Ecole de Médecine.

Outre les immenses services que Pinel rendit à une catégorie si misérable et si pitoyable de l'humanité, il enrichit la médecine de travaux d'une grande importance. Il s'occupait de ses malades avec un rare dévouement, et plus d'un malheureux fut sauvé par ses soins et sa vigilance.

Quoi de plus beau, de plus généreux que les efforts et les labeurs acharnés de Rodrigue Pereire [1], qui consacra sa vie entière à l'instruction des sourds-muets dont on ne s'occupait guère avant lui. Avec une persévérance à toute épreuve, il s'attachait à faire articuler des sons à ces pauvres infirmes, et il y réussissait parfois.

C'était à son époque une grande nouveauté que cet art de faire parler des sourds-muets; Louis XV voulut voir Pereire et ses élèves, et le roi de Suède, qui assista à ses diverses expériences, déclara qu'il n'avait jamais rien vu de plus curieux. Diderot écrivit dans l'*Encyclopédie* : « Pereire doit sa méthode à son génie; on peut voir ses succès dans l'histoire de l'Académie des Sciences. »

Pereire fut le précurseur de l'abbé de l'Épée [2] que l'on doit citer aussi comme un modèle de désintéressement et de dévouement. Par une méthode toute différente, au moyen d'un alphabet formé de signes, l'abbé de l'Épée, à force de patience et de travail, a donné aux sourds-muets un langage qui leur permet de se faire comprendre de tous. L'abbé de l'Epée fit vivre chez lui, à ses frais, ces pauvres infirmes; dévoué corps et âme à ses élèves, il se privait de tout pour leur entretien.

Parmi les bienfaiteurs de l'humanité, nous mentionnerons ceux qui se sont faits les défenseurs de la liberté des nègres si longtemps opprimés et esclaves. Antoine Benezet, né à Saint-

1. Né en Espagne, le 11 avril 1715.
2. Né à Versailles, le 25 novembre 1712.

Quentin en 1713, est l'un des plus remarquables d'entre eux. Chassé de la France par la révocation de l'Edit de Nantes, il se rendit en 1831 à la Nouvelle-Angleterre avec toute sa famille et résida à Philadelphie. Il renonça aux affaires, abandonna le commerce pour consacrer toute son activité, toutes ses forces, toute son ardeur à l'instruction et au soulagement des noirs, que les préjugés plaçaient en dehors de l'espèce humaine. Benezet fonda à Philadelphie une école pour l'instruction des nègres; il la dirigea pendant toute sa vie avec un zèle et un dévouement qui ne se démentirent jamais.

Channing, né à New-Port, dans l'Amérique du Nord, le 7 avril 1780, est l'un des plus ardents promoteurs de l'abolition de l'esclavage: il avait un grand amour du travail et de l'étude, joint à un esprit religieux très ardent, et à un remarquable sentiment de tolérance et de charité. Chef de l'unitarisme américain, Channing, dès l'âge de vingt-trois ans, se consacra au ministère sacerdotal dans une église dissidente de Boston; il y resta jusqu'à sa mort. Sa popularité s'est toujours accrue pendant le cours de sa vie si bien remplie. Il s'efforça d'éclairer et de moraliser les ouvriers, de combattre les idées de haine et d'envie que des ambitieux excitent trop souvent dans leur esprit; son éloquence persuasive et ardente gagnait tous les cœurs, et nul mieux que lui ne savait démontrer que par la bonne conduite, par le travail et par l'économie, il n'est personne qui ne puisse jouir de tout le bonheur départi à l'espèce humaine. Channing ne se contenta pas d'être orateur, il devint un excellent écrivain, et ses ouvrages, fort répandus en Amérique, forment souvent la lecture des familles d'ouvriers; leur propagation y a fait un bien immense en combattant les vaines doctrines et les utopies.

Parmi les hommes dont les efforts se sont toujours dirigés

vers le bien, dont les travaux ont eu pour but d'aider leurs semblables, dont les écrits ont été des modèles de morale familière et simple, dont les découvertes ont été des bienfaits, il en est un, tout particulièrement remarquable, le plus grand, le plus noble peut-être de tous ; il se nomme Benjamin Franklin. C'est lui que nous choisirons, comme le modèle le plus digne de fermer la liste des Héros du Travail, et des Bienfaiteurs de l'Humanité.

Benjamin Franklin naquit à Philadelphie le 17 janvier 1706. Son père, teinturier en étoffes de soie, avait quitté l'Angleterre avec sa femme et ses trois enfants pour aller chercher fortune en Amérique. Installé d'abord à Boston, il s'aperçut que son métier de teinturier ne suffisait pas pour subvenir aux besoins de sa famille, et il se fit marchand de chandelles. Benjamin Franklin naquit dans la vingt-quatrième année du séjour de son père à Boston, et il fut le quinzième de dix-sept enfants.

Le jeune Benjamin s'occupait de la fabrication des chandelles ; en même temps il lisait avec avidité le petit nombre de livres que possédait son père ; il devint apprenti chez un de ses frères qui était revenu d'Angleterre avec une presse typographique et des caractères d'imprimerie ; il travailla avec ardeur et ne tarda pas à devenir très habile. Ses salaires lui servaient à acheter des livres qu'il lisait pendant le silence des nuits ; ainsi se forma, par l'étude et les méditations, l'esprit de celui que ses contemporains devaient appeler plus tard le *Sage de Philadelphie*.

A l'âge de dix-sept ans, Benjamin Franklin, avide de s'élever au-dessus de sa profession d'ouvrier typographe, quitta Boston subitement. Il s'embarqua, sans ressources, sur un petit navire frêté pour New-York et partit pour Philadelphie. Il n'avait pour toute fortune qu'un dollar dans sa poche et fit son entrée dans la ville en tenant à la main trois gros pains qu'il venait d'acheter.

Franklin trouva de l'emploi chez un mauvais imprimeur, mais il sut tirer parti d'un matériel très imparfait; son zèle et son habileté attirèrent l'attention du gouverneur de la Pensylvanie, puis, un peu plus tard, il trouva un associé qui l'envoya à Londres pour acheter des caractères et monter lui-même une imprimerie.

En 1729 nous retrouvons Franklin à Philadelphie; plus sobre, plus laborieux que ne l'avaient jadis été ses camarades, plus prévoyant et plus économe qu'aucun d'eux, il avait enfin conquis la situation de patron. Nous le voyons à la tête d'une imprimerie ; l'ordre, l'honnêteté, l'activité ne tardent pas à faire prospérer cet établissement, qui prend chaque jour une importance de plus en plus considérable. Le sage et habile imprimeur de Philadelphie fonde des journaux, vend des almanachs, ouvre dans la ville la première bibliothèque commune, la première société académique, le premier hôpital. Il apprend à ses compatriotes ce que peuvent le travail et l'économie, et s'efforce de les moraliser. Il leur montre à se chauffer à bon marché avec des poêles, il leur enseigne à balayer les rues, à les bien paver, à les éclairer le soir. Il développe ses idées dans ces almanachs célèbres qu'il publia à partir de 1732 sous le nom de *Richard Saunders*, autrement dit le *Bonhomme Richard;* là le philosophe résume, en un style familier et charmant, les plus précieux préceptes de morale. Voici quelques-uns de ces délicieux proverbes :

« Si vous êtes laborieux, vous ne mourrez jamais de faim : car la faim peut bien regarder à la porte de l'homme qui travaille, mais elle n'ose entrer. »

« Il en coûte plus cher pour entretenir un vice que pour élever deux enfants. »

« Un laboureur sur ses jambes est plus haut qu'un gentilhomme à genoux ».

Franklin, qui enseignait la morale aux autres, la pratiquait lui-même avec une sévérité scrupuleuse. Il se maria en 1730 avec miss Read. Heureux dans ses affaires, heureux dans son ménage, il voulait faire connaître à ses semblables cet art du bonheur qui résulte de la bonne conduite. Il avait coutume de dire que la morale est le seul calcul raisonnable pour le bonheur particulier, comme le seul garant du bonheur public. « Si les coquins, disait-il, savaient tous les avantages de la vertu, ils deviendraient honnêtes gens par coquinerie. »

Franklin s'efforçait toujours de se perfectionner lui-même. Il raconte, dans ses *Mémoires*, qu'il avait fait le dénombrement des *vertus* morales qu'il voulait acquérir; tempérance, ordre, résolution, économie, travail, sincérité, justice, etc.; son dessein étant d'acquérir l'habitude de toutes ces vertus, il les écrivit en tête de colonnes sur un grand tableau qui comprenait sept lignes, correspondant aux sept jours de la semaine. « Sur ces lignes et à la colonne voulue, dit le philosophe, je marquais d'un point noir chaque faute qu'après examen je reconnaissais avoir commise contre telle et telle vertu. »

« Je résolus, continue Franklin, de donner, tour à tour, une semaine d'attention sérieuse à chacune de ces vertus. Ainsi pendant la première semaine mon grand soin fut d'éviter jusqu'à la moindre faute contre la *tempérance*, laissant les autres vertus courir leur chance *ordinaire*, mais marquant chaque soir les fautes de la journée. Si, dans la première semaine, je pouvais maintenir sans point noir ma première ligne marquée *tempérance*, je supposais que l'habitude de la première vertu était assez enracinée, et le défaut contraire assez affaibli pour hasarder à porter mon attention sur la seconde vertu. »

Benjamin Franklin ne fut pas seulement un modèle de vertus, un philosophe incomparable, il sut devenir l'un des plus grands physiciens des temps modernes. En juin 1752, il exécuta la mémorable expérience du cerf-volant électrique, et pour la première fois montra l'identité qui existe entre la foudre et l'étincelle de la machine électrique : ses travaux, ses expériences, ses théories, le conduisirent à l'invention du paratonnerre qui suffirait à immortaliser son nom.

La renommée de Franklin se répandit bientôt dans le monde entier avec ses découvertes, et l'ancien ouvrier typographe devint l'objet de l'admiration universelle. Franklin, ajouta en outre la gloire politique à la gloire de la science. Député des colonies anglo-américaines, il défendit avec ardeur les intérêts de sa patrie, et résida longtemps en Angleterre, où l'importance de sa mission et de son rôle politique grandit sans cesse.

Benjamin Franklin termina sa magnifique carrière, comme commissaire des Etats-Unis auprès de la France.

Il vint à Paris en décembre 1776, et, pendant qu'il poursuivait ses négociations diplomatiques, il entra en relations avec les grands littérateurs et les philosophes de notre pays.

Voltaire, âgé de quatre-vingt-quatre ans, quitta Ferney tout exprès pour voir à Paris Benjamin Franklin. Le sage de Philadelphie présenta son petit-fils au patriarche de Ferney et lui demanda de le bénir : « *God and liberty* (Dieu et liberté), dit Voltaire, en levant les mains vers la tête du jeune homme; voilà la seule bénédiction qui convienne au petit-fils de Franklin. »

Puisque les noms de Voltaire et de Franklin se trouvent réunis à la fin de ce livre, c'est à ces grands hommes que nous emprunterons les pensées qui le résument.

Le patriarche de Ferney, à la fin de sa laborieuse carrière, disait dans une de ses lettres :

« Il vaut mieux mourir que de traîner dans l'oisiveté une vieillesse insipide ; travailler, c'est vivre. »

Et le sage de Philadelphie avait imprimé quelques années avant dans son *Almanach du bonhomme Richard :*

« L'oisiveté ressemble à la rouille ; elle use beaucoup plus que le travail : la clef dont on se sert est toujours nette. »

FIN

# TABLE DES MATIÈRES

|   | Pages |
|---|---|
| Préface | VII |
| Epigraphe | VIII |
| Chapitre premier. — Les humbles | 1 |
| Chapitre II. — Les grands ingénieurs | 13 |
| Chapitre III. — Les savants | 41 |
| Chapitre IV. — Industriels et commerçants | 86 |
| Chapitre V. — Peintres, sculpteurs et musiciens | 115 |
| Chapitre VI. — Littérateurs, poètes, philosophes | 152 |
| Chapitre VII. — Magistrats et jurisconsultes | 188 |
| Chapitre VIII. — Navigateurs et marins | 214 |
| Chapitre IX. — Les grands généraux | 236 |
| Chapitre X. — Hommes politiques | 254 |
| Chapitre XI. — Chefs d'État et souverains | 272 |
| Chapitre XII. — L'amour de l'humanité | 292 |

# TABLE DES GRAVURES

| | Pages. | | Pages. |
|---|---|---|---|
| Frontispice, Antoine Drouot | IV | Voltaire. | 169 |
| James Crowther. | 1 | Littré. | 185 |
| Thomas Edward. | 9 | Henri de Mesmes. | 187 |
| James Watt. | 13 | Mathieu Molé. | 201 |
| Louis Germonprez. | 25 | Duperré. | 214 |
| Vauquelin. | 41 | Duquesne. | 216 |
| George Stephenson. | 57 | Latour-d'Auvergne. | 233 |
| Buffon. | 73 | Hoche. | 236 |
| Wedgwood. | 86 | Robert Peel. | 249 |
| Humboldt. | 89 | Richelieu. | 254 |
| Oberkampf. | 105 | Abraham Lincoln. | 265 |
| Mozart. | 115 | Pierre le Grand. | 272 |
| Richard-Lenoir. | 121 | Charles XII. | 281 |
| Michel-Ange. | 137 | Pinel. | 292 |
| Jasmin | 152 | Pereire. | 297 |
| Prud'hon. | 153 | | |

# LISTE DES NOMS CITÉS

|  | Pages. |
|---|---|
| Adanson. | 56 |
| D'Aguesseau. | 199 |
| D'Alembert. | 173 |
| Ampère. | 63 |
| Arago. | 62 |
| Arkwright. | 88 |
| Avisse. | 3 |
| | |
| Bach (Jean-Sébastien). | 144 |
| Back (George). | 219 |
| Baïf. | 159 |
| Balard. | 64 |
| Balzac. | 181 |
| Bart (Jean). | 223 |
| Bayard. | 253 |
| Beaconsfield. | 268 |
| Beethoven. | 147 |
| Behain (Martin). | 216 |
| Bellini. | 149 |
| Bensa. | 270 |
| Benvenuto Cellini. | 117 |
| Béranger. | 163 |
| Berlioz. | 151 |
| Berzélius. | 62 |
| Béthencourt. | 215 |
| Boïeldieu. | 150 |
| Bourdon | 108 |
| Britton (Thomas). | 5 |
| Buffon. | 48 |
| | |
| Cail. | 97 |
| Callot. | 125 |
| Carpeaux (J.-B.). | 143 |
| Carafa. | 149 |
| Cavendish. | 68 |
| Champollion. | 72 |
| Channing. | 304 |
| Charles XII. | 284 |
| Cherubini. | 149 |
| Cobden. | 102 |
| Cœur (Jacques). | 86 |
| Cormontaigne (de). | 17 |
| Corneille. | 155 |
| Crespel. | 101 |
| Cromwell. | 278 |
| Crowther. | 2 |
| Corot. | 135 |

|  | Pages. |
|---|---|
| Cujas. | 206 |
| Cuvier. | 52 |
| | |
| Daubenton. | 49 |
| Daumesnil. | 245 |
| De Blainville. | 53 |
| Decaisne. | 56 |
| Decrès. | 228 |
| Desaix. | 239 |
| Desgenettes. | 301 |
| Diaz. | 216 |
| Diderot. | 168 |
| Didot (Firmin). | 99 |
| Donizetti. | 149 |
| Dorat. | 159 |
| Dubrunfaut. | 39 |
| Dufaure. | 263 |
| Dumas (Alexandre). | 184 |
| Dumas (Jean-Baptiste-André) | 76 |
| Duperré. | 229 |
| Duquesne. | 220 |
| Drouot. | 246 |
| | |
| Edward (Thomas). | 3 |
| Epée (abbé de l'). | 303 |
| | |
| Falieri. | 149 |
| Faraday. | 67 |
| Fermat. | 207 |
| Flachat. | 37 |
| Flandrin. | 132 |
| Flaxman. | 141 |
| Franklin. | 305 |
| | |
| Garnier-Pagès. | 264 |
| Gay-Lussac. | 61 |
| Geoffroy-Saint-Hilaire. | 49 |
| Germain (Sophie). | 8 |
| Germonprez. | 11 |
| Giffard (Henri). | 31 |
| Girard (Simon). | 29 |
| Girardin (Emile de). | 180 |
| Gœthe. | 160 |
| | |
| Hachette. | 98 |
| Hamelin. | 228 |
| Harlay (Achille de). | 190 |

## LISTE DES NOMS CITÉS

| Nom | Pages |
|---|---|
| Herschell. | 45 |
| Hoche. | 236 |
| Hospital (Michel de l'). | 183 |
| Hugo (Victor). | 187 |
| Humboldt | 75 |
| Ingres. | 131 |
| Jasmin (Jacques). | 162 |
| Jeannin. | 255 |
| Jenner. | 300 |
| Kuhlmann (Frédéric). | 103 |
| Lamoignon (G. de). | 197 |
| Lannes. | 245 |
| Laplace. | 46 |
| La Touche-Tréville. | 227 |
| Latour-d'Auvergne. | 243 |
| Le Sueur. | 149 |
| Le Tellier. | 196 |
| Le Verrier. | 46 |
| L'Héritier de Brutelle. | 210 |
| Lincoln. | 273 |
| Linné. | 54 |
| Littré. | 178 |
| Lorrain (Claude). | 126 |
| Malherbe (François). | 159 |
| Marceau. | 241 |
| Mazarin. | 259 |
| Méhul. | 150 |
| Mendelssohn. | 147 |
| Mesmes (de). | 192 |
| Michel-Ange. | 139 |
| Milton. | 159 |
| Mirabeau. | 260 |
| Molé (Mathieu). | 194 |
| Molière. | 157 |
| Montaigne. | 164 |
| Montesquieu. | 176 |
| Montyon. | 295 |
| Mozart. | 145 |
| Murat. | 246 |
| Napoléon I$^{er}$. | 288 |
| Ney. | 246 |
| Newton. | 42 |
| Niepce. | 313 |
| Oberkampf. | 93 |
| Ohmacht (Landelin). | 7 |
| Paër. | 149 |
| Paganini. | 147 |
| Paré (Ambroise). | 295 |
| Parmentier. | 92 |
| Peel (Robert) | 269 |
| Pereire. | 303 |
| Personne (Jacques). | 66 |
| Pierre le Grand. | 285 |
| Pinel. | 302 |
| Pitt. | 269 |
| Pfeffel. | 4 |
| Pothier. | 204 |
| Poussin. | 124 |
| Proudhon. | 176 |
| Prud'hon. | 129 |
| Raphaël. | 119 |
| Richard-Lenoir | 94 |
| Richelieu. | 258 |
| Riquet. | 17 |
| Robert (Léopold). | 129 |
| Rouelle. | 64 |
| Ronsard. | 159 |
| Rossini. | 148 |
| Rousseau (J.-J.). | 167 |
| Roussin. | 231 |
| Saint-Pierre (Bernardin de). | 312 |
| Scheffer. | 136 |
| Schneider. | 96 |
| Séguier. | 194 |
| Shakespare | 158 |
| Sophocle. | 152 |
| Spinoza. | 165 |
| Spontini. | 149 |
| Stephenson. | 23 |
| Suffren. | 227 |
| Sully. | 256 |
| Téniers. | 128 |
| Térence. | 152 |
| Thiers. | 278 |
| Thomas (John). | 4 |
| Thomé de Gamond. | 36 |
| Thou (de). | 191 |
| Titien (Le). | 123 |
| Tourville. | 225 |
| Turenne. | 251 |
| Turner. | 127 |
| Vauban. | 14 |
| Vaucanson. | 69 |
| Vauquelin. | 60 |
| Villaret-Joyeuse. | 227 |
| Vernet. | 130 |
| Vincent de Paul. | 293 |
| Vinci (Léonard de). | 120 |
| Volta. | 72 |
| Voltaire. | 174 |
| Washington. | 277 |
| Watt (James). | 20 |
| Wedgwood. | 91 |

ÉVREUX, IMPRIMERIE DE CHARLES HÉRISSEY

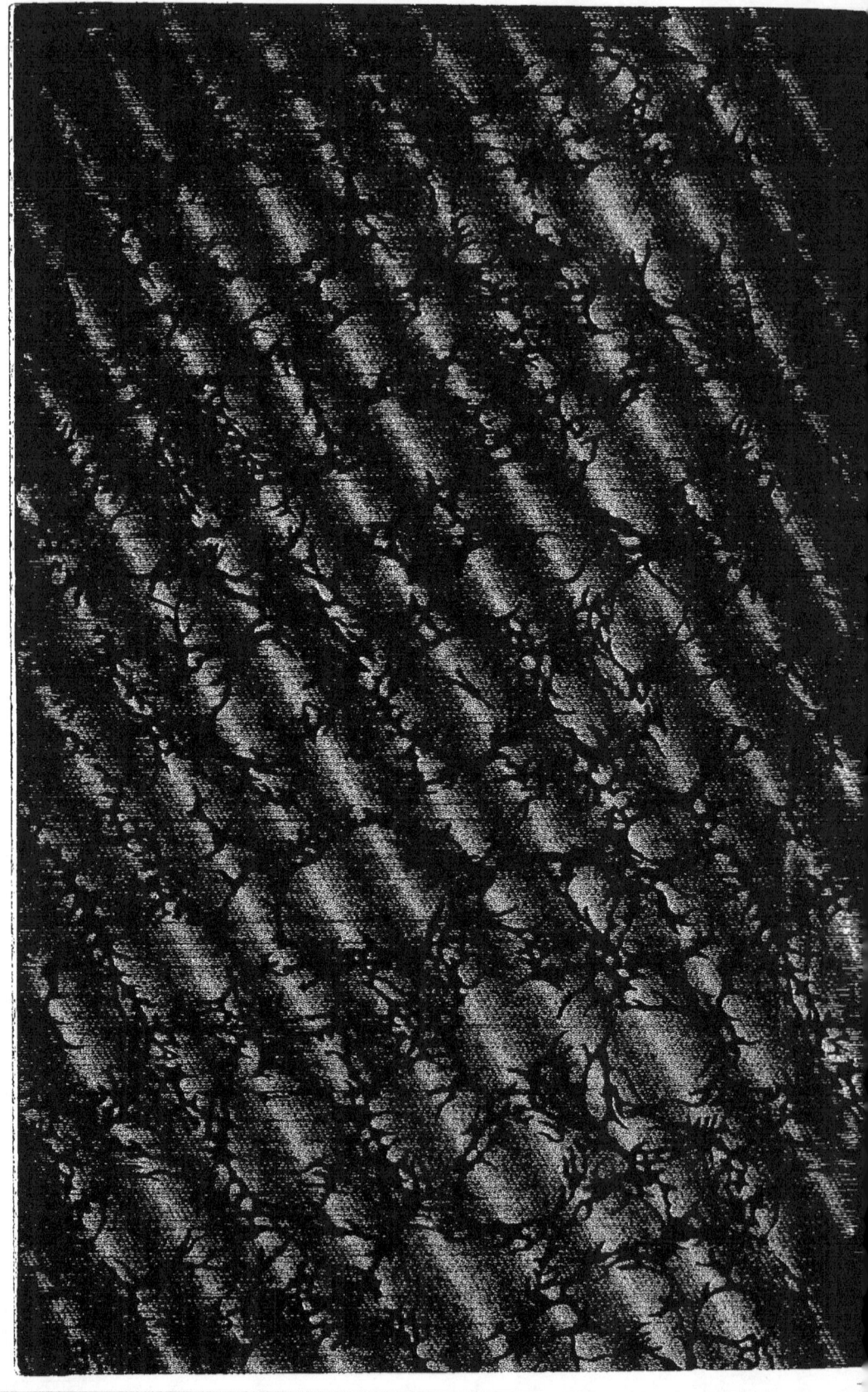

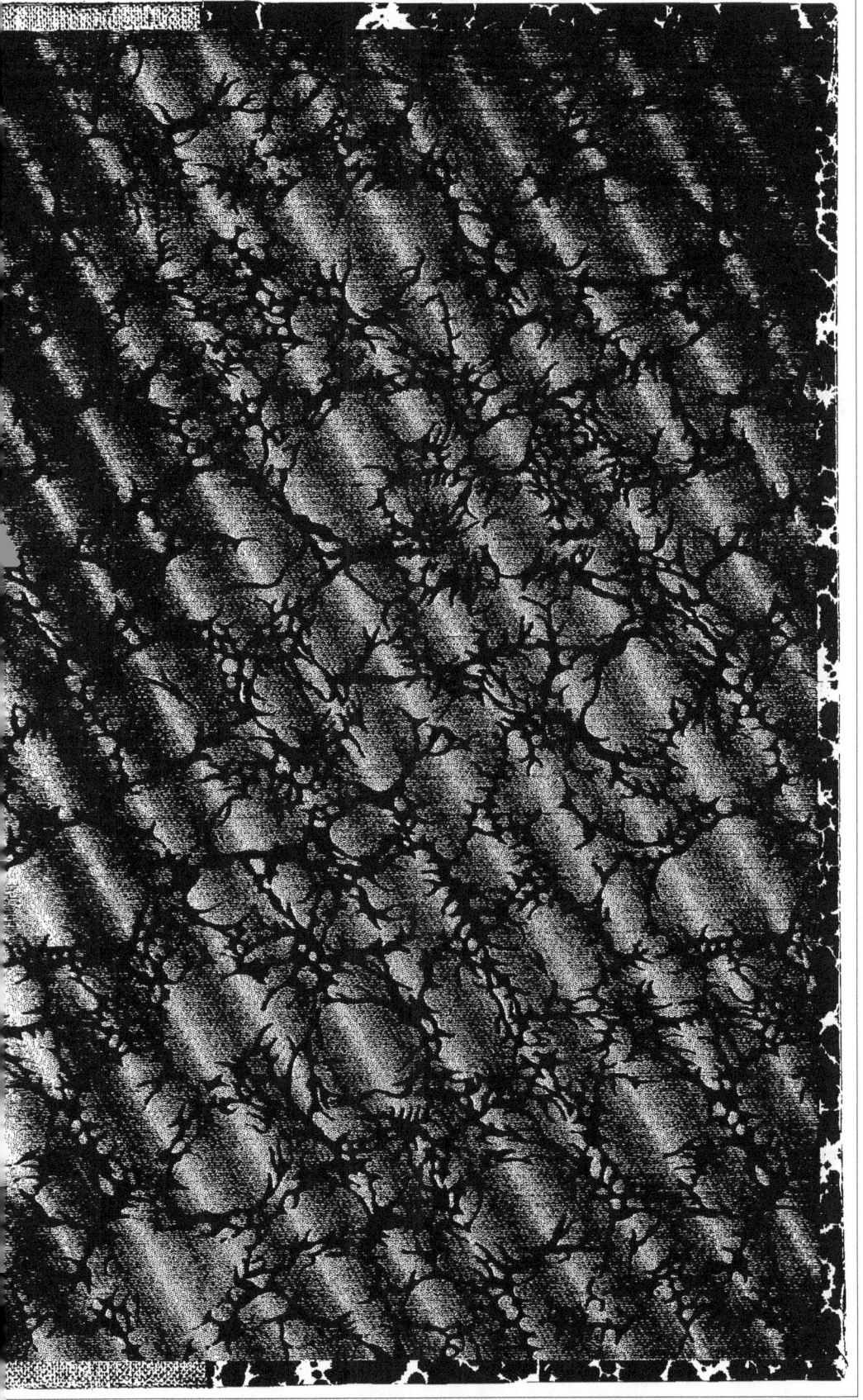

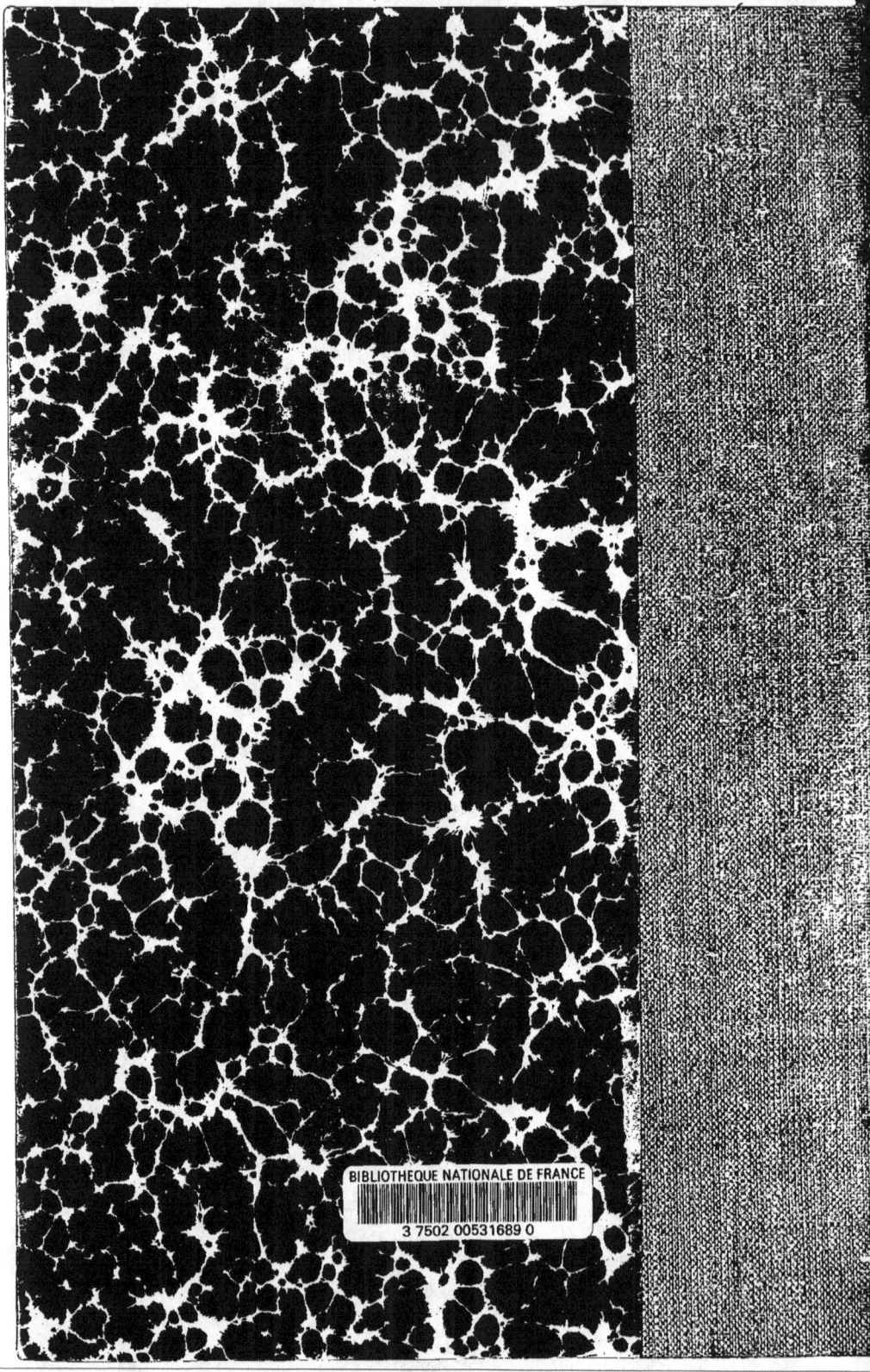

www.ingramcontent.com/pod-product-compliance
Lightning Source LLC
Chambersburg PA
CBHW070611160426
43194CB00009B/1245